NORTH
SEA

SWEDEN

DENMARK

COPENHAGEN

BALTIC
SEA

RIGA ■ LATVIA

RUSSIA
RUSIJA

LITHUANIA

VILNIUS ■

RUSSIA

NETH.

AMSTERDAM

BERLIN ■

POLAND
POLJSKA

WARSAW

MINSK ■

BELARUS
BELORUSIJA

GERMANY
NEMCIJA

BELG.

L.

FRANCE

PRAGUE ■

CZECH
REPUBLIC
CESKA

KIEV ■

UKRAINE
UKRAJINA

VIENNA ■

SLOVAKIA
SLOVASKIA

BRATISLAVA ■

MOLDOVA

CHISINAU ■

BERN ■
SWITZERLAND

AUSTRIA
AVSTRIJA

BUDAPEST ■

HUNGARY
MADZARSKA

LJUBLJANA ■
SLOVENJA

ZAGREB ■

CROATIA
HRVASKA

ROMANIA
ROMUNIJA

BELGRADE ■

BUCHAREST ■

BOSNIA
AND
HERZEGOVINA

SARAJEVO ■

SERBIA
SRBIJA

Danube

BLACK
SEA

ITALY
ITALIJA

Corsica
(FR.)

■ ROME

ADRIATIC SEA

MONTE
NEGRO

PODGORICA ■

KOSOVO

PRISTINA ■

SKOPJE ■

MACEDONIA

BULGARIA

SOFIA ■

TYRRHENIAN SEA

ALBANIA

TIRANA ■

AEGEAN
SEA

TURKEY

Sardinia
(IT.)

MEDITERRANEAN
SEA

Sicily

IONIAN
SEA

GREECE
GRCIJA

ATHENS ■

TUNIS ■

TUNISIA

MALTA

100   200 km
100   200 mi

RDEČA KAPA

LJUBEZEN IN IZGUBA V ČASU TITA

CYNTHIA HERBERT-BRUSCHI ADAMS

Translated to Slovenian by Sasa Horvat Simonka

ISBN-ji:
Knjiga z mehkimi platnicami: 979-8-9887302-1-7
Knjiga s trdimi platnicami: 979-8-9887302-0-0
E-knjiga: 979-8-9887302-2-4

Založba: Strega Press.

POSVETILO

V spomin na
RosPOSVETILO

KAZALO

ZAHVALE

Ko večine prvotnih udeležencev ni več, je za rekonstrukcijo zgodovine potrebnih veliko ljudi. Brez dvoma si zahvalo zaslužijo avtorji, ki so popisali dogajanje med drugo svetovno vojno in takratnimi spopadi. Seznam, ki je bil moja bibliografija za zgodovinski del tega romana, je na voljo na mojem spletnem mestu:

https://www.getbooksbycindy.com

Na tem mestu se moram zahvaliti Michaelu Bigginsu, knjižničarju za slovanske, baltske in vzhodnoevropske študije ter honorarnemu profesorju za slovanske jezike in književnosti na Univerzi v Washingtonu v Seattlu, ki mi je pomagal zaokrožiti mojo raziskavo. Je tudi vodja Društva za slovenske študije, katerega člana sva zdaj tudi midva z možem Rogerjem Andrewom Adamsom. Njihov zbornik je osnova za več mest v tej knjigi.

Kar zadeva družino, je **Roger Andrew Adams** vedno moj glavni podpornik; spremljal me je na potovanjih po Nemčiji, Avstriji in Sloveniji, ko sem se pripravljala na pisanje te knjige, in bil prvi bralec vsakega osnutka.

Njegova sestrična **Caroline Michaels** iz Londona v Združenem kraljestvu je zaradi vsega, kar ji je nudila mama, zakladnica čudovitih spominov ne le nanjo, temveč tudi na večji del preostale družine. Njena pripovedovanja, fotografije in pripravljenost deliti zamisli so mi bili v veliko pomoč. Tudi bratrančeva hči Marija Andjelković Novaković iz Beograda pozna številne podrobnosti, ker je ves čas vedela, da je mama odraščala brez očeta, ki je bil pogrešan, in poznala

Lovrovo vdovo, svojo babico. Prav tako se je bila pripravljena pogo-
varjati in deliti fotografije ter v vse to vnesti nekaj svojih zamisli. V
pomoč mi je bil tudi **Marko Por**, prav tako bratrančev sin, ki sta mu
oče in dedek (Janez) pripovedovala družinske zgodbe. On in njegova
hčerka sta edina neposredna potomca družine, ki sva ju našla. Še
vedno živita v Sloveniji.

Najini gostitelji v apartmajih in B & B Pletna na Bledu so si vzeli
veliko časa za naju ter delili najino navdušenje, ko sva raziskovala
Bled, da bi našla domačijo in pokopališče, na katerem je pokopana
družina. Mojčina mama, ki se je rodila tik pred začetkom vojne, je
poznala odgovore na veliko najinih vprašanj, njen vnuk Vid pa naju
je peljal povsod, kamor sva želela iti. Po najinem odhodu smo si še
naprej dopisovali o tej knjigi in knjigah, ki so mi jih predlagali v
branje med pripravami na pisanje. Antonija Mušič (rojena Mandelc):
matriarhinja, Mojca Mušič kot pobudnica za mnoge navdihe skupaj
z Robertom Krašovcem in njunim sinom Vidom, ki je veliko vedel
in bil odličen vodič. Mojca je pregledala tudi kratke delčke besedila
v nemškem jeziku, ki sem jih želela uporabiti. Družina govori več
jezikov. »Danke.«

Moji bralci: Prva je bila kot vedno **Ann Aulerich**, ki je pregledala
vsako poglavje, kot je bilo napisano, in poskrbela za pravopis ter mi
podala modre in tvorne nasvete. Ann mojemu pisanju zelo velikodušno
namenja svoj čas in podporo. **Caroline Michaels**, zgoraj omenjena
sestrična, ki je prav tako odlična lektorica ter zgodovino razume v
kontekstu. **Sharon Cormier**, sestrična iz naše razširjene družine v
ZDA. Ker je tudi sama pisateljica, je pregledala celotno besedilo in
našla več mest, kjer sem kaj zamešala ali uporabila napačno besedo.
Sem njena velika dolžnica. **Jasminka Ilich**, nekdanja sodelavka z
Univerze v Connecticutu, ki se je rodila in izobraževala v Jugoslaviji.
Prebrala je moje prve osnutke in mi podala povratne informacije glede
pristnosti. Prav tako mi je predlagala sprejemljiva imena za like iz te
regije, saj nisem želela uporabiti vseh pravih imen iz naše družine.
Končno urejanje je prevzela upokojena prijateljica in urednica **Sharyn
Mathews**, ki ne zgreši ničesar. Vlila mi je potreben pogum, da sem

rokopis končno izpustila iz rok. Za vse to je potrebna cela druščina ljudi in res imam srečo, da me obkroža!

Skrbelo me je tudi Marjanino (Vilmino) potovanje čez odprto morje v času vojne. To je resnična zgodba, zato sem pri poročniku **Johnu Lefebvreju**, upokojenemu častniku ameriške mornarice, preverila svoje razumevanje in se prepričala, da nisem narobe zapisala izrazov, povezanih z delovanjem ladje. Zahvaljujem se mu za vso pomoč.

Priscilla in John Douglas sta mi priskrbela nekaj prvih knjig o tem obdobju in slovanskem življenju; soseda **Eva in Yaakov Barshalom** pa sta se z mano pogovarjala o svojih izkušnjah in izkušnjah njune družine med vojno v bližnji Madžarski.

Za konec bi se rada poklonila še kolegici, pisateljici slovenskega zgodovinskega leposlovja, **Margaret Walker**, katere knjiga »His Most Italian City« (Njegovo najbolj italijansko mesto; knjiga ni prevedena v slovenski jezik, op. p.) je svetel primer možnosti, ki jih ima naša generacija za pisanje o tem času. Vsekakor je vredna branja.

UVOD

Druga svetovna vojna je združila veliko ljudi, ki se sicer ne bi spoznali. En del tega fenomena so »vojaške neveste«, ki so bile rezultat zvez vojakov z ženskami iz drugih držav. Moje družine se to dotika osebno, saj je bila moja mama Italijanka, ki se je poročila z ameriškim vojakom iz New Hampshira. Tudi moj mož je sad zveze ameriškega vojaka iz Vermonta, poročenega s Slovenko. Spoznala sta se v Londonu. V svetovnem merilu je to prispevalo k t. i. povojnemu baby-boomu, enako kot vrnitev vojakov domov. A izguba šestih milijonov Judov, bombardiranja po vsem svetu, vključno s Havaji in Japonsko, ter nešteto v vojni izgubljenih življenj omadežujejo romantično razmišljanje o tovrstnih spoznavanjih. Podrobnejši vpogled v to vojno razkrije mučenje, bolečino in trpljenje, pa tudi vojne zločine, ki so ostali v veliki meri skriti pred očmi javnosti. Celo umori in druga grozodejstva so bili skoraj petdeset let pometeni pod rdečo preprogo. Leta 1945, tik po »koncu« vojne, je le malo ljudi vedelo za zločine in umore, veliko skrivnosti pa je ostalo zamolčanih zaradi strahu pred povračilnimi ukrepi. Več sto tisoč ljudi je umrlo tako strašnih smrti, da si jih ni mogoče predstavljati. Zdaj so dokumentirane. A še ko so jih opisovali prvoosebni pričevalci, je bilo skoraj nemogoče verjeti, da je bilo prelite toliko krvi, ko se je brat želel maščevati bratu; maščevanje zaradi domnevnih zločinov med vojno je bilo oblito s krvjo. Številni vojne niso mogli pustiti za seboj, ne da bi se maščevali na najhujši možen način.

Ko se je začela vojna, so tisti, ki so imeli sredstva, s katerimi so lahko povzročali bolečino in smrt, to počeli z ustanavljanjem koncentracijskih taborišč, vojsk in metanjem bomb. Za tiste, ki teh sredstev niso imeli, pravijo, da so ustvarjalno uporabljali kladiva in žeblje. Bolj osebna je bila narava povzročanja bolečine, kar pomeni, da je morilec gledal žrtvi v oči, bolj grozljiva je bila narava zločina – pri mnogih se je prebudila sla po krvi, in ko je bila ta enkrat sproščena, je v ljudeh premagala Boga in človečnost.

Temu so bili priča tisti, katerih kri je bila prelita ali katerih družine so bile umorjene, bes in škoda zaradi teh travm pa sta trajala več generacij. Še danes obstaja veliko družin, v katerih se je skrivnostnost, ki obkroža te smrti, ohranila do danes. Oče, ki se je oglasil maja 1945 s sporočilom, da se podaja na pot domov, pa zanj niso več slišali. Kmet, ki je bil na poti v mesto po zaloge, pa se je dva tedna pozneje vrnil brez konja in voza ter povedal, da je komaj ušel živ, več pa ne more povedati. Lokalci so včasih opazovali pretepanja, odkrito ubijanje sokrajanov in sokrajank, a so molčali iz golega strahu pred grozo teh eksekutorjev. To so te zgodbe; nekatere od njih nedavno povedane prvič, ko so se polegle generacije prahu in so si ljudje drznili spregovoriti.

Beremo, da so Združene države Amerike v vojno vstopile pozno. Res je bilo pozno. V veliki meri so želeli državljani Združenih držav Amerike svoje sinove in hčere zaščititi pred grozotami vojne, delno pa je bilo tako zaradi kognitivne disonance; dogajanje v koncentracijskih taboriščih je bilo preveč noro, da bi bilo verjetno. Takšna dejanja niso mogla biti resnična! Preprosto je bilo verjeti, da so zgodbe iz taborišč samo govorice, grozljive govorice. A tudi če je bilo tako, so iz koncentracijskih taborišč uhajali dokumenti, ki so govorice potrjevali.

Zaradi vojnega dogajanje je bila komunikacija v Evropi močno omejena in zgodbe o mučnih umorih so se širile od ust do ust. V Združenih državah Amerike pa je bilo več osebnih pričevanj; ljudje so pobegnili ali vohunili na določenem območju ter so tako zagotovo vedeli, kakšno zlo se dogaja, tudi če niso poznali njegovih globin in razsežnosti. Zganili smo se šele, ko so bili zavezniki že na robu obupa in po bombnem napadu na Pearl Harbor. Hvala bogu, da je bilo tako. Čeprav je bila cena visoka, je bilo to bolje, kot če bi prezrli stisko preostalega sveta.

To delo je zgodovinski roman. Temelji na dejanskih dogodkih in več likov je članov in članic avtoričine širše družine. K delu je prispevalo več otrok in vnukinj ter vnukov teh posameznic in posameznikov, pa tudi drugih Slovenk in Slovencev.[1]

Roman se začenja novembra 1912. Takrat se je rodila moja tašča, prikazuje pa življenje večjega dela njene družine, ki je štela šest otrok. Pri podrobnostih sem si dovolila nekaj svobode, a vseeno temeljijo na možnih dogodkih tistega časa. Družina, ki je lastnica pletne in zdaj živi na Bledu, ni sorodstveno povezana z nami, so pa naši dobri prijatelji, katerih življenja dajejo romanu RDEČA KAPA dodatno iskrivost.

V epilogu boste našli več podrobnosti, na podlagi katerih boste jasneje ločili med dejstvi in domišljijo.

---

[1]   Imena so navedena v epilogu.

PRVI DEL
DRUŽINA

To je zgodovinski roman. Družina Lovrenc (imena niso prava, datumi pa v grobem ustrezajo dogajanju v družini, ki je v tem delu predstavljena domišljijsko):

Andrej (oče)	roj. 1868
Justa (mama)	roj. 1881
Julijana (hči)	roj. 1898
Mojca (hči)	roj. 1900
Andrej II. (sin)	roj. 1904
Ivan (sin)	roj. 1907
Rositha (hči)	roj. 1912
Vilma (hči)	roj. 1914

1

POGLAVJE: PRVI SPOMINI

Rositha se je kot običajno zbudila ob vonju žgancev, ki jo je vabil v kuhinjo v spodnjem nadstropju. Mama je vedno pripravila okusno mešanico iz ajdove moke in pogrete smetane. Spalnica, ki si jo je delila z dojenčico Vilmo, je bila danes zjutraj prijetna. Skozi okno je prihajala svetloba in se odbijala od belih sten s štukaturami. Prešite odeje na njunih posteljah in tista na steni so bile videti živahne, v pisanih odtenkih rdeče in turkizne barve z dodatkom rumene in zelene ter vezenimi prizori jezer in cvetlic. Bile so v osupljivem nasprotju s strogimi belimi stenami. Oblačila obeh deklic so le malo vplivala na opremo sobe, saj sta premogli le na dveh stenskih obešalnikih obešeni dolgočasni zeleni zimski jakni in mehki volneni živo rdeči kapi. Mama je menila, da kap škrlatno rdeče barve otroci ne izgubijo tako zlahka. Preostanek njune skromne garderobe je bil zložen v omarici s tremi predali ob Rosithini postelji. V teh predalih je imela spodnje perilo, dve obleki in pulover. Vilma je še vedno nosila samo plenice in otroške majice. Vsa Rosithina oblačila so bila prej last njenih starejših sester Julijane in Mojce. Rositha in Vilma sta imeli srečo, da sta imeli v družini s šestimi otroki svojo sobo, tudi če je bila tako majhna, da odrasel človek po večjem delu zaradi višine stropa ni mogel niti hoditi. Njuna soba je bila stisnjena pod napušč. Prvi Rosithin spomin je bil spomin na sestro, ki jo je zbudila z jokom, saj je niso mogli namestiti nikamor, kjer bi bila ločena od glasu lačnega dojenčka. A Rositha je rasla in videla, kakšno srečo ima njena družina. Na robu mesta so druge družine živele v eni sobi in si delile eno posteljo. Še revnejše so šotorile okrog ognja, ki so ga zakurile na začasnih lokacijah. Pogosto so se morale seliti, ker niso bile lastnice zemlje, prav tako pa zanjo niso plačevale najemnine. Preden je lastnik dosegel, da jih je sodišče spodilo z lokacije, na kateri so bile, so se morale preseliti. Ti ljudje so se imenovali cigani in večina skupnosti je nanje gledala zviška. Majhno dekletce na udobni postelji si ne bi želelo živeti tako, čeprav je bila vzgojena, da ji je bilo mar za vse ljudi.

Tudi druge spalnice so bile majhne, a čiste, bele stene pa so bile okrašene s pisanim okrasjem, vezeninami okoliških rokodelcev v živih barvah podeželja, na katerem so živeli. Govorilo se je, da ni lepšega kraja na zemlji, kot je Bled. Jezero je globljega modrega odtenka kot arijsko oko, ogledati pa si ga je mogoče z različnih višin in globin: zelena barva hribov in azurna barva vode se s svojimi kontrasti še krepita. In vedno beli vrhovi gora, ki ga obdajajo. Nekaj bele je res sneg, večina pa gol kamen, na katerem ne rastejo nobena drevesa.

Nižje gore niso bele, ampak borovo zelene. Če stepaš gosto smetano, dokler se ne strdi, se pojavijo mehke vijuge, ki kažejo, da je to zdaj stepena smetana. Tako je moral Bog ustvarjati te gore, saj so bili mehki zeleni vrhovi dreves tako gosti in tako blizu skupaj, da so bili videti kot vijuge smetane, ki se mehko prelivajo druga v drugo.

Pod drevesi so ravninski deli, na katerih je okrog jezera zraslo pravo mesto; a mnogi ljudje so svoj popoln dom našli na pobočju hriba z razgledom na jezero. Blejsko jezero, modro in kristalno čisto, je bilo središče njihovega vesolja. V sredini jezera je bil otok, dovolj velik za manjšo kmetijo. A kmetovanje na takšnem otoku bi bilo zelo nepraktično. Kmet bi moral živali in pridelke s čolnom voziti na trg, krmo in vse druge zaloge pa nazaj na otok, zato se zdi, da je bil otok prazen vse do leta 1465, ko ga je Henrik II. daroval Cerkvi.

A ko so se na otoku začela izkopavanja za gradnjo cerkve, se je pojavilo nekaj presenečenj. Pod zemljo so našli artefakte iz taborišč ter ostanke več kot sto okostij. Kosti so pokopali za steklom v cerkvi, nekatere artefakte pa je mogoče videti na bližnjem gradu. Zaradi potresov je bila cerkev prenovljena leta 1509 in nato znova leta 1747.

O otoku kroži veliko legend, posebej rada pa ga je imela Marija Terezija, avstro-ogrska cesarica, ki je vladala v teh krajih. V to cerkev, ki je imela več imen, eno med njimi je bilo Cerkev Marijinega vnebovzetja, so pogosto prihajali romarji.

Majhna kmetija, na kateri je živela Rositha, je stala nad cerkvijo, razgled pa je segal tudi do starodavnega gradu na vrhu pečine, ki je v času njenega rojstva štel že 1000 let. Ovce s kmetije so se prosto pasle v planinah in v kratkih poletnih mesecih mulile sočno travo in cvetlice. Za otroke je to pomenilo premor, saj jim nekaj časa ni bilo treba hraniti živali. Rositha je odraščala v praktičnega otroka in se učila, da je vrednost ovce v njeni volni, ki jo nato postrižejo in spredejo v prejo, da izdelajo nove plašče in kape. Enkrat letno, običajno ob veliki noči, so kakšno starejšo ovco morda ubili zaradi mesa. Maščobo so uporabili za oljenke, izdelavo lojnih sveč in cvrtje masti.

Ker ji je mama povedala, kakšna prihodnost čaka vse ovce, je Rositha lažje nadzorovala svojo materinsko ljubezen do njih. Ljubezen in prijaznost je prihranila za mlajšo sestro in enega od starejših bratov, Ivana, ki ni bil samo čeden in veder po naravi, ampak jo je tudi prevažal s sanmi in jo vedno spravljal v smeh. Vseeno je imela rada tudi Andreja ml., ker je ovce crkljal. Brez težav je strigel volno z njih, a ni nikoli imel časa, ko je bilo treba kakšno zaklati. Dajal jim je imena, vse živali je imel pravzaprav kar preveč rad.

Ne samo živahne spalnice, tudi preostanek njihovega doma je bil praktičen in učinkovit. Toplota je v hišo prihajala skozi osrednji dimnik na sredini hiše, ki je zagotavljal tudi toploto za kuhanje. Majhnost njihovega doma je bila pri tem v pomoč, saj je morala toplota, ki je prihajala izza zidakov dimnika, zadostovati, da so preživeli zime, ko je zmanjkovalo drv. Pozimi so ovce spale v majhni leseni staji ob stopnišču. Če je bila napovedana posebej hladna noč, so jih zbrali v kuhinji in jim preprečili dostop do drugih delov hiše. Tako so bile ovce na toplem, hkrati pa so pomagale segreti hišo, čeprav slednje kakovosti zraka ni najbolj koristilo.

Stopnišče in leseni deli so bili narejeni iz lokalnih dreves, izdelal jih je oče, ki je bil véšč mnogih del. Bil je odličen mizar in naokrog dobro poznan kot krovec. Zaradi tega posla so lahko plačevali račune.

Izdelal je na kupe polic in lesenih obešalnikov. A ti izdelki niso bili namenjeni občudovanju, temveč praktičnosti: plašči in jakne so se sušili na lesenem obodu v bližini ognjišča, prečke so tiste, ki so vzpenjali po stopnicah, varovale pred morebitnim padcem, druge deske pa so bile police za shranjevanje in prostor, na katerem je bilo mogoče pripraviti hrano ali sušiti sir. Nekatere deske visoko na kuhinjskih stenah ali tramovi pod stropom so lahko služili za stojala za sušenje perila ali mesto za sušenje mesa in sira – pogosto so bili kombinacija obojega. V drugih so bili zabiti veliki žeblji, ki so jih uporabljali za prejo, ko je bila ostrižena volna očiščena.

V nekaterih kulturah bi te praktične vidike morda imeli za nesmiselne, a so bili za večino družin na tem območju absolutno nujni. Nad vsakimi vrati in ognjiščem je visel izrezljan leseni križ. Od otrok je to zahtevalo, da so se pogosto prekrižali, še posebej, ko so se učili za sveto obhajilo, njihovo mamo pa je pomirjalo. Vse to je bil del utrjevanja vloge Cerkve v njihovih življenjih, kar se je izkazalo za koristno v prihodnosti, ki jih je čakala.

Na dvorišču je stalo več lesenih obešal, visokih okrog dva metra in različno širokih. Na njih je bilo trideset ali več obročev iz naravnega lesa, ki ga je vreme obarvalo sivo. Uporabljali so se za sušenje sena po prvi košnji. Tako ga je bilo pozneje veliko varneje hraniti na skednjih. Dvorišče je bilo prav tako polno kupov gnoja. Oče se je trudil iztrebke odlagati tako, da je veter vonj odnašal stran od hiše, kar je bila preudarna domislica, vendar so morali biti tudi tam, kjer so bili najbolj uporabni za gnojenje zemlje, na kateri je nato rasla trava ali zelenjava.

Rosithi je bila večerja v največji užitek takrat, ko je bil oče doma. Vsi otroci so se zbrali pri mizi in dekleta so mami pomagala postreči bratom. Spomnila se je, kako so jo nekoč ošteli, ker je sedla k večerji, preden je najstarejši brat predse dobil krožnik, na katerem so bili običajno divjačina, krompir in zelje. Povedali so ji, da moški ves dan trdo delajo in sekajo drva ali pa pobirajo kamenje in gradijo zidove. Čeprav so bili še vedno mladi fantje, so potrebovali največ hrane in dekle je moralo vedno počakati ter preveriti, kaj bi morda lahko potreboval njen oče ali bratje, ne pa na hitro poseči po hrani.

Tako, je dodala mama, se bo tudi naučila biti dobra žena in ustrezno poskrbeti za svojega moža.

Rosithi se ni sanjalo, da bi lahko obstajal tudi drugačen pogled na to, kdo je prvi in koliko je pravično. Tako so ji povedali in na začetku to ni bila težava, ker ni bila lačna – bila je suhljat otrok, spoštljiva, nič ni zahtevala zase. A začenjalo jo je zanimati, kaj se dogaja v drugih krajih, ker sta starša včasih po tiho govorila o tem, da »na fronti potrebujejo več zalog; in kakšno srečo imajo, da živijo v kraju, kjer je mogoče ribariti, loviti, gojiti zelenjavo in vzeti jajca, ko jih potrebuješ«.

Spraševala se je, kaj je ta »fronta« in kako bi lahko vplivala na njih na njihovem lepem hribu, kjer so vsi imeli sir, moko, nadevano in kisano zelje. In zakaj je mama, ki je komaj imela dovolj časa, da je pocrkljala malo Vilmo, včasih objela njene brate in se zahvalila Bogu, da so premladi, da bi šli, nato pa se pokrižala. »Premladi, da bi šli kam?« se je spraševala. Ni veliko razmišljala o tem, karkoli bi se že naj dogajalo, saj je imela veliko majhnih opravkov, s katerimi je pomagala mami, občasno pa je našla čas, da se je skotalila po hribu, dokler je ni ustavila ograja, ki je njihovemu vrtu preprečevala, da bi zdrsel v jezero. Na res dober dan jo je kateri od starejših otrok vzel s seboj na hitro plavanje pred večerjo. To so bili krasni poletni dnevi, ko se zvečer doma ni bilo treba umiti, njeni lasje pa so bili zaradi jezerske vode svilnato mehki. Bili so svetlo rjavi, in ko si jih je tako umila, so ji segali vse do ramen. Pobeg v jezero je pomenil tudi, da bo treba za umivanje družine tisti večer na hrib privleči manj vode in je manj tudi ogreti. Mama ni želela, da bi šli v posteljo, ne da bi se umili. Rekla je, da bo to uničilo rjuhe, na katere je bila zelo ponosna, ker je veliko družin spalo na grobi tkanini ali ovčji koži. Njihova mama je bila prepričana tudi, da je Bog hotel, da so ljudje čisti v svojih mislih in dejanjih. Zato se je bilo treba umiti vedno, razen ob najhladnejših večerih.

Bližal se je božič in Rositha je lahko mislila samo na rdečo obleko, za katero ji je sestra Julijana obljubila, da jo bo spremenila tako, da jo bo lahko oblekla v cerkev. Ker je imela tako malo stvari, je bil že majhen dodatek cenjen in razlog za vznemirjenje. Bližal se je tudi njen peti rojstni dan; še eno leto in verjetno bo lahko šla v šolo s starejšimi otroki. Toliko vsega so pripovedovali o sestri Marii Borislavi, da je hotela na lastne oči videti tiste »oči na hrbtu«.

Pazi, česa si želiš, mala Rositha, morda boš morala še prehitro odrasti.

2

POGLAVJE: OČE ANDREJ

Andrej je ljubezen in priložnost za družino našel pozneje v življenju; sodeč celo po vzhodnoevropskih standardih. Ko se je poročil z Justo, se je spraševal, ali je zmožen spočeti otroke, vendar je kmalu po njuni majhni cerkveni poroki Justa zanosila in rodila hčerko, ki sta jo poimenovala Julijana. To je bil srečen čas, čeprav je bil Andrej po vedenju in naravi tih in malce strog. A ta otrok ga je spravljal v smeh in zlahka je razumel, zakaj si dajo ženske toliko opravka z drobnimi bitji.

A on je moral skrbeti za to, da so imeli dovolj hrane, in za zemljo, ki so jo potrebovali za zdravo življenje. Začel je z le malo materialnimi dobrinami. Vsi ljudje v njegovi vasi so bili kmetje, sam pa je bil lastnik kmetije. Zelo malo drugih ljudi jo je imelo. Andrej in Justa sta živela preprosto življenje na zemlji in si zgradila lasten dom. Kmalu je postal odličen gradbenik in drugi so mu plačevali za pomoč, še posebej, ko so pokrivali strehe. Lokalni prebivalci so bili večinoma kmetje, ki so živeli iz rok v usta; sejali so tisto, kar so potrebovali za preživetje. Sčasoma so se s sosedi domenili, da je eden od njih pridelal več grozdja, drugi več zelenjave, da so si lahko pridelke delili ali si jih prodajali. Vsak od njih je pridelal tisto, kar je najbolje znal ali kar je na njegovi zemlji najbolje uspevalo.

Zunaj njihovih vasi je država nadzorovala, kaj se sme ali česa se ne sme početi. Avstrijska vladavina je omogočala organizacijo številnih zadev, denimo skupnosti, ki so gasile požare, in omogočala dostavo pošte dlje od lastne vasi. A je s seboj prinesla tudi nekaj, kar se je imenovalo cenzus in je državi omogočalo, da je naložila dajatev ali davek vsakomur, starejšemu od šestih let. Cenzus in davki so bili v pomoč katoliški cerkvi in državi Avstro-Ogrski pri zagotavljanju šol za otroke. Andrej je imel petintrideset let, ko je šola postala obvezna. Ko so bili dovolj stari, je otroke z veseljem poslal tja, pa tudi sam je že znal malce brati in pisati. Uspelo mu je narediti, kar je bilo treba, in dobro se je spoznal na številke; dovolj dobro zase. Za živali je bilo poskrbljeno, svoje storitve na strehah in ribe je prodajal za pošteno ceno in, seveda, je bila tukaj še pletna.

Pletna je slovenska beseda za gondolo in Marija Terezija je naročila izdelavo nekaj takšnih ladjic, ker so bili primerne velikosti za prevažanje skupin ljudi čez Blejsko jezero v njeno Cerkev Marijinega vnebovzetja. Za mnoge katolike je bilo to romanje. Pletna je bila narejena tako, da je imela na vsaki strani vrsto sedežev, na vrhu pa je bila streha ali baldahin, ki je poskrbel za prijeten prevoz tudi v manj prijaznem vremenu. Marija Terezija je hotela, da so ti čolni na voljo vedno, ko si njeni pobožni podaniki, še posebej duhovščina, zaželijo molitve v njeni cerkvi.

Bila je precej podjetna in več lokalnim kmetom, ki so se spoznali na gradnjo, je naročila izdelavo teh ladjic, ki so pozneje služile potrebam njenih romarjev. To se je dogajalo v začetnih letih njene vladavine, okrog leta 1740, ko je kot žena cesarja postala cesarica Svetega rimskega cesarstva. Med kmeti, ki jih je izbrala za to delo in vožnjo pletne, je bil Andrejev prednik, ki je lahko nato po zakonu svojo pravico do gradnje in lastništva pletne predal svojima sinovoma, onadva pa naprej svojim sinovom (ali hčeram). Andrej je to nalogo torej štel med svoje obveznosti.

Najprej so mu bili davki, ki so izginili na dolgi poti do Dunaja, odveč, a jih je imel malce raje, ko je od države prejel četrtletno premijo za vzdrževanje pletne. Prav tako je seveda sprejemal majhne darove vernikov, ki so pletno uporabljali. Med veliko vojno (pozneje znano kot prvo svetovno vojno) so obstajali tudi ljudje, ki so dobro plačevali za posebne prevoze. Včasih se je spraševal, ali ta otok, na katerem je bila prekrasna cerkev, ni tudi lokacija za skrivna srečanja, saj nanj ali z njega ni bilo mogoče priti neopaženo, kar je omejilo možnosti, da bi tja prišli vohuni. Morda bi lahko po tiho veslali na otok in nazaj, če bi imeli čoln, a bi morali ob pristanku poiskati prenočišče ali prevoz. Nepovabljeni gostje torej niso mogli presenetiti nikogar na otoku. Njegovi obiskovalci so lahko uživali v zasebnosti kot orel uživa v svojem gnezdu. Vsi vsiljivci bi bili opaženi.

Andrej je nekaj denarja zaslužil tudi z nasveti glede najboljših mest za ribarjenje na tem majhnem jezeru. Seveda je zaradi odraščanja ob jezeru in vsakodnevnega ribolova njegova družina vedno vedela, kje so ribe ali kako jih premamiti, da so priplavale na določeno mesto. Na mestih, ki so vodila na njihove najljubše lokacije, so jim puščali majhne količine hrane, nato pa tja vodili obiskovalce. To so naredili tik pred vodenim ogledom, in ko so obiskovalci začeli ribariti, so na vrsto prišle še posebne vabe. Andrej ml. in njegov oče s tem nista obogatela, a jima je »šlo dobro«. Tako sta govorila prijateljem.

Veliko popotnikov je hotelo obiskati tudi grad, ki je bil nekoliko oddaljen od kraja, kjer so imeli privezane čolne. Vzpon na grad je bil strm, zato je na kopnem, ob vznožju gradu, očetove potnike počakal Andrej ml. Z vozom jih je odpeljal po ovinkasti cesti do zadnje strani cerkve, ki stoji tik pod gradom. Številnim so svetovali, naj med vožnjo po strmi in ovinkasti poti ne gledajo dol, saj bi njihov strah zagotovo povzročil paniko. Ko so prispeli do cerkve, je bil naporen vzpon na grad precej lažji.

❧❧

Andrej in Justa sta svojo družino ravno povečala z rojstvom petega in šestega otroka, Rosithe leta 1912 in Vilme leta 1913, ko je bil leta 1914 na avstrijskega nadvojvodo Franca Ferdinanda in njegovo ženo v Sarajevu, glavnem mestu Bosne, izveden atentat, ki je na koncu privedel do izbruha prve svetovne vojne. To je za družino kmalu spremenilo veliko, saj so živeli v Avstro-Ogrski in so politično veljali za Avstrijce.

V Andrejevi hiši ni bilo elektrike, da bi lahko uporabljali radio, vendar je zaradi pogostih stikov s turisti, ki so potrebovali prevoze z ladjico, prišel do mnogih informacij. Odkar se je zavedal sveta, je poslušal zgodbe, ki so opisovale boje v sosednjih državah. Pravzaprav je že petdeset let pred izbruhom svetovne vojne pogosto prihajalo do konfliktov, v katerih so sodelovale velike sile. Prav tako sta se iz leta v leto povečevala količina denarja za pripravljenost vojske in število mož, ki so bili vpoklicani vanjo. Kot bi se državam zdelo, da se imajo pravico širiti preko meja svojih sosed, in po zgledu družbenega darvinizma so verjele, da gre za preživetje najmočnejšega, ne pa za življenje v miru in sožitju. Če je državo mogoče osvojiti, ima osvajalec pravico, da jo zavzame – če imaš moč, je to tvoja pravica.

Preveč etničnih skupin je bilo med seboj že dolgo sovražno nastrojenih. Te neprijaznosti so izvirale iz najzgodnejših dni, ko so se začeli različni deli prebivalstva, ki so dotlej živeli izolirano, pogosteje srečevati. Kar je bilo videti kot prednost zaradi povečanja trgovine in podpore, je pogosto povzročilo več sovražnosti in destabilizacijo območja. Velika knjiga, ki je prejela tudi Nobelovo nagrado za književnost, »Most na Drini« Iva Andrića, pripoveduje o zgodovini od leta 1571, ko je bil most dokončan, in njegovem vplivu na območja, ki se jih je dotaknil. Turki so sicer zgradili most, ki je izboljšal promet in komunikacijo, a se jim je tudi zdelo, da bi jim morali biti drugi za to hvaležni in upoštevati njihova pravila, še posebej glede uporabe mostu. Dejanski odziv drugih skupin, ki so most sicer zaradi marsičesa cenile, pa je bil, da so tistim, ki so ga zgradili, zamerile, ker je spremenil njihovo podobo o samih sebi. Turkom niso želeli izkazovati hvaležnosti in domislili so se številnih razlogov, zakaj jim je bilo bolje brez toliko stikov s svetom.

Eden od razlogov je bila varnost: ker se je njihovo območje zemljepisno odprlo, se mnogi niso počutili varno; lahko bi prišel dan, ko mostu recimo ne bi uporabljale več samo med seboj sprte frakcije, ampak bi ga dominantne države uporabile tudi za uveljavljanje pravil, predpisov in davkov. Majhna kmečka »podjetja« so bila v dobrih odnosih s sosedi, ko je bilo podeželje omejeno in ko so se si vsi potencialno potrebovali za medsebojno pomoč v nujnih primerih, zato si niso želela več trgovine ali konkurence, ki bi preko mostu prihajala v njihovo mesto. Kmalu bi bili stari običaji in prepričanja izpodrinjeni in lahko bi prišlo do nasilja. Še več, dejavnosti, ki so živele na minimalistični ravni, tj. ljudje so delali in prodali samo toliko, kot so morali, da so imeli dovolj za hrano in ogrevanje svojih domov, so morali zdaj zaslužiti še toliko, da so lahko plačali davke. A davki so do neke mere pomagali zaščititi te dejavnosti pred skupinami ljudi, ki prej niso mogle na to območje, torej most ni bil več v celoti samo dodana vrednost, bil je tudi ovira.

Andrej je z družino živel blizu veličastnega Blejskega jezera, ki ga je vedno imel za dom. Bili so preprosti kmetje s preprostimi sanjami – skrbeti za svoje osnovne potrebe. Želeli so si dostojnega zavetja, dovolj hrane in priložnost za rast ter medsebojno ljubezen. A kompleksnost boja na območju, ki jih je obkrožalo, in v vzhodnoevropskem ali balkanskem delu sveta ter drugod je ogrožala vse.

Srbi so menili, da Hrvati nikoli nimajo prav, hrvaški voditelji pa so menili, da se Srbi vedno motijo. Nič ne bi moglo preseči tako zakoreninjenih prepričanj. Takšno razmišljanje bi bilo skoraj zabavno, če ne bi bilo v nadaljevanju izgubljenih toliko življenj. A del sveta, ki je deset let po prvi svetovni vojni postal znan kot Jugoslavija, po povojni Kraljevini Srbov, Hrvatov in Slovencev (1918–1929), je bil poln takšnih konfliktov.

Tako vera kot nacionalno poreklo sta imela veliko vlogo pri spodbujanju in ohranjanju sovražnosti v regiji. Sovraštvo do Turkov je preraslo v močno nenaklonjenost muslimanom nasploh. Katoličani so verjeli, da imajo pravico do oblasti nad vsemi skupinami, saj predstavljajo Boga. Duhovniki svoje moči niso uporabljali le za zagotavljanje boljših šol tistim, ki so bili PRAVI katoličani, ne pa pripadniki nekakšne degradirane pravoslavne različice vere, ampak so tako zelo sodelovali pri vodenju in nadzoru, da so celo ukazali pobijanje nekaterih ljudi, ki so nasprotovali njihovemu mnenju.

Andrej ni vedel za nič od naštetega, sploh glede vloge duhovnikov med vojno, pa tudi skrivnosti glede zločinov po koncu vojne so ostale skrite še veliko let pozneje. Ko je Andrej veslal po čudovitem Blejskem jezeru z ljudmi, ki so bili na romanju, so ti občasno preveč odkrito govorili o grehih, ki so jim bili priča, in o tem, da jih je strah za prihodnost regije. Za človeka, ki je ves dan fizično delal, je imel Andrej veliko snovi za razmislek.

A ena od skrivnosti mu je bila zelo draga. Nekaj njegovih prednikov je po ukazu Napoleona Bonaparteja dobilo posebne naloge. Napoleon je to območje osvojil leta 1797 in ga nadzoroval vse do svojega poraza pri Waterlooju leta 1814. V tem kratkem času je za območje naredil veliko dobrega, med drugim je poskrbel za enako obravnavo ljudi pred zakonom, poenotenje davkov in ločitev Cerkve od države na področju vodenja. Slovencem je dal tudi pomembno darilo: ni samo spodbujal izobraževanja, temveč je tudi dovolil, da se slovenščina uporablja kot jezik v šoli. Pred tem so bili dovoljene le francoščina, italijanščina in nemščina. To je bilo veličastno darilo slovenskemu narodu. Določenim družinam se je Napoleon zahvalil in jih počastil, čeprav se niso mogle nositi višje kot njihovi rojaki, saj je grb nekaj veljal le v času, ko je vladal Napoleon. Kljub temu je oče Andreju dejal, ta pa je to prenesel tudi na svoje otroke, da morajo glavo nositi pokonci, ker je v njih nekaj plemenitega. Otroci so v tej skrivnosti močno uživali.

3

POGLAVJE: MAMA JUSTA

Justa se je rodila na kmetiji nedaleč od Bleda. Bila je tretja od osmih otrok, prva deklica, in seveda je bila njena družina katoliška, kar pomaga pojasniti število otrok, čeprav so jih komaj nahranili. A njena starša sta bila pri skrbi za svoj naraščaj spretna. Prepričana sta bila, da je najboljši način, da otroci odrastejo v razumne ljudi, da so ves čas zaposleni. Justina najstarejša brata sta nenehno pripravljala zemljo za polja tako, da sta kamenje valila do robov območij, nato pa z njim gradila kamnite zidove, ki so te dele obdajali in varovali. Kmalu sta tega naučila tudi mlajša brata in vsi štirje so zgodaj zjutraj in ob mraku lovili jelene in zajce, čez dan pa gradili zidove.

Njene sestre so predle prejo iz ovčje volne, mama in babica pa sta prejo nato uporabili za izdelavo debelih puloverjev in plaščev, ki so bili na tem značilno hladnem goratem območju nujni. Odkar se je Justa spomnila, se je ukvarjala s čebelami. Njena mama je imela lep cvetlični vrt, ki jih je privabljal in hranil, da so jim vsako leto podarile nekaj kozarcev medu. Čebele so imele rade najbolj dišeče cvetove in na stotine se jih je spuščalo na prave skupine cvetov. Ko se je letni čas zamenjal, so se čebele prilagodile; začele so s planikami in pozno poleti zaključile s tamarišami, ki so vedno dajale toliko nektarja, da so veljale za čudež, ker ni takrat cvetela nobena druga rastlina. Justina naloga je bila skrbeti za varnost čebeljega panja in paziti, kdaj mora oče pobrati zlato tekočino, da bo na voljo nov prostor za še več medu. Oče je pri tem odstranil zgornjo košaro, da ni uničil panja in se je lahko pridelava medu nadaljevala. Justa si ni mogla zamisliti prijetnejšega dela, kot je bilo delo med cvetjem in medom.

Vsi so trdo delali, in ker so to počeli kot skupina, so si lahko med seboj razdelili dovolj raznolike hrane in dobrin, da so živeli; če že ne dobro, so bili večino dni vsaj siti. Življenje se je tako odvijalo prijetno. Obstoječe težave so se zdele normalne, saj jih je bilo mogoče premagati v nekaj dneh, in nič ni kazalo na uničujoče okoliščine. Ena takšnih manjših katastrof se je zgodila, ko je šla Justa preverit panj in videla, kako se mu čez hrib počasi približuje medved. Medved je bil videti debel, njegovo telo je med hojo valovalo. Justin nagonski odziv s kričanjem, vpitjem, metanjem kamnov in napadom na medveda je sicer deloval, a so jo ošteli, saj je bilo njeno vedenje v nasprotju s svarili staršev, naj se izogiba medvedom. Kljub temu je bil med to zimo še slajši, saj so vedeli, da so skoraj izgubili dragoceni panj.

Bolj resna je bila občasna izguba kakšnega jagnjeta zaradi plenilca. Vsi člani družine so se trudili, da so šli čim pogosteje pogledat ovce, a več babic, kilavo dete, in hiter plenilec, kot je volk, je zgrabil jagnje in pobegnil. Videti je bilo skoraj, kot da bi jagnje izginilo po čudežu, tako nenadoma in brez sledu ga ni bilo več; le glasno, žalostno in glasno blejanje ovce je potrjevalo, da je nekaj izgubila.

Če teh izgub ni bilo preveč in so imeli še ribe in divjad, je družina vseeno živela dobro. Prve večje težave so se začele, ko sta najstarejša fanta želela zapustiti kmetijo in si ustvariti svoje življenje. Izguba dveh odraslih moških je prinesla veliko pomanjkanje, kar zadeva delo, tudi če odštejemo hrano, ki bi jo pojedla. A mlajša sta se zato trudila še bolj. Vse bi bilo veliko lažje, če oče ne bi začel piti slivovko, da bi ublažil težave in bolečine, ki jih prinaša starost. Zdaj je bil že zelo star in žganje se mu je zdelo kot zdravilo, ki mu bo rešilo življenje. Čeprav je bilo poceni, so prišli tudi dnevi, ko ni delal drugega kot pil.

Takšno vedenje je pospešilo neizogiben propad tega človeka, preostali otroci pa so si zaradi njega nestrpno želeli najti pot, ki jih bo vodila stran od doma. Kmalu so v gospodinjstvu ostali le še trije otroci: sin in dve hčeri. Ena od njiju je bila Justa. Že čez nekaj let pa se je zdelo, da je breme pomoči staršem padlo izključno na Justo, saj so se vsi drugi zaradi poklicev odselili daleč stran ali si ustvarili lastno družino. Ker je bila najstarejša hči, je Justa menila, da ji ne preostane drugega, kot da skrbi za starša.

Svoje dolžnosti je opravljala brez pritoževanja, a je čeljusti trdno stiskala skupaj, kot da se nikoli več ne bo nasmehnila. Zanjo so obstajali le delo, skrbi in cerkev. Katoliških obredov se je držala, kot se zapredek drži drevesa. Če ne bi bilo sladkega vonja kadila in obljub duhovnikov, morda ne bi zmogla prenašati turobnega življenja negovalke in dekle na kmetiji, kar je bila zdaj njena usoda. Zdelo se je, da vedno pospravlja za staršema ali živalmi in da nima nič časa zase.

Nato se nekega večera njen oče ni vrnil domov iz majhne gostilne, kjer je vsak večer popival s prijatelji. Šele zjutraj je moški, ki je sosedu dostavljal mleko, našel njegovo truplo, ki ga je delno že prekrival sneg. Videti je bilo, da je bil na poti domov in se je izgubil. Rekli so, da je umrl z nasmehom na obrazu. Morda ga je slivovka naredila srečnega; Justa je upala, da je bilo tako, saj je bil večino njenega življenja dober oče.

Zdaj sta ostali le dve in mame ni mogla pustiti same. Obiskovati pa jo je začel eden od moških, očetov pivski prijatelj. Govoril je, da je prišel pogledat, ali lahko kako pomaga, ali je treba kaj popraviti. To ji je začelo ugajati in kmalu se je začela smejati. Dovolila mu je opraviti nekaj stvari, mu kaj skuhala, a nikoli mu ni ponudila žganja. Več kot eno leto sta tako preživljala čas kot prijatelja.

Končno ji je nekega večera povedal več o sebi in jo vprašal, ali si ne bi z njim poskusila ustvariti družine. Povedal je, da ima v lasti zemljišče z majhno leseno hišo, ki ji namerava kmalu dodati še skedenj. Dodal je, da gleda naravnost na jezero in grad na eni strani ter bi bila prijeten kraj za otroke, če bi jima jih Bog namenil.

Justa je bila zadovoljna, saj se je dolgo bala, da jo bosta poroka in družina obšli. Zvenelo je kot priložnost za normalno življenje. A mame ni mogla zapustiti, kar mu je tudi povedala, čeprav se mu je prijazno zahvalila, ker je tako razmišljal o njej. Presenetilo jo je, da ni hotel slišati besede »ne«. Še naprej je razlagal, kako enostavno bi bilo dodati še kakšno sobo k hiši in da je njena mama dobrodošla, da lahko živi z njima. Rekel je, da si želi hiše, v kateri bo živela družina, čeprav je v trenutku, ko je to rekel, morda poskušal prepričati tako sebe kot Justo.

Ko je rekla: »Ja, Andrej, poročila se bom s tabo in videla bova, kako bo,« je bil enako zadovoljen, kot bi bil, če bi mu izpovedala večno ljubezen. Romantike ni niti poznal niti je ni pričakoval, je pa cenil trdo delo in bil je praktičen človek. Vse to je videl tudi v Justi. Rekel je, da se morata pogovoriti z njeno mamo, nato pa se oglasiti pri duhovniku. Dodal je še, da pri svojih letih ne more zapravljati časa, če si želita otrok, in ona je rekla, da komaj čaka, da postane mama. Tako sta konec devetdesetih let 19. stoletja postala mož in žena v skromni katoliški cerkvi nedaleč od majhnega središča Bleda.

Poroka je bila preprosta. Justa je nosila svojo najboljšo obleko za po hiši, čeznjo zavezan čipkasti predpasnik, na glavi pa je imela čipkasto pokrivalo. Čebelam je za poročni obred, ki je bil bolj ali manj katoliška maša, ukradla nekaj cvetov, udeležilo pa se ga je nekaj prijateljev, njeni mama in sestra. Nato sta bila uradno poročena.

Justa je slišala, da v krajih nedaleč od njihovega doma divjajo vojne. Te informacije so prinesli vojaki, ki so prihajali iskat prenočišče in hrano, ali pa ljudje, ki so se z njenim možem odpravili na izlet s pletno. Vedno so našli način, da so pomagali obupanim popotnikom s hrano in jim ponudili prenočišče pri ovcah. Justa je verjela, da bo Bog zaščitil njeno družino pred temi tujci in vojno.

»Navsezadnje,« si je govorila, »smo le preprosti kmetje, ki nimamo ničesar, za kar bi se drugi želeli boriti.«

Ko so prišli otroci, jih je poskušala vzgajati strogo in v katoliški veri, ki bi jih varovala. Prav tako je sledila vzorcu svojih staršev, ki so otroke takoj, ko so bili za to sposobni, vpeljali v trdo delo. Tako se je počutila varno, in če že ne srečno, vsaj mirno.

4

POGLAVJE: JULIJANA IN MOJCA

Kot najstarejši od šestih otrok se je Julijani zdelo, da je začela delati takoj, ko se je rodila. Komaj je bila stara dovolj, da je lahko sama sedela, že je prišla dojenčica Mojca. Takoj so ji jo posadili v naročje, da ji je dala stekleničko, mama pa se je lahko posvetila bolj zapletenim opravilom. Medtem ko je mama pripravljala enolončnico ali tekla črpat vodo, je morala Julijana poskrbeti, da se je dojenčica zabavala in ni jokala. Njuna mama je bila dovolj modra, da ju je pustila ob steni v glavni sobi, da nista mogli nevarno pasti, a zadnje čase se je dogajalo, da se je hotela Julijana odkobacati stran od sestre in biti tam, kjer je bila mama. Rezultat nekaj takšnih poskusov je bil, da je Mojca vpila, Julijano pa so ošteli. Mama ni bila nikoli jezna nanjo, a bila je stroga. Konec koncev je bilo treba opraviti veliko dela.

Leta 1914, ko se je rodila njena zadnja sestrica Vilma, je petnajstletna Julijana za druge otroke opravljala že vse, samo dojila jih ni. Njene roke so bile vedno rdeče in grobe od toliko pranja, njeno družabno življenje pa je bilo omejeno na prijatelje, ki jih ni motilo, če so se na obisku pri njej igrali z dojenčkom. Vedno je bila utrujena, saj je morala pomagati pri peki in šivanju, ko so najmlajši odšli spat. Vse te obveznosti so močno vplivale na njeno življenje, saj je morala šolo zapustiti takoj, ko je končala nižje razrede. Pri dvanajstih je za seboj še zadnjič zaprla šolska vrata.

Sestre so protestirale in se celo oglasile pri njih, da bi se pogovorile s starši, kar je bila skoraj neverjetna gesta, a njena mama je lahko povedala le, da Julijano potrebujejo doma. Mojca ni bila nikoli tako potrpežljiva s svojimi sorojenci kot njena starejša sestra in odlična učenka, zato so sestre sprejele, da bodo preostali otroci ostali v šoli, najstarejšo pa morajo izpustiti iz rok.

Ko šola ni bila več del njenega življenja, si je Julijana glavo napolnila z zgodbami o pobegu. Sanjala je o življenju na Dunaju, kjer so imeli čudovito glasbo in glamurozne operne dvorane. Dame so nosile dolge svilene obleke, da so se lahko odpravile na sprehod z gospodi v črnih oblekah, večerjali pa so v sobanah, ki so jih krasili umetelni kristalni lestenci. Nebo okrog mesta je bilo polno vrhov stavb in ne vrhov gora. Kako zelo si je želela videti, kakšno je pravo mesto. Táko zgodovinsko in, kot je verjela, čarobno, kot je Dunaj. Ko bi ji uspelo odpotovati tja, bi morda ugledala celo cesarico.

Nato je vmes posegla svetovna vojna in vse dokler se ni končala ter je bila nevarnost mimo, je obtičala, kjer je bila. Očeta je vprašala, kako bi lahko zaslužila nekaj denarja in začela varčevati za prihodnost. Rekel je, da bi bili morda romarjem, ki jih vozi s svojo pletno, všeč njeni sladki zavitki. Kljub vojni so prihajali, čeprav ne več tako pogosto, in v pletni bi lahko ponujal te zavitke ter zraven zapisal, koliko stanejo. Na njeno začudenje ji je vsak teden prinesel nekaj kovancev in jo prosil za novo količino. Čeprav ni vedel, da ji pomaga pri uresničevanju pobega, je bil nanjo ponosen.

Njene sladke dobrote niso bile tako priljubljene le zaradi lakote romarjev, temveč tudi zato, ker je uporabljala med, ki sta ga z mamo pridelali na kmetiji. Mama je to veščino prenesla na vsa dekleta, Julijana pa je bila prva, ki jo je uporabila še za kaj drugega kot za polnjenje manjšega števila kozarcev, ki bi jih kot zmeraj prodali na tržnici.

Domnevala je, da bo kovancev dovolj za enosmerno vozovnico za vlak do Dunaja. A divjala je vojna in vlake je uporabljala vojska ali pa vojaki, ki so razdejali tire, da bi preprečili prevoz zalog. Pragove so nato zažgali, da se je kdo od njih z njimi grel v improviziranem taboru ali na revni kmetiji nedaleč stran.

Doma je bil skoraj božič. Julijana je morala popraviti lepo obleko za Rositho, sešiti novo za Mojco, ki je bila zdaj enako velika kot ona in torej rabljenih oblačil ni bilo več na voljo, narediti punčko iz cunj za majhno Vilmo ter ugotoviti, kaj narediti za Andreja ml. in Ivana. Ivan je bil nor na vlake. Videti je bilo, da pogreša piskanje vlaka, ki je nekoč k jezeru vozil obiskovalce. Tudi tega ni bilo več zaradi vojne. A oče jim je pripovedoval o človeku, ki ves dan sedi ob pletnah in obdeluje les. Namenila ga je vprašati, ali bi za Ivana izdelal majhen vlakec, ki bi ga lahko pobarvala in ga z njim presenetila za božič.

Andrej, njen brat, se je rad imel za varuha družine. Imeli so pse, ki so čuvali ovce, Andrej pa je želel čuvati pse in paziti, da ljudje ne bi hodili po njihovi kmetiji. Menil je, da bo vojna k njim pripeljala surove ljudi iz surove dežele. Za svojo dolžnost je imel poskrbeti za to, da njegovih sester in mlajšega brata ti moški, ki jih v resnici ni videl, a jih je v mislih slutil, ne bodo nadlegovali.

V svoji glavi si je predstavljal dolgočasno uniformo s številnimi luknjami in deli blaga, ki so viseli okrog nog vitkega mladeniča. Ta vojak je bil vedno jezen in lačen, zato je vzel, kar je hotel, in družini z okenske police, na kateri se je morda hladila, ukradel celo pito. Ali pa vstopil v skedenj in roko pomočil v škaf medu ali vzel sveža jajca izpod kokoši. Andrej je bil še premlad, da bi poznal grozote, ki jih lahko zagrešijo ti vojaki. Popolnoma nič ni vedel o posilstvih in požigih kmetij, namenjenih zgolj temu, da sovražnika prikrajšaš za obilje. Ubijanje se je po njegovem dogajalo samo v neposrednih bojih med vojaki. Nič ni vedel o zahrbtnem, obupanem vbodu v hrbet drugega, da pridobiš njegovo premoženje in odideš z dragocenostmi, ki niso tvoje.

Zato je Julijana prosila moškega, ki je rezljal, da ji izrezlja vlak in pištolo. Mislila je, da bo s tema dariloma osrečila brata. A na njeno veliko razočaranje je rezbar namesto zavitkov ali kozarca medu želel denar. Oba kosa sta stala točno toliko, kolikor je prihranila za vozovnico za vlak. Ker vlaki niso več vozili in je bilo za mlado žensko veliko prenevarno potovati sama, se je Julijana odločila, da bratoma za božično darilo kupi pištolo in vlak. Ko mu je na decembrski večer, ko je nad Blejskim jezerom pihal hladen vetrič in je dišalo po snegu, izročila kovance, jo je zmrazilo, a ni si premislila. Trdno se je odločila, da bo ta božič za njeno družino čudovit.

Mojca je oboževala pletno; vsakič, ko se je oče odpravljal na pomol, ga je spraševala, ali se mu lahko pridruži in mu pomaga. Gre lahko? To se je začelo, še preden je bil kateri od njenih bratov dovolj star, da bi bil v pomoč, zato oče ni videl nič slabega v tem, da mu dekle pomaga potiskati pletno v vodo, in jo je začel učiti tudi veslanja. Čeprav je bila vitka, je hitro rasla in le malce usmerjanja je bilo potrebnega, da je razumela gibanje in varnost na vodi. To so bile osnove za vsakogar, ki je vozil romarje. Bila je tudi lepo dekle, kot vse njegove hčere. Imela je svetle lase in zagorelo polt, ker je bila veliko na vodi. Z lahkoto je očarala popotnike. Hitro se je naučila pripovedovati o zgodovini Gospe z jezera in ljubezni Marije Terezije do te cerkve in slovenskega naroda.

Legenda pravi, da so okoli leta 1100 tatovi umorili tukajšnjega gospodarja in ga odvrgli v Blejsko jezero nedaleč od otoka. Potem ko je sporočilo o njegovi smrti prispelo na njegov grad nad jezerom, je njegova žena, Gospa z jezera, tako močno žalovala, da je prodala vse zlato, ki ga je imela, in vse zlato, ki so ga darovali tisti, ki so imeli gospodarja enako radi, ter dala izdelati zvon za cerkev na otoku, ki bi zvonil v njegovo čast.

Ko so zvon peljali na otok, se je nenadoma razbesnela nevihta in potopila majhno ladjo, njen tovor ter ubila kapitana. Potapljači so poskušali najti zvon, a je bil pretežak in se je potopil na dno jezera. Gospa je zaradi še večje žalosti zapustila grad in se preselila v samostan v Rimu, kjer je preostanek svojega življenja preživela v molitvi.

Po njeni smrti je takratni papež izvedel za njeno zgodbo in naročil zvon za cerkveni zvonik. Na cilj je potoval skupaj z njim, da bi se prepričal, da bo res obešen v cerkvi Marijinega vnebovzetja na otoku. Še vedno visi tam, z njim pa pozvonijo tisti, ki verjamejo v Boga, saj to prinaša srečo. Legenda o prvotnem zvonu pravi, da lahko ob določenih nočeh, če se sprehajate v bližini jezera, slišite njegov zven kot tih, skoraj votel ton, ki prihaja globoko iz vode.

Skoraj vsi izletniki, ki so slišali Mojco pripovedovati to zgodbo, so pozvonili z zvonom, ki ga je tam pustil papež, in upali, da bodo slišali še kaj več, če bodo tisti večer ostali v bližini. Mojca je bila tudi odlična učenka, zato je oče poskrbel za to, da ni pustila šole, da bi delala ob njem, ampak je čim več izletov načrtoval za čas, ko je vedel, da ga bo lahko spremljala. Mojca ni bila le lepa in pametna, ampak je zaradi veslanja, s katerim je začela tako zgodaj, postala tudi športna in močna, kar ji je koristilo ob številnih priložnostih.

Včasih, med vojno, lahko ponoči spretna ženska doseže junaške rezultate preprosto zato, ker si nihče ne predstavlja, da bi jih lahko. Morda jo je dejstvo, da je pozvonila z zvonom, rešilo več kot le enkrat.

5

POGLAVJE: BOŽIČ LETA 1917 V HIŠKI NA BLEDU

Vojna se je nadaljevala povsod okrog njih in čutili so jo vsak dan. Včasih so videli le oddaljen oblak, ki se je dvigal nad gorami, kot bi gorel močan ogenj; drugič se je na vratih pojavil ubogi sestradan vojak, ki je prosil za hrano in pijačo; včasih je na konju prijezdil možak iz enega od polkov in preverjal, ali se na kmetiji ne skriva kakšen za vojno sposoben moški. Takšen obiskovalec je vzbudil strah, če je iskal vojake, in ne dezerterje. Niso vedeli, kako bi preživeli brez očeta, če bi ga odpeljali v boj. Najstarejši sin je imel šele dvanajst let, za njim pa je bil desetletni brat; to je bilo premalo moči za vodenje kmetije, pleten in gradnjo streh, četudi so lahko ženske poleg skrbi za otroke in gospodinjstvo pasle ovce ter skrbele za čebele in zelenjavo. Stari časi so bili res »preprosti«, a upoštevati je treba, kako je bilo v resnici opravljati toliko nalog, da je osemčlanska družina preživela, in kako težko je bilo vse to početi brez tekoče vode, električne energije in sodobne kmetijske opreme.

Zaradi velikosti družine, mladosti otrok in visoke starosti očeta jim je bilo prihranjeno, da bi na račun vojne ostali brez očeta. A na tem območju je vedno mogoče pričakovati naslednjo vojno in ta bo morda zahtevala žrtvovanje vseh. Kljub temu sta bila Andrej in Justa ob božiču 1917 hvaležna, da sta zmogla dosedanje žrtve, in vesela, da imata polno hišo srečnih in ljubečih otrok, ki so bili središče njunih praznikov. Cerkev je imela za vsakogar od njih drugačen pomen, a predvsem Justa je oboževala praznične obrede in je v tem času prihranila nekaj več denarja za svoj dar.

Ker je Slovenija tako blizu Nemčije, od koder izvirajo številni božični običaji, in je obdana z veliko drevesi, je tudi tukaj postala navada okrasiti »božično drevo«. A njihova hiša je bila dokaj majhna, ko so bili vsi doma, in tradicionalno veliko drevo v središču sobe bi povzročilo preveč gneče. Tudi sistem ogrevanja je narekoval previdnost, saj bi okraski zlahka postali prave zažigalne bombe. Družina je zato izbrala majhno drevo, morda celo del večjega drevesa, in ga postavila v vedro, napolnjeno z zemljo, ki je ohranjalo vlažnost. Stalo je na leseni mizi skoraj na sredini velike sobe, precej odmaknjeno od peči na drva. Tako so lahko v drevesu uživali z vseh strani pritličja, pa tudi posušilo se ni prekmalu. Eno od deklet je neprestano potiskala prste v lonec in ugotavljala, ali je morda treba zemljo zaliti. To je bilo resno opravilo, ki ga je bilo treba opravljati vse do božiča. Nato so drevo odnesli na prosto in nanj navezali loj za ptice, čeprav so včasih sosedje drevesa želeli za krmo za svoje koze ali osle.

Na Bledu je tla že prekrival sneg. To je hladna regija, kjer so se v tistih časih temperature spustile skoraj takoj po začetku septembra. A čeprav je bilo snega precej, jezero ni bilo tako močno zamrznjeno, da bi mu bilo zaupati veliko težo. Pletne so tako uporabljali še nekaj jesenskih mesecev, da je bil obisk cerkve na otoku varen. To je pomenilo, da sta Mojca in njen oče s konjem in plugom čistila poti okrog jezera, ki so vodile do njunega pomola, težkega konja in pluga pa nista nikoli uporabljala na jezeru.

Ker se je bližal božič, so bili mlajši otroci vznemirjeni, saj je bil to redek čas, ko so lahko pričakovali priboljške. Deklici sta opazovali, kako njuna najstarejša sestra šiva stvari, ki bi lahko bile namenjene njima, njuna mama pa je iz medu pripravljala nekaj posebnega, kar bi se lahko izkazalo za bonbone, in ne za zdravilo za grlo. Zaradi opazovanja teh priprav so se začeli tudi otroci ukvarjati s poskusi priprave daril. Rositha in Vilma sta iz hleva vzeli košaro, ki so jo pogosto uporabljali za pobiranje kokošjih jajc, in jo odnesli na rob gozda v bližini kmetije, kjer je ležalo veliko odpadlih in prezrtih storžev. Nabrali sta tiste, ki so bili videti bolj zdravi, da bi jih podarili mami in Julijani za pomoč pri kurjenju ognja, kot sta ju videli početi. Rositha je bila dovolj stara, da je znala razlikovati med starejšimi, na videz precej poškodovanimi storži, ki so bili po mehkih luskah sodeč na tleh že nekaj časa, in bolj zdravimi storži. Poleg tega bi se ti starejši storži težko posušili in ne bi bili videti lepo, če bi jih položili v košarico.

Deklici sta imeli pri nabiranju storžev največjo težavo s tem, da jih je bilo treba najti, preden jih je sneg zametel in je postala hoja v bližini gozda za otroke prezahtevna. A ko sta videli, da sta mama in sestra pridno delali, sta se potrudili, da sta naredili, kar je bilo treba. Nato sta začeli Rositha in Vilma, mali sostanovalki, šepetati o Miklavžu in o tem, kaj bosta morda našli pod drevescem, čeprav sta vedeli, da ne smeta pričakovati preveč.

Potica je bila zagotovljena poslastica. Na božič je bil obrok obogaten s tem posebnim kruhom, ki ga je vsako leto spekla njihova mama. To je bila sladica iz kvašenega testa, ki ga je bilo treba znova pregnesti, ko je vsaj enkrat vzhajalo, nato pa ga zviti ali raztegniti čez mizno ploščo, na katero so pozneje postavili drevesce. Raztegnili so ga, kolikor je šlo, nato pa ga po vrhu potresli z drobtinami, mletimi orehi in maslom, pomešanim z medom. Zatem so potico zvili in spekli. To je bil pomemben praznični obred. Okus je bil precej podoben kruhu, a je bila poslastica! Ko je Miklavž končno prišel, so bila darila po sili razmer preprosta: vsak je dobil jabolka, orehe in, če so imeli srečo, tudi pomarančo. Nekaj daril, ki sta jih starša ali sestra dodala ob tej priložnosti, je bilo poseben dodatek, niso pa bila pričakovana.

Preden je Miklavž obiskal družino, so se vsi skupaj odpravili k polnočnici v majhno vaško cerkev. Po verskem delu maše se je Miklavž sprehodil po sprednji strani cerkve v spremstvu angela, običajno enega od mladih deklet iz župnije. Nato se je iz zadnjega dela cerkve prikazal moški, za katerega so vsi vedeli, da je hudič. Nosil je težke verige in ropotal. Pretvarjal se je, da preganja tiste, ki so bili v iztekajočem se letu morda poredni, potem pa se je vse skupaj končalo v smehu in družine so se vrnile domov, uživat v lastnih praznovanjih in pogledat, kaj jim je kdo pustil pod božičnim drevesom.

Na ta božič je Andrej ml. za darilo dobil izrezljano pištolo in sprejel jo je kot trofejo. Vedel je, da ni prava, a zanj je bila simbol spoštovanja, ki ga je čutil do policije in pravilnega ravnanja. Všeč so mu bile ideje o redu in pristojnost, da red vzdržuješ. Bratom in sestram je sporočil, da se morajo v prihodnje ob njem lepše obnašati. Vsi so se smejali, v sebi pa se je smejal tudi Andrej, saj se je počutil pomembnejšega in vedel je, da bo to tudi postal.

Zagotovo je bil tisto leto vsak od njih srečen. Imeli so dovolj hrane, čeprav ni bila nič posebnega, bilo jim je toplo in obkrožal jih je smeh, predvsem pa so imeli drug drugega. Podarjena in prejeta darila so odražala dragocenost njihove družine v večji meri, kot je kazala vrednost majhnih zakladov, ki so si jih podarili. Obdajala jih je sreča in starejši člani družine so se trudili, da zaradi nje niso čutili krivde. Ne krivde, ker družina ne bi imela pravice uživati v tej ljubezni in žrtvovanju drug za drugega, ampak krivde, ker so bili ljudje vse okrog njih sredi vojne: izguba in žrtvovanje sta bila tako običajna, da ju je bilo mogoče celo pričakovati.

Andrej st. je dekletoma neobičajno veselo razpoložen podaril mršavega kužka, ki se ga je obupno želela znebiti ena od njegovih strank, ki ji je prekrival streho. S kužkom ni bilo nič narobe, le pri hiši si niso mogli privoščiti še enih lačnih ust. Ko je Justa pazljivo opozorila na to, je Andrej dejal, da tako majhna žival preživi že z ostanki, ki jih otroci pustijo na krožnikih. Dekleti sta enoglasno zavpili: »Ja, očka, dovolj hrane bomo našli zanj!«

Zdelo se je, da je zadeva urejena. Poimenovali sta ga Taček, Andrej mlajši pa ga je odpeljal ven, da bi ga začel učiti hišne čistoče, saj je bilo po njegovih besedah za deklici zunaj prehladno. Seveda so vsi mislili, da je to Andrejev način, kako priti do priložnosti, da bi se tudi on igral z ljubkim kužkom. Ta pes je bil drugačen od tistih, ki so pomagali pri ovcah, saj naj bi živel v hiši in se igral z otroki.

6

POGLAVJE: SVETOVNA VOJNA SE KONČA IN PRINESE SPREMEMBE

D
o leta 1918 se je svetovna vojna, za katero je veljalo, da je bila tako krvava in ostra, da bo »končala vse vojne«, končala. Avstro-Ogrska in Habsburška monarhija sta propadli in velik del Evrope je bil preurejen, kot bi v državi spremenili okrožja: seveda so države ostale na istih mestih, vendar so se spremenila njihova imena in zavezništva ter vodstva.

Slovenija je bila zdaj del Kraljevine Srbov, Hrvatov in Slovencev, Peter I. Karađorđević pa je bil na čelu in torej upravičeval ime »kraljevina«. Videti je bilo, da sta Hrvaška in Slovenija naklonjeni federalnemu sistemu vladavine, njuni prebivalci pa so bili večinoma rimskokatoliški, medtem ko je Srbija podpirala centralistično vladavino in odločno zahtevala enake pravice za svojo pravoslavno vero. Morda bi lahko te razlike ublažili z uravnoteženim sistemom vladanja, a Petra I. to ni zanimalo. Ob napovedi njegove vladavine je bilo takoj čutiti naraščajoč odpor: zamisel, da bo vse enako, je bila takoj sumljiva.

Po definiciji je bil za centraliste kralj dober vodja, saj so verjeli, da mora oblast in vlado voditi nekdo drug, ne množice. Državljani naj se ukvarjajo s svojimi zadevami in zaupajo centralizirani vladi, da zanje sprejema prave odločitve. Zagovorniki federalističnega sistema pa so si želeli dejavne vloge pri upravljanju države. Želeli so biti obveščeni in sodelovati pri nalogah, ki so bile potrebne za njeno delovanje. Ti zelo različni pogledi so morda že kazali na neuspeh, zlasti ko so se združili z dolgoletnimi negativnimi pogledi Srbov na Hrvate in obratno. Kraljevina Srbov, Hrvatov in Slovencev je trajala od leta 1918 do leta 1929. Ime Kraljevina Jugoslavija se je pojavilo leta 1929, nato pa se je država pod vodstvom komunista Josipa Broza Tita od leta 1945 imenovala preprosto Jugoslavija.

Rositha je hitro odraščala, poslušala pogovore očeta in starejših sorojencev, prevzela nekatere vrednote iz katoliške šole, ki je dajala prednost katoličanom pred pravoslavci, in do neke mere vpijala težave, ki jih je prinesla vojna. Prebivalci Srbije, Hrvaške in Slovenije so si zagotovo želeli neodvisnosti od Avstro-Ogrske, vendar so v nadaljevanju vojne utrpeli mnoge izgube. Še vedno so morali plačevati davke državi, iz katere so se hoteli iztrgati, hkrati pa so morali hraniti tiste, ki so se borili za neodvisnost, ter pomagati vsem vojakom v svoji bližini.

Edini način, da so zmogli, je bil, da je več otrok delalo več in da so vsi člani družine pomagali pridelati več hrane ter je pojedli manj. Če se je na kmetiji pojavil avstrijski »pobiralec davkov«, je bilo dobro imeti na voljo volno, meso, med in blago, ki so lahko nadomestili pomanjkanje denarja. Rositha se je spominjala večerov po šoli, ko jo je mama poslala na vrt poiskat hrano za večerjo. V vodi se je morda kuhalo nekaj ovčetine in čebule, Rositha pa je morala poiskati še nekaj korenja in krompirja, da so ju dodali v lonec. Nekega večera je našla stročji fižol, ki je še vedno rasel pod listi, in razveselila mamo, ko ga je prinesla dovolj, da so ga v enolončnici vsi dobili nekaj. »Šest ljudi, dvanajst fižolov, to je čudež!« si je mislila. Tako so se lekcije vojne naučili na težak način. Skozi izgubo, pomanjkanje in strah, da bo naslednji dan ali teden morda še slabši, je Rositha spoznala, da je življenje resno, in ne čarobno, kot bi si želelo mlado dekle predstavljati svet. Včasih sta si ponoči, ko je ležala v postelji in je bila Vilma le nekaj metrov stran, pripovedovali zgodbe o večerji, ki jo bosta pripravili, ko se bodo stvari spremenile. Na mizi bodo pečena jagnjetina in divjačina, dušeno zelje, mehko in sladko, gora pire krompirja, sveže korenje svetlo oranžnega odtenka in sestrini zavitki, prepojeni z medom in maslom. Nato sta vzdihnila in rekli:

»Ah!«, obe v mislih v nekem dnevu v prihodnosti. Seveda se je zgodilo tudi nekaj čudežev, večjih od stročjega fižola. Brata Andrej in Ivan sta se neko soboto odpravila v gozd na lov. To je bilo po tednu, ko je družina živela zelo skromno in jedla le omlete in repo. Bali so se, da bo oče ubil nekaj kokoši, če bo postalo še huje, zaradi česar bi imeli še manj jajc.

A fanta sta imela srečo. Šla sta stran od hiše in upala, da tudi stran od vonja po ljudeh, ne pa tako daleč, da ne bi več videla hrastov. Našla sta staro deblo, deloma obdano z odpadlimi vejami, na katerih je ostalo nekaj listov. Sedla sta na hlod, se skrila za listjem ter tako ustvarila zasedo. Potrpežljivo sta čakala, molčala in gledala predse, pozorna na zvoke ptic in veveric, ki so čivkale in divjale okrog njiju: z glavama sta si nakazala, da je nekaj zašumelo, z izrazom na obrazu pa hkrati dala vedeti drug drugemu, da verjetno ne gre za plen. Bila sta lačna, zato se pot dlje stran ni zdela preveč privlačna možnost. Čakala sta. In izplačalo se jima je. Brez očeta še nikoli prej nista lovila srnjadi, danes pa je imel preveč dela, da bi se jima pridružil. Opomnil ju je na varnost. Nato sta zaslišala prasketanje listja in pihanje, skoraj lajanje, kar je pomenilo, da proti njima prihaja velik jelen. Znova je prhnil in po tleh podrgnil z rogovjem. Ustavil se je in dvignil glavo. Videti je bilo, da vohlja vetrič. Fanta nista od sebe dala niti glasu. Čakala sta in v njunih mladih prsih sta kot za stavo utripali srci, dokler ni stopil neposredno pred njiju, na čistino. Bil je rdeče-rjave barve in na osem strani razvejano rogovje je držal visoko v zrak.

Zvok njunih pušk je odjeknil hkrati. Ena krogla je jelena zadela naravnost v srce, druga pa mu je pod prsmi odnesla nekaj dlake. Fanta sta najprej presenečeno obstala, saj je jelen takoj padel, skoraj ne da bi naredil korak. Potem je vsak od njiju trdil, da mu je zadal smrtno rano, nihče pa ni nikoli izvedel, da je Andrej namerno zgrešil. Vedel je, da družina nujno potrebuje meso, vendar tej ljubki živali ni mogel vzeti življenja. Od tistega trenutka naprej je zato igral. Družina je z roba gozda zaslišala veliko veselje, ko sta fanta čez hrib domov z vso močjo vlekla mrtvega jelena na podlagi iz borovih vej.

Starejši dekleti sta stekli proti truplu, Rositho pa so poslali po očeta. Razmišljali so kot ekipa in se trudili ta velik kos mesa skriti pred očmi sosedov in drugih mimoidočih v hlev, da bi ga odrli, razkosali, obesili, če bo potrebno, ter nekaj kosov skrili in shranili, da jih kdo ne vidi ali se jim kaj ne zgodi. Iz živali so hitro vzeli jetra in Vilma je skoraj bruhala, ko je še topel organ odnesla v kuhinjo in ga položila v lonec. Čeprav se je mladému dekletu to zdelo bedno, je razumela, da bodo jetra kmalu pečena in bodo postala okusna večerja. Druge organe, srce in ledvice, so pripravili podobno, z vratovino in čebulo, ter skuhali osnovo za prihodnje obroke. Ta krepka osnova za zelenjavno juho jih bo lahko bolje nahranila, kot jih je vodena zelenjavna enolončnica, ki je bila velikokrat njihov edini obrok.

Fanta sta bila krvava in utrujena, a srečna, kot sta lahko le otroka. Ne le da sta ustrelila trofejo in močno prispevala k preživetju družine, ampak bosta iz te zasede verjetno odnesla tudi podložene tople škornje. Ta trenutek in nekaj dni dobre hrane jima bo ostalo v spominu v vseh skromnejših dneh, ki so bili pred njima. Mama je že načrtovala, kako bodo nekatere kose nasolili in jih skrili. Zagotovo ne bodo nikjer obesili rogovja, čeprav je bilo res izjemno. Bali so se, da bi kdo ugotovil, kako nedavno so prišli do tega plena, in zahteval del mesa. Družina si ni mogla privoščiti deliti nagrade, za katero se je zdelo, da je bila dar od Boga. Takšen, o katerem niso nameravali povedati niti župniku.

Ovčarski pes je za večerjo dobil kosti s pravim mesom, ostanke jeter so z leseno žlico zmešali v pašteto za na kruh, nekaj jušne osnove pa postavili v temen del kleti, da bi ostala užitna kar najdlje. Opečenec z jetri in med sta bila v teh časih velik prestiž.

DRUGI DEL
ČAS MED VOJNAMA

7

POGLAVJE: JULIJANA SEŽE PO SVOJIH SANJAH

Vojna je na njihovo območje, ki se je zdaj imenovalo Kraljevina Srbov, Hrvatov in Slovencev pod kraljem Petrom I., Srbom, prinesla lakoto in vedno večjo revščino. Prebivalci pa so bili vajeni starega načina življenja. Čeprav so si morda želeli svobodo od Avstro-Ogrske, so bili cena za takšno spremembo notranji boji glede lastnega vodstva in ver, ki jih bodo spoštovali. Prisotnega je bilo več nezaupanja in predsodkov. V času pred svetovno vojno se je Habsburška monarhija zdela oblastna, vendar so njeni državljani vedeli, kaj lahko pričakujejo. Zdaj jih je bilo manj in vladal jim je srbski monarh, pa še vedno niso imeli pravice odločati o svojih zadevah, zato so se mnogi Hrvati in Slovenci počutili kot žrtve, Srbi pa kot zmagovalci. Zaradi pomanjkanja enakosti, saj so bili pridelki kmetov namenjeni »hranjenju monarha«, je bil brat jezen na brata.

V teh časih je bilo toliko notranjih pretresov, da so ti začeli razbijati družine. Ne le da doma ni bilo dovolj hrane, da bi lahko nahranili številna usta, primanjkovalo je tudi upanja. Mladi v domovini niso videli prihodnosti. Kakšno je življenje, če končaš, kot so končali njihovi starši, ki so se ves dan potili na polju, nato pa jedli tako razvodenele in pomanjkljive obroke, da se ti je zdelo, da imaš v požiralniku luknjo, ker je želodec ostal tako prazen?

Kaj pa romantika ali upanje na lastno družino? Nihče ni nikomur dvoril, saj je bilo treba opraviti preveč dela in je bilo premalo časa za umivanje in oblačenje, da bi bili sploh očarljivi. Julijana je bila ob koncu vojne stara osemnajst let, a je ostala doma in pomagala. Opravljala je gospodinjske naloge, da je bila mami in bratom ter sestram v pomoč pri vseh njihovih opravilih. Ko pa je dopolnila devetnajst let, se ji je začelo dozdevati, da so njeni obeti za lastno družino vse manjši, kot bi bila že pri tridesetih stara devica, ki se ji suši maternica in ji izpadajo lasje. Tako se je v njenih očeh starala mama, kljub temu da je imela moža in otroke. Čeprav je bila vedno spoštljiva do starejših, se ji je ob pogledu na zgubano starejšo žensko z malo zobmi in divje belimi lasmi zazdelo, da se gleda v ogledalo. Obupana je bila, ker je bila ujeta doma.

Čeprav njihova država ni bila več povezana z Avstrijo, je bil na drugi strani gora še vedno Dunaj. Odkar se je končala svetovna vojna, je večino časa vozil vlak, ki bi jo lahko iz te revščine in brezupa odpeljal v veliko mesto. Vojna je Dunaj močno prizadela, a so številne pomembne zgradbe še vedno stale. Tam so bile palače in operne hiše ter trgovci z bleščečimi izdelki. Znova so prihajali umetniki in plesalci in obnavljali so fine restavracije. Vse, kar si je želela videti, je bilo le streljaj stran in potovanje v te kraje bi ji zagotovilo svobodo, ki je ni poznala.

Julijana je bila prestrašena, vendar ne tako zelo, da bi ji to uničilo upanje. Še nikoli ni bila daleč od doma ali kje čez noč brez družinskih članov, a je hrepenela po tem, da bi enkrat videla nočne luči in oblekla plesno obleko, preden postane utrujena starka. Tako si je govorila. Zato je začela delati še v cerkvi, kjer je čistila za župnika, da bi si nabrala še kaj drobiža. Cerkev je bila edini kraj, kjer je bilo mogoče priti do denarja, saj so kmetje metali svoje skromne kovance v košarice tudi takrat, ko niso mogli kupiti niti kruha.

Julijana pa je imela še eno prednost. Poleg tega, da je bila pametna in dovolj močna, da je sledila svojim sanjam, je bila tudi zelo lepa. Vsa Lovrenčeva dekleta so veljala za lepa; imele so visoke ličnice in velike tople oči. Nekatere so imele bolj poudarjene nosove kot druge, a to jim je skupaj z običajno pokončno držo in močnimi telesi, ki so bila posledica težkega kmečkega življenja, dajalo aristokratski videz. Julijana je veljala za postavno. Veliko strank v pletni je spraševalo po njej že, ko je bila še otrok, a je oče vse zavrnil. O zaroki z njegovo deklico ni bilo govora, zato je ostala dober katoliški otrok, ki je doma pomagal družini, na skrivaj pa hrepenel po pustolovskem življenju.

Ko je začela delati pri župnikih, jo je presenetilo, ko ju je videla postopati po veliki opečnati hiši brez posvečenih oblačil. Komaj je verjela, da sta bila tako kot njeni bratje le moška, in pogosto je zardela, ko sta se odpravljala na kopališče in se mimo nje sprehodila komaj pokrita. No, si je rekla, zanju sem le kos pohištva, le služabnica, ki mora opraviti svoje delo in se jima izogibati. S tem v mislih je delala več tednov.

A neko soboto v septembru, ko se je cerkev pripravljala na velik festival, sta jo prosila, naj dela ves dan in prenoči, saj je bilo treba takoj po maši naslednji dan pripraviti stojnice za sprejem darov, ki so jih župljani prispevali za praznovanje, in igre za otroke. Prav tako bodo imeli parado, za katero bo potrebna pot, okrašena s cvetjem in zelenjem iz gozda. Čeprav je pri načrtovanju dogodka pomagalo veliko prostovoljcev, ki so nosili okrasje na cerkveno dvorišče, sta sveta očeta (v tej cerkvi sta bila dva) želela, da Julijana poskrbi, da bo vse teklo gladko, in je na voljo, če bodo prostovoljci kaj potrebovali od njiju.

Ker je šlo za spanje v župnišču, sta Justa in Andrej starejši hčerki brez oklevanja dovolila, da ostane. Justa je le poskrbela, da je hči s seboj vzela lepo urejeno spalno srajco, da ne bi kdo pomislil, da je oblečena pomanjkljivo. Julijana si ni mogla predstavljati, da bi jo videl še kdo drug kot hišna pomočnica, ki je živela tam, vendar je dovolila, da ji je mama pomagala pakirati. Poleg tega je bilo z njihove kmetije do cerkve le petnajst minut hoje in Julijana je vedela, da bo hitro tam.

Po večerji na domu župnikov, ki jo je Julijana pomagala postreči, saj ni vedela, kaj naj sicer počne, sta župnika odšla k molitvi. Iz kredenc, omar in hodnikov je začela vlačiti škatle s potrebščinami in okrasnim materialom; nekaj ga je bilo shranjenega tudi v niši v upravni stavbi in pod ponjavami, ki so jih prej pustili na dvorišču. Čas je mineval in nebo se je stemnilo. Mlajši župnik je prišel ven z delavcem in začela sta prižigati bakle, ki so bolje osvetlile prireditveni prostor. Julijana je bila po delu od zore na družinski kmetiji in po mraku v cerkvi zdaj res utrujena. Vesela je bila, ko je videla, da mlad župnik prihaja proti njej, saj je bila prepričana, da ji bo rekel, da so za danes končali.

Ko se ji je približal, se ji je zdelo, da se ji smehlja, zato mu je nasmeh vrnila. Zelo se ji je približal, kot bi ji želel zaupati skrivnost. Še vedno je vljudno čakala na njegove besede. Kar je povedal, jo je nekoliko presenetilo, vendar ga je ubogala, ko je rekel, naj pusti, kar počne, in gre z njim noter, da bosta pregledala še zadnje malenkosti, ki jih bo treba opraviti zjutraj, ko bosta onadva, župnika, vodila mašo. Ko sta vstopila v rezidenco, jo je vodil po hodniku, za katerega se je zdelo, da poteka po zadnjem delu stavbe in ima razgled na jezero. Prostor je bil precej temen in z velikimi balvani je malce spominjal na grobnico. V prostoru je bilo nekaj postelj ali ležišč, zato se je spraševala, ali gre morda za prostor za počitek, meditacijo ali celo bolniško sobo; morda je bila v njem še ena shramba. Bilo je nekoliko hladno in vlažno in zmrazilo jo je po hrbtu. Upala je, da se bosta pogovorila na hitro ali pa bosta material odnesla na kakšno prijetnejše mesto, čeprav je bil pogled na jezero spodaj čudovit, cerkev na otoku pa lepo osvetljena.

Takrat je Oče dejal, naj se ne prestraši, a kolikor mu je znano, se mnoge ženske iz mesta strinjajo, da duhovniki trpijo zaradi skrajno nečloveškega bremena celibata in so jim pripravljene biti na voljo in jih potolažiti. Še več, opazoval je, kako se giblje in govori, in zdelo se mu je, da bi lahko njegove intimne potrebe ostale njuna skrivnost, kot nekakšen zakrament med njima. Razložil je, da je prostor, v katerem sta, odmaknjen od vseh; zelo tih in zelo zaseben. Nato jo je vprašal: »Ali razumeš, kaj ti govorim?«

Ob tem se ji je približal in si jo drznil prijeti za roko. V njegovi sapi je začutila vonj po slivovki in še nekaj drugega, mošusnega, kar je občasno zavonjala na svojih bratih. Zdelo se je, da prihaja iz notranjosti njegovih oblačil. Odgovorila je: »Oče, mislim, da vem, a moram vas prositi, da od mene tega ne zahtevate. Nisem takšna ženska, v resnici sem še dekle.«

Nato se je plenilski duhovnik široko nasmehnil in dejal: »Potem bo to še večji zakrament, devica moja lepa.« Še močneje jo stisnil njeno zapestje, povlekel njeno roko navzdol na svoje otrdelo telo in ji iz las izvlekel lasnice. Kmalu je bila prisiljena okusiti slivovko z njegovih ustnic in jezika.

8

POGLAVJE: SANJE, SKRBI IN POBEGI

Župnik je ob prvem svitu skočil iz postelje in izginil po hodniku, ki je vodil iz te zatohle, vlažne, grobnici podobne sobe, v kateri se je vsilil ubogi Julijani. Takoj se je začela oblačiti, saj je vso noč ni pustil pri miru, čeprav je bilo možno, da je za kratek čas vseeno zaspala. Zdaj je bila izčrpana, tresla se je in bila je skoraj vročična od jeze. Takšen moški se kljub svojim oblačilom, molitvam in dolžnostmi do Boga ne bi smel imenovati Božji človek, saj je hudič. Pljunila je na tla.

Zanimalo jo je, ali je takoj odšel k starejšemu župniku in se spovedal svojih grehov ali pa se je z njimi celo pohvalil. Sta pri tem sodelovala? Ob tem se je počutila resnično slabo. Vedela je, da je njena služba kratkega veka in da je z njo konec. Gospodinji je povedala nekaj v izgovor in se odpravila domov.

Takoj ko se je izmuznila iz župnišča, je začela razmišljati o mami. Svoji dragi mami ni mogla povedati, kaj se je zgodilo. Njena mama je ljubila cerkev in župnike ter se je v teh težkih časih za preživetje močno opirala na vero. Justa je molila za zajca v pasti ali dodatna jajca, ki jih bodo znesle kokoši. Ko se je to zgodilo, se je zahvalila Bogu. Julijana je potrebovala tehten razlog, zaradi katerega je pustila službo. Odločila se je, da bo povedala samo del resnice.

Ko je prišla domov, je rekla: »Mama, prosim, oprosti, ampak sinoči sploh nisem mogla spati, ker sem bila tako daleč stran od tebe in družine. Tam je bilo mrzlo in vlažno in Oče me je večkrat poklical, naj mu kaj prinesem, tako da nisem mogla zares počivati. Danes se počutim utrujeno in slabo. Če lahko zaspim vsaj za kakšno eno uro, ti bom lahko spet pomagala!« Zdaj ni več mogla zadržati joka.

Justa je rekla: »Seveda moraš počivati, ljubica moja; tako ali tako nisem pričakovala, da boš doma. Naspi se in me potem poišči.«

Julijana je spala nemirni spanec nekoga, ki se počuti prekletega zaradi globoke krivde, sramu in jeze. Ni si mogla odpustiti, da je dovolila to dejanje. Nato je skočila pokonci, kot bi jo kdo potisnil izpod vzmetnice, in glasno zajela sapo. »Kaj bom storila,« je zajecljala, »če sem noseča?« Začela je šteti dneve. Očitno je bila zadnjih nekaj dni sredi cikla. Vedela je, da je to najugodnejši čas za spočetje otroka in torej najslabši čas za spolne odnose. To, kar je čutila v srcu in trebuhu, bi lahko opisali le kot grozo. Pridružila sta se ji še obupanost in brezup. Razmisliti mora, kaj bo storila, če se bo uresničil najslabši scenarij. Morda se bo morala pretvarjati, da je dobila mesečno perilo, da bo pridobila nekaj časa za načrtovanje naslednje poteze.

V hiši s tremi ženskami z menstruacijo in brez finančnih sredstev so za vpijanje krvi uporabljali krpe, te pa je bilo treba oprati in si jih deliti med seboj. Ko Justa ni bila noseča, se je njen cikel običajno začel prvi, čez nekaj dni ji je sledila Julijana in nato Mojca. Vsaka ženska je iz majhne omare, ki je bila namenjena samo njim, vzela čiste krpe. Ko jih je uporabila, jih je splaknila pri vodni črpalki in jih nato pustila, da so se namakale v vedru za hišo. Naslednja ženska, ki je potrebovala krpe, jih je vzela, nato pa namočene krpe oprala in ožela ter poskrbela, da so se pravočasno posušile za naslednjo družinsko članico ali zase, odvisno od potreb telesa. Pri vsaki od njih je to lahko trajalo več dni, zato so bile čiste krpe dragoceno blago. Zelo grdo je bilo, če je katera svoje opravila, ne da bi preverila, ali so se vse krpe posušile. Te ženske bi osupnilo, če bi vedele za kulturo, ki je tako bogata in dekadentna, da ženske uporabljajo samo nov material, ki ga po vsaki uporabi odvržejo.

To razmišljanje je Julijani pomagalo skovati načrt, kako prikriti svojo težavo, če se bo pojavila. Na dan, ko naj bi se začel njen cikel, bo iz omare vzela krpe. Nekaj ur pozneje jih bo oprala in nato namočila ter peljala celoten postopek, dokler ne bo logično, da jih ne potrebuje več. Mama tako ne bo pozorna, Julijana pa se bo imela čas odločiti, kaj storiti. Ne glede na to, ali je šlo za strah, travmo ali dejansko spočetje, je bila o svoji nosečnosti prepričana manj kot teden dni po tem, ko je njen cikel zamujal. Za ženske, kjer je vse točno kot ura, je že to dovolj časa.

Pomislila je, da bi pomoč poiskala pri župniku. On ji je to storil, skriti jo mora, da bo otroka rodila daleč od doma in jim prihranila sramoto in še več težav. Nikoli več ni nameravala prestopiti praga te cerkve, nikoli več ni želela videti Očetovega nasmejanega obraza ali slišati za njegovo nujno težavo, a bo morala najti pogum, da ga obišče. Ker je poznala urnik za spoved, je šla do cerkve in se postavila v vrsto upajoč, da starejšega župnika ta dan ni v službi.

Kmalu je bila v spovednici na vrsti ona. Sedla je za pregrado in ni mogla vedeti, kdo je na drugi strani. Začela je: »Blagoslovite me, Oče, grešila sem.«

Odgovoril je: »Kakšna je narava tvojega greha?«

Na to je odgovorila: »Starejšemu in vplivnemu moškemu sem dovolila, da me je prisilil v nečistovanje, in zdaj mislim, da sem noseča.« Julijana se je med izgovarjanjem besed borila s solzami, a je bila odločena, da bo jasna in mu bo zadala neposreden udarec. Prav tako je vedela, da ne sme prikrivati resničnega položaja, če želi kakršno koli pomoč.

Z duhovnikove strani spovednice se je zaslišal vzdih. Nato je z mehkim glasom začel: »Spokoriti se moraš in moliti rožni venec. Enako moram narediti jaz. Kaj misliš, kaj je treba storiti? Še kdo ve za to težavo?«

»Samo jaz in zdaj vi veva. Rada bi odšla od tod in otroka rodila tako, da moja družina ne bo deležna sramote. Prosim vas za dovolj denarja, da bom lahko z vlakom odpotovala na Dunaj ter ga imela dovolj za nekaj tednov hrane in prenočišča, dokler si ne najdem službe. Nikoli več ne boste slišali zame.«

Ni se več opravičeval, ampak je takoj zagrabil preprost izhod, ki mu ga je ponudila. »Prav,« je rekel. »V soboto ob sedmih zvečer se dobiva pri zadnjih vratih župnišča. Maše bo konec in prinesel bom, kar potrebuješ.« Nato je dodal: »In molil bom zate.«

Čeprav se ubogi Julijani s tem niso uresničile sanje, je vsaj imela občutek, da je naredila, kar je morala, in bo dobila, kar je potrebovala, da bo lahko poskrbela za svoje in otrokovo življenje. Čeprav je v sebi vedela, da imajo celo družine premalo denarja za preživetje, možnosti, da bo zmogla sama z otrokom, pa so še manjše. A bila je mlada in ni se povsem zavedala, kakšen je resnični svet, kar se je izkazalo za prednost, ki ji je omogočila, da je naredila korak naprej.

Ko je imela v rokah denar, je mami povedala, da mora oditi in najti svojo pot. Rekla je, da sta Rositha in Vilma že dovolj veliki, da ji bosta v pomoč in ne v breme, ter da bo z odhodom naredila prostor za druge, čeprav jih ima vse rada. Predvsem Justi je bilo težko izpustiti svojo lepo prvorojenko, a se je počasi sprijaznila, posebej zato, ker je Julijana obljubila, da jih bo obiskala, kakor hitro bo mogoče.

Ni imela veliko stvari, ki bi jih vzela s seboj. Brata sta jo pospremila na železniško postajo, da bi bila varna in ne bi hodila sama. Bili so prerevni, da bi lahko uporabila voz, in železniška postaja je bile le malce naprej od cerkve. Ko se je vkrcala na vlak, ji je Andrej ml. izročil listek. Rekel je, da mu ga je dala mama. Vsi so bili malce začudeni, ker je imela Justa velike težave s pisanjem, a očitno je nekaj morala povedati.

Andrej in Ivan sta ji zaželela vse dobro. Podala sta ji hrano, ki jo je spakirala mama, jo opomnila, naj jim piše, in jo na koncu opozorila, naj sporočila ne prebere prej, kot bo vlak zapustil postajo. Tako je naročila mama.

9

POGLAVJE: OD DOMA Z VLAKOM

Julijana je nekaj minut ugotavljala, kakšno vedenje se od nje pričakuje na vlaku. Kam mora sesti, kako ji bodo preverili vozovnico in kam mora odložiti torbo – na polico nad sedežem ali pod njega? Poskušala je posnemati druge. Ugotovila je celo, da so potniki vozovnice odložili na poličko na hrbtni strani sedeža pred seboj. Potem je želela skozi okno pogledati brata, da bi jima še enkrat pomahala, a plast umazanije na notranji in zunanji strani stekla je bila predebela, da bi lahko jasno videla. Pa tudi onadva ne bosta videla nje. S težkim vzdihom je sedla na torbo, na pol v razkoraku, nedaleč stran od mesta, kjer se je vkrcala na vlak.

Zrak je napolnil vonj po pari in koščkih žerjavice iz vlaka. Videla je celo iskre, ki so zasvetile zunaj in ugasnile kot trdi črni koščki. Nenadoma se je vse začelo močno tresti in premikati, da se je prestrašila, da bo vlak kmalu razpadel na kup kovine, lesa in blazin. Nato je nekaj močno sunilo in vlak se je cvileč premaknil naprej. Začelo se je monotono tresenje in vrtenje. Ko je vlak drvel skozi mesta, je kljub umazaniji videla nekaj znamenitosti in se veselila izvedeti, kako bodo gore videti od blizu, a se je hkrati počutila nelagodno zaradi vsega premikanj, hrupa in vonja.

Nato je začutila lakoto in se spomnila na hrano, ki ji jo je spakirala mama, in na pismo. V krpi, v katero je bila zavita hrana, je našla sir, velik kos klobase, četrtino hlebca kruha in jabolko. Bilo je veliko preveč; Julijano je takoj prešinil občutek krivde, da je to hrano vzela družini, saj je dobro vedela, da je njena mama tisti večer ostala brez, ker se je žrtvovala zanjo. Nekaj malega je pojedla in se odločila, da bo ostalo prihranila, saj ni vedela, kje bo dobila naslednji obrok. Ovitek in vsebino je pospravila v stranski predal torbe. Nato je vzela listek.

Na njem je bilo le nekaj besed: *Voda ni rožnata. Rada te imam, mama.*

Julijana je šepetaje ponovila te besede in jih skušala razumeti. Nato so se ji oči napolnile s solzami. Mama je vedela, da je noseča! »Voda ni rožnata,« seveda! Ko je šla mama pred sušenjem ožet krpe, so bile preveč čiste. Pri namakanju v vedru, ki naj bi poskrbelo za še zadnje sledi krvi, pa je je vedno še nekaj ostalo, je bila voda zelo čista. Preveč, da bi hči krpe uporabljala zares, kot običajno. Justa je vedela za njeno skrivnost in ji dovolila, da sama reši težavo, kot najbolje zna. Pa ji je kljub temu rekla, da jo ima rada.

»Oh, mama,« je vzdihnila. »Našla bom pot nazaj k tebi in vedno te bom imela rada.«

S temi mislimi je v solzah zaspala in se le občasno prebudila, ko se je vlak nenadoma začel premikati drugače, vozil skozi predor ali pa je strojevodja zapiskal. Ta zvok je vsak dan slišala iz svojega doma na hribu, vendar je bil na vlaku veliko glasnejši. Končno se je začel vlak spuščati z gora in v Avstrijo, v daljavi spredaj pa je zagledala luči Dunaja.

Kmalu bo prispela na Dunaj, z malo denarja, malo hrane, brez prijateljev in celo stikov ter z otrokom, ki ji raste v trebuhu. Razmišljala je: »Tega se bom lotila korak za korakom. Najprej si moram najti prenočišče, nato pa delo, ki mi bo zagotovilo dovolj denarja za kritje stroškov, dokler ne bom vedela, kako naprej. Prav tako bi bilo dobro najti kakšnega prijatelja ali dva, je dodala, saj se je trenutno počutila popolnoma osamljeno. Zdelo se ji je, da je zaspala kot otrok, prebudila pa se je s pogledom v brezno odraslosti, za katerega se je zdelo, kot bi z najvišjega vrha Alp stopila v prazno, pod njo pa bi se bleščale ostre skale. Brez mame, očeta, sester ali bratov, ki bi jo varovali pri skoku; svoje življenje bo živela kot odrasla oseba ali pa bo pri tem poskusu propadla.

Julijana je previdno stopila z vlaka. Noge so se ji še naprej tresle od poti, čeprav je bilo morda vse le v njeni glavi. V glavi se ji je kar vrtelo, a se je odpravila s postaje, prečkala ulico in žensko, ki je na cizi prodajala sadje, vprašala, ali ve, kje je mogoče najeti sobo. Ženska se ji je zdela samo še ena kmetica v preznojenih oblačilih in z umazanim predpasnikom; kot nekdo, na kogar se lahko obrne za pomoč. Toda ženske ni zanimala in grobo ji je odvrnila: »Ne.« Še naprej je k sebi klicala vse, ki bi želeli zrela jabolka, hruške in grozdje.

Julijana se je počutila še bolj pretreseno in pot je nadaljeval, kot da bi vedela, kam gre, kot da bi poznala mesto, dokler ni na nekem vogalu zavonjala kave in vedela, da je zagotovo pri kavarni. Sedla je v lokal, čim bližje vratom, da bi lahko na hitro odšla, če bi bilo treba, saj se je že bala, da bi jo zavrnili, kot se ji je pravkar primerilo. Pristopil je moški, nosil je čist predpasnik in vprašal jo je, kaj želi. Dajal je močan vtis, da je lastnik lokala in mu gre dobro.

Odgovorila je: »Skodelico kave bi, prosim.« On pa je vprašal: »In sladko štručko?«

»Koliko stanejo zavitki?« je vprašala. Ko je povedal znesek, ga je zavrnila, saj je imela malo denarja in ni vedela, kako dolgo ji bo moral zadostovati.

Ko se je vrnil s kavo, sta poleg nje na majhnem prtičku ležala lepljiva štručka in prtiček iz blaga. »Oh,« je rekla, »tega si trenutno ne morem privoščiti!«

Natakar pa je pripomnil: »Človek s časopisom pri oknu me je prosil, naj vam jo prinesem. On je plačal. Tudi kavo.« In je odšel.

Živčno se je nasmehnila in pogledala v njegovo smer, vendar je bil še zmeraj zatopljen v svoj časopis. Kava in slaščica sta se ji zdeli slastni. Sama sebe je presenetila z navdušenjem, s katerim ju je zaužila, saj se zadnjih nekaj juter ni počutila prav dobro. Nato je gospod vstal in stopil proti njej. Ali pa morda proti izhodu poleg nje.

Ko se je ustavil pri njeni mizi, se mu je zahvalila za prijazno darilo. Govoril je zelo po nemško, a je domnevala, da je v Avstriji pač tako. Dovolj dobro ga je razumela, ker je imela izkušnje s turisti od doma. Rekel je: »Z veseljem stopim naproti nekomu, ki je na Dunaju nov, Fraulein. Vam lahko še kako pomagam?«

Tudi po celonočni vožnji z vlakom, ko je v solzah zaspala in se ni počutila prav sveže in prijetno, je njena lepota zadostovala, da je enega prvih ljudi, ki jih je srečala, prepričala, da ji je ponudil pomoč.

»Res bi vam bila zelo hvaležna, če bi me napotili v penzion za ugledne mlade dame,« je rekla v nemščini. To je bila fraza, ki jo je vadila, saj je pričakovala, da jo bo potrebovala.

Odgovoril ji je v slovenščini s komaj zaznavnim naglasom, saj je očitno opazil, od kod izvira njen. »Tri ulice od tod je en. Če greste z mano, vas pospremim do tja. Vam lahko nesem torbo?«

Opozorili so jo, da so povsod slabi moški in naj ne zaupa tujcem. A bilo je sredi belega dne in hodila bosta med ljudmi, zato je sprejela ponudbo. Na njeno presojo sta vplivala tudi utrujenost in strah pred novimi vprašanji, a resnično je potrebovala prostor za počitek, preden je lahko nadaljevala. Hodila sta nekaj metrov narazen, zavijala po živahnih ulicah, polnih ljudi, visokih stavb, hitrih konjev in občasno avtomobilov. Počutila se je kot v čarobnem kraljestvu iz ene od knjig iz otroštva. Ko sta prispela do stroge trinadstropne opečnate stavbe, v kateri je bil penzion, se ji je od izčrpanosti in vznemirjenja že skoraj vrtelo v glavi.

Gospod, ki se je predstavil kot Fritz, ji je rekel, da se lahko zvečer dobita v isti kavarni ob juhi, da mu bo povedala, ali potrebuje še kaj. Zahvalila se mu je in vstopila v svoj novi dom.

10

POGLAVJE: NOVI PRIJATELJ

Spala je, kot da na svetu nima nobenih skrbi, nato pa takoj, ko se je zbudila, znova dojela, da je v tuji postelji, tujem okolju in mestu, ki je bilo doslej zanjo le ime. Dunaj, čudovito mesto glasbe, umetnosti in monarhije; tukaj sem, da te pozdravim! Ko se je prej sprehajala po mestu, sta jo presenetili arhitektura in višina stavb. Spraševala se je, zakaj je toliko hiš tako blizu skupaj.

Gledala je skozi okno in preučevala ulico, nato pa si je začela ogledovati sobo. Na vogalu desno od nje je bila konjušnica, sledil ji je mesar (če se konji ne bi vedli, kot je treba, se je pošalila sama pri sebi), nato pa dva niza vrat, ki sta vodila v stanovanjske hiše neposredno nasproti nje. Bile so lesene in videti so bile precej stare in nekoliko utrujene. Težko je videla, kaj se skriva za oknom, čeprav je nekaj stvari opazila, ko je pod vodstvom gospoda Fritza vstopila v penzion.

Najprej ji je v oči padlo, da je njena soba čista, za kar je bila hvaležna, saj je v šoli slišala zgodbe o podganah, ki so prenašale bolezni. Seveda so govorili o času pred veliko leti v pristaniških mestih, a pozneje se je težava razširila po vsej državi. V sobi je bila majhna postelja z baldahinom. Odeja je bila zbledelo modre barve, morda zaradi večkratnega pranja, in se ni ujemala z belo barvo nad posteljo. V sobi sta bila še stojalo z umivalnikom in vrč z vodo. Pohitela je k vrču, ki je imel na porcelanasti sprednji strani modro cvetlično gravuro.

Julijana se je odločila, da bo najprej šla na stranišče, ki je bilo tri vrata naprej po hodniku, nato pa se bo osvežila za srečanje pozno popoldne. V torbi je imela še eno obleko. Upala je, da se bodo gube zaradi poti dotlej zravnale. Imela je tudi spodnje perilo, nočno srajco, ki jo je nosila v cerkvi, in predpasnik, če bi bilo treba pri delu, ki ga bo opravljala, poskrbeti za zaščito oblačil. Medtem ko se je umivala, se je odločila, da bo obleko, ki jo je nosila na vlaku, in spodnje perilo oprala, da ne bo ostala brez čistih oblačil. Ker je imela samo dve obleki in je bila brez sester, ki bi ji lahko kakšno posodile, jo je malce skrbelo, kako bo uspela biti videti dostojno.

Oblečena v sveža oblačila in z opranimi oblekami, ki so se sušile v majhni omari v njeni sobi, se je odpravila na počasen sprehod do kavarne. Trudila si je zapomniti, kaj vse je mogoče najti na tej ulici, in preverjala, ali so v izložbah kakšni napisi »Iščemo pomoč«. Ob tokratnem obisku se ji je zdela kavarna manjša, morda jo je vse skupaj nekoliko manj navdušilo. V kotu je sedel gospod Fritz. Ko se mu je približala, je vstal in se ji široko nasmehnil, ker je videl, da je držala besedo in prišla na zmenek z njim.

Začel ji je pripovedovati, kako dober je dunajski zrezek, ali pa bi ji bila morda bolj všeč goveja enolončnica z ješprenjem? Ker ni prav dobro vedela, kako se je treba vesti v restavraciji, in ker ni želela izgubiti svojega edinega prijatelja, je odgovorila: »Naročila bi, kar bo naročil gospod.«

Tako sta začela precej neroden pogovor o tem, kdo je on in kaj ona išče na Dunaju. Rekel je, da je umetnik. Vprašala je: »Ali slikate velika umetniška dela, ki visijo v galerijah?«

Na to je odgovoril: »Včasih so razstavljena v galerijah, večinoma pa visijo v domovih premožnih ljudi. Slikam portrete, pse, otroke, konje in posestva; vse, kar mi kdo plača. Tako se preživljam. Plačajo mi zanje.«

»Oh,« je rekla, »to pa se sliši zelo glamurozno. Potrebujem delo, a se bojim, da sem doslej v rokah držala le čopič, s katerim sem pomagala barvati skedenj.«

Ob tem se je zasmejal. »No,« je dodal, »ker mi gre posel dobro, bi mi v ateljeju prav prišel dodaten par rok. Kaj pravite? Bi mi hodili po potrebščine, mi čistili čopiče in pometali lokal ter načrtovali poziranja za stranke, ki želijo portrete?«

»Ampak komaj me poznate. Ste prepričani, da me želite tako na hitro zaposliti?«

»No,« je rekel, »prepričan sem, da ste dobra katoličanka in ne bi nikoli okradli svojega delodajalca.«

Ko je omenil »katoličanko«, se je spomnila na položaj, v katerem se je znašla zaradi nesvetega župnika, in močno zardela. Vprašal je, ali je kaj narobe rekel, ona pa mu je zagotovila, da ne. Počaščena je bila in z veseljem bo sprejela delo, če je mogoče iz penziona do ateljeja hoditi peš.

Predlagal ji je, da se po večerji sprehodita do tja, da bo lahko bolje ocenila razdaljo. Prispela sta do polkletnega poslovnega prostora, okna so segala do tal. Čeprav se je vstopalo skozi vrata na dnu štirih stopnic, je bila stavba odmaknjena nekaj korakov nazaj, kar je pomenilo, da sta imela zrak in svetloba dober dostop do prostora, ki je bil pod nivojem ulice. Okna so bila visoka dva metra in pol in široka tri metre in pol. Ko je bil Fritz v ateljeju, je bilo z vsakim njegovim korakom svetlobe manj, a je imel tudi plinsko razsvetljavo, s katero je lahko osvetlil, kar je bilo treba, če je delal pozno zvečer ali je bil dan temačen.

V sobi je bilo več stojal, velik umivalnik, poln čopičev, veliko odvrženih oblačil in krp, umazanih od barve, ter več škatel majhnih pločevink z barvo, ki jo je mešal na paletah, da je dobil želene odtenke. Julijani je rekel, da jo bo naučil, kako pripraviti barve, ki jih pogosto uporablja, da bo prihranil čas. Na dvignjenem podestu je bil tudi nekakšen kavč, čez katerega je bila pregrnjena tanka odeja. Povedal ji je, da tam pozirajo njegovi modeli, ker na tistem mestu nanje pade največ svetlobe. Ni vedela, kaj naj reče, zato ji je začel postavljati vprašanja. »Koliko denarja boste potrebovali, da boste pokrili vse stroške? Saj vam bom povišal plačo, a najprej moram videti, kako se boste odrezali.«

»No,« je začela, »za sobo in uporabo prostorov ter kavo in piškote mi zaračunajo štiri krone na dan. Lastnica je rekla, da bo včasih na voljo tudi sir.«

Zažvižgal je. »Če vse to seštejete in pomnožite z dnevi v mesecu, vam plača, ki sem vam jo ponudil, ne bo zadostovala za druge obroke, oblačila in osnovne potrebščine, ki jih boste morda potrebovali. Naj razmislim.«

Nato je skočil pokonci, kot bi ga nenadoma zadel ogenj, in vzkliknil: »Zakaj nisem prej pomislil na to? Ko sem odprl ta studio, nisem imel dovolj denarja, da bi plačeval najemnino še za stanovanje, zato sem skladišče zadaj spremenil v nekakšno spalnico. V resnici je nisem nikoli več spremenil nazaj v skladišče. Posteljo ima, plinski štedilnik z dvema gorilnikoma, ni pečice, je pa hladilnik, ki dobro hladi. Tudi velik umivalnik je zadaj, stranišče pa je na koncu hodnika. Delim si ga z galanteristom iz sosednje stavbe, ki ga skoraj ne uporablja. Če boš vsako jutro pred mojim prihodom skuhala kavo, ti za uporabo prostora ne bom nič računal. Vedi le, da se bo kdaj želel kakšen sramežljiv model tam sleči, zato boš morala spalnico za par ur deliti in tam ne boš smela NIKOLI puščati nobenih dragocenosti.«

Ob tem je zardela, saj je vedela, da nima nobenih dragocenosti, ki bi jih lahko kje pustila. Pa tudi ob misli na gole ljudi, ki bodo pozirali v isti sobi, v kateri bo delala. »Lastnici penziona sem plačala za naslednje štiri dni. Naj se takoj zatem preselim k vam?«

Fritz se je nasmehnil: »Da, dragica. Tako bo v redu.«

11

POGLAVJE: TISTI, KI SO OSTALI

Mojca je občutila odsotnost svoje sestre, čeprav je na začetku najprej pomislila: »Končno bom imela svojo sobo!« V njenem življenju skoraj ni bilo dneva, ki bi ga preživela brez Julijane. Prvo noč, ko je bila sama, je poskušala brati v postelji, saj ni zdaj nikogar motila z dlje časa gorečo svetilko, vendar je že čez nekaj trenutkov bolj razmišljala o tem, kaj zdaj počne njena sestra, kot pa se osredotočala na branje knjige. Malce je bila ljubosumna na Julijanino svobodo in pustolovščino, še malce bolj pa jo je skrbelo, kako se bo znašla v mestu, ki je bilo večje od vsega, kar je dotlej videla. Ljudje z Dunaja, ki jih je spoznala, ko je pomagala pri pletni, so bili vsekakor prijetni in pogosto so ji dali veliko napitnino. A to njeno razmišljanje jo je vodilo do druge teme: Kako bo njena sestra prišla do denarja, ki ga je potrebovala za najemnino in hrano? Morda bo našla skupino drugih mladih žensk, s katerimi si bo delila stanovanje.

Bo Mojca lahko prišla na obisk, če bo Julijana imela stanovanje? Pomislila je, da bi to lahko bilo zelo zabavno, a nato spoznala, da je takšno potovanje zaradi stroškov nedosegljivo, saj je družina komaj shajala. Poleg tega se je zdela mama izjemno žalostna, odkar najstarejše hčerke ni bilo več doma. Mojca ni želela, da bi njen odhod še povečal njeno stisko ali osamljenost. Vsako jutro je hitela po hiši opraviti vsa dela upajoč, da bo zmogla, kar je običajno opravila njena sestra, nato pa se je spustila po hribu do jezera pogledat, ali jo potrebujejo pri pletni.

Po svetovni vojni je bilo povpraševanje po pletni manjše, kar je bilo delno povezano z dejstvom, da je bila Slovenija zdaj del Kraljevine Srbov, Hrvatov in Slovencev pod vodstvom kralja Petra I. Prej je bil kralj Srbije, zdaj pa naj bi vodil vse, kar je vzbujalo neprijetne občutke in zmanjšalo veselje romarjev nad romanjem v cerkev Marijinega vnebovzetja, o kateri Srbi niso imeli dobrega mnenja. Poleg tega je bila cerkev poimenovana po Mariji Tereziji Avstrijski, oni pa niso bili več del Avstro-Ogrske. Ljudem, rojenim veliko pred svetovno vojno, se je svet zdel zmeden. Sodelovali so v igri, katere pravil ni poznal nihče, in v težavah so se lahko znašli, ne da bi vedeli, zakaj.

Minilo je nekaj tednov in Mojca se je poskušala zaposliti, da ne bi razmišljala o sestri ali njenem življenju. Praznine, ki jo je pustila Julijanina odsotnost, ni bilo mogoče zapolniti z nobenim od njenih opravil. Nekega jutra sta z očetom zgodaj zjutraj prispela na pomol in naletela na razparano streho ter grozne besede, napisane na pletnah. Po travi so bili razmetani pripomočki, ki so jih uporabljali za privezovanje čolnov ali veslanje. Ob robu jezera so pokončali lepega laboda, ki je vsak dan mirno plaval mimo njih. Andrej st. in Mojca sta najprej ostala brez besed, nato pa sta oče in hči uporabila slovenske besede, ob katerih bi zardelo celo sonce, tako zelo sta bila zgrožena nad nesmiselno škodo, povzročeno pletnam, in kruto smrtjo čudovitega in nemočnega bitja.

Zaradi uničenja tiste noči je imela družina veliko dela in nekaj stroškov. Mojca je menila, da pletne ne moreta več puščati brez nadzora. Razmišljala je o tem, da bi k pletnam pripeljala hudega psa, vendar se je bala, da bi ga vsiljivci ustrelili, zato se je o tem pogovorila z Andrejem ml. Strinjal se je, da je straža dobra zamisel. Vsak večer sta z Mojco malo pred mrakom postavila tabor na kraju, kjer so imeli pletne. Na travi sta zakurila ogenj, da je bilo malce bolj vedro in toplo. Prepričana sta bila, da bo ogenj odvrnil tudi nepridiprave, saj bodo tako vedeli, da pletne stražijo ljudje; morda bodo mislili, da so moški, ne pa osemnajstletno dekle in njen šestnajstletni brat, oborožena le z leseno pištolo. Več mesecev niso imeli novih težav.

Nekega zgodnjega spomladanskega večera leta 1921 pa sta prišla malce pozneje, saj sta doma ostala na večerji, namesto da bi si s seboj prinesla suh obrok in ga pojedla kar na pletnah. Za kurjenje ognja je bilo res že prepozno, zato sta izpod sedežev v čolnih potegnila odeje in se udobno namestila. Morda sta minili dve uri, morda več. Prebudil ju je oddaljen smeh, ki se jima je bližal. Potuhnila sta se za sedeži, vsak v svoji pletni, oborožena z nekaj kamni. Glasovi so postajali vse glasnejši in slišala sta, kako načrtujejo, da se bodo vkrcali in izpluli. Ti štirje fantje so bili namenjeni do cerkve, ki so jo nameravali oskruniti, nato pa se vrniti na pomol in uničiti še pletne.

Ko so prišli do Mojčine pletne, je dva zadela v noge s kamni, ki jih je vrgla z veliko močjo. Dečka sta zavpila, kot bi ju kdo ustrelil. Nato je vstala in rekla: »Stopite samo še malo bližje, pa bom uporabila še kaj hujšega od kamnov!«

Fantje so bili nekaj časa tiho, nato pa so se začeli smejati, kot da je to najboljša šala, kar so jih slišali. »Poglejte, samo deklica je!« Kar zvijalo jih je od smeha in od srca so se krohotali.

Nato pa se je iz teme zaslišal veliko globlji glas, saj je Andrej ml. že mutiral. »Ja, samo deklica in njen oborožen telesni stražar!« je rekel. Stopil je na sedež v pletni, kar ga je naredilo višjega. Luna je svetila v pravo smer, da je bila vidna njegova postava. Črna podoba je razkrivala moškega, ki po vojaško, z obema rokama, drži puško.

Če bi rekli, da so fantje odšli v naglici, bi jim delali krivico. Dobesedno poleteli so čez travnik in za trenutek se je zdelo, da bodo skočili v jezero, a so si raje premislili in sledili robu travnika ter izginili v ulici med trgovinami ob vodi. Slišati je bilo, da so med tekom kričali: »Ne ustavljajte se!«

Mojca in Andrej sta v njenem čolnu sedla na dno in se smejala. Nato ga je opozorila: »V resnici ni smešno. Naslednjič se bodo morda vrnili in prinesli pištolo, po možnosti pravo!«

Andrej pa ji je odgovoril: »Morda je čas, da začne tudi tvoj telesni stražar nositi orožje.«

Spomin na to noč je Mojco skrbel. Prepričana je bila, da ti divji fantje ne bodo le uničili lepih pleten, ampak bodo morda poškodovali tudi njenega brata. Še naprej je hodila varovat posel skupaj z njim, a njenega naklonjenega odnosa do pletne in življenja, za katerega naj bi v veliki meri poskrbela ta ladjica, ni bilo več. Enako, kot je lahko varovala ta zdaj oskrunjena plovila, bi lahko na železniški postaji prekopavala premog.

Andrej se je na tisto noč odzval drugače. Oborožil se je s pravim orožjem in se naučil streljati, ne da bi sploh trznil zaradi povratnega udarca. Njegov cilj je bil resen. Do orožja je prišel po pogovoru s policijo v Ljubljani. Tja se je odpeljal z vlakom in policistu povedal zgodbo o tem, kako je preprečil uničenje pleten in cerkve. Policistom se je to zdelo zanimivo, zato so se odločili, da mladeniču podelijo pooblastila za območje ob Blejskem jezeru. Menili so, da bi lahko za njih opravljal še druge naloge, ko bi rešil svojo trenutno težavo. Andrej je obljubil zvestobo policiji in dejal, da se bo v kraljevem imenu zavzemal za pravico. Ne bo minilo veliko mesecev, ko bo Andrej uradno zaprosil za službo v jugoslovanski kraljevi vojski in jo tudi dobil. Prepričan je bil, da je to tisto, kar želi početi. Morda se res ni mogel pripraviti do tega, da bi kaj storil nedolžni živali, a spoznal je, da imajo ljudje kdaj tudi zlobne namene.

Ko je vse to razložil Mojci, se ni odzvala, kot je pričakoval. Mojca je bila še bolj odločena, da bo poskusila živeti drugače, saj sta bila mir in lepota, ki ju je tukaj tako cenila, povsem omajana, še posebej, ker je bil njen mlajši brat zdaj policist na usposabljanju. Ni marala orožja, nasilja in z njima povezanega besa. Pomislila je, da nekje mora obstajati del sveta, kjer se spopadi v tem trenutku ne začenjajo ali končujejo in kjer ljudje ne kujejo načrtov za maščevanje ali nadzor.

Nekaj tednov po tem, ko se je odločila, da bo spremenila svoje življenje, se je začel z Mojco spogledovati mladenič. Spoznala sta se, ko je spremljal skupino, ki je s pletno plula čez jezero v cerkev. Rekel ji je, da se bo naslednji teden vrnil z drugo skupino. Bi se lahko dogovorila, da bo znova tukaj?

Ime mu je bilo Vid in bil je Slovenec, ki je živel na Dunaju, kamor se je s starši preselil pred začetkom vojne. Bil je zelo visok in rad je veslal. Bil je tudi čeden, očarljiv in imel je čudovit smisel za humor. Ker je tekoče govoril pet jezikov, je pogosto prihajal z različnimi skupinami kot vodnik in tolmač. Ko je prišel naslednjič, je Mojco vprašal, ali bi se z njimi vrnila na Dunaj. Rekla je, da se bosta dobila tam, ko bo kupila vozovnico in se preselila k sestri.

Ko je naslednje jutro stopila iz hiše, jo je na stebričku čakala ovojnica z njenim imenom, obtežena s kamnom. Vozovnica, ki jo je našla v njej, je bila vse, kar je potrebovala, da je postala drugi otrok, ki je zapustil dom. Julijana se ji je oglasila le dvakrat. Enkrat je pisala, da je zdrava in se je poročila z umetnikom, drugič pa, da sta postala ponosna starša dečka z imenom Peter Andrej Fritz. Nemec, je pomislila Mojca. Tega ne bi pričakovala.

TRETJI DEL
ODDALJEN ZVOK LETAL

12

POGLAVJE: DRŽAVLJANI SVETA

Takoj, ko je Mojca prispela na Dunaj, je poiskala Julijano, da bi se po štirih letih prvič videli. Julijana jo je prosila, naj pride v atelje g. Fritza, kjer sta oba delala čez dan in kjer se je moral mali Peter tiho igrati v kotu. Mojca je morala priznati, da je šla ob prvem obhodu ulice mimo vrat, šele nato je ugotovila, da se atelje nahaja nekaj korakov po stopnicah navzdol. Tukaj je končno spet videla Julijano in objela svojega lepega nečaka.

Njegov oče se je ukvarjal s stranko in le bežno je pogledal proti Mojci, a se je zdelo, da je vesel srečanja z njo, saj se ji je rahlo priklonil, v njegovem nasmehu pa je bilo čutiti toplino. Mojca je pomislila, da je videti prestar za njeno sestro, a je to misel pregnala, ker to ni bila njena stvar. Kljub temu se ni mogla znebiti vsiljive misli, da Peter ni prav nič podoben svojemu očetu. Če ji ima Julijana kaj povedati, bo počakala, ne pa kar kritizirala ali namigovala na napake. Prvo srečanje je bilo tako polno smeha, solz in veselja ob igranju s Petrom.

Proti večeru se je Mojca izgovorila, da se mora vrniti v hotel. Povedala je, da jo prijatelj, ki ga je spoznala v Sloveniji, pelje na večerjo. Ni omenila, da bo tudi prespal pri njej. Mojca je bila zelo vznemirjena zaradi priložnosti, da se bo s svojim ljubimcem znašla v postelji, namesto da se naslanjata na steno čolnarne ali drevo na robu gozda. Ni vedela, ali se želi poročiti z Vidom, vendar je želela biti z njim, ne glede na to, kam bo šel. Upala je, da se bosta sčasoma preselila v mirno državo, tudi če je to pomenilo, da je morala zapustiti Slovenijo in bo morala nato zapustiti še Avstrijo.

Toda to so bile misli za prihodnost. Naslednji večer sta bila oba povabljena na večerjo k Julijani in njenemu možu Hansu Fritzu. Prišla sta v majhno enosobno stanovanje v drugem nadstropju meščanske hiše, ki je bila od ateljeja oddaljena približno tri ulice. Stanovanje si je kopalnico delilo s tistim nad njim. Za Fritzeve je bilo to razkošje, saj so morali stopiti samo na hodnik, drugi ljudje so morali včasih prehoditi tudi cela stopnišča. Stanovanje Fritzevih je krasil lep trak v barvi sivke, ki je tekel skozi tapete, v dnevni sobi in majhni jedilnici pa so imeli bele čipkaste zavese. V enem od kotov jedilnice je stala dečkova postelja, zato je bilo za stole okrog mize bolj malo prostora. Spalnica para je imela eno okno in tapete z drobnimi rožicami v enaki barvi sivke, v kateri je bil tudi trak. Tudi kuhinja je bila majhna in polovico je zasedel plinski štedilnik. Pobarvana je bila belo, po tleh pa je bilo nekaj ploščic v karirastem vzorcu. Po kar nekaj popitega vina je Julijana povedala zgodbo o tem, kako je pred več kot štirimi leti prišla na Dunaj. Rekla je: »Prišla sem z zelo malo denarja in polovico kosila, ki mi ga je spakirala mama. »Po Hansijevem nasvetu,« je rekla in se mu ljubeznivo nasmehnila ter ga pobožala po roki, »sem začasen dom našla v penzionu za ugledne mlade dame. Še isti dan sva se znova dobila in Hansi mi je ponudil delo in posteljo za spanje v skladišču zadaj.«

Očitno je Mojca ob poslušanju te zgodbe zelo na široko odprla oči, zato je Julijana dodala: »Postelja ni bila tako slaba, kot se morda sliši, in v ateljeju sem lahko celo kuhala. Nič mi ni bilo treba plačevati.«

»A prvo jutro, ko sem prišla v službo, sem prvič začutila tudi jutranjo slabost in tega nisem mogla skriti, saj sem morala ves čas tekati do umivalnika, odrivati čopiče in bruhati! Ubogi Hansi ni vedel, kaj naj reče. Ni se mogel pripraviti do tega, da bi me kaj vprašal ali me odpustil, zato je pustil, da se je to nadaljevalo več dni.«

»Končno je prišel dan, ko bi se morala iz penziona preseliti v atelje, in Hansi je vztrajal, da gre z mano, da mi bo pomagal nositi težke stvari. Čeprav nisem imela skoraj ničesar, je bilo lepo imeti družbo. Ko je vztrajal, da bo on nesel svetilko, ki sem jo kupila, in kovček, češ da v mojem stanju ni dobro veliko dvigovati, sem vedela, da svoje skrivnosti ne morem več skrivati. Zlomila sem se in mu vse povedala ter pričakovala, da me bo odpustil. Namesto tega me je še isti večer zaprosil za roko. Presrečna sem bila, da sem našla tako dobrega moškega, ki je obljubil, da bo otroka vzgajal kot svojega. Ni jih veliko, ki bi storili kaj takšnega.«

Hansi jo je prekinil: »Tako lepa in pogumna ženska je, jaz sem tisti, ki je dobil nagrado. S še eno nagrado v njej.« In glasno se je zasmejal, kot da mu je to zelo všeč.

Po čestitkah se je Mojci zazdelo, da bo počila, če ne bo vprašala, kar jo je zanimalo. »Kdo je torej otrokov oče?«

Julijana je rekla: »Povedala ti bom, a za to doma ne smejo izvedeti. Velja?« je vprašala, medtem ko je pogledovala po sobi. Nato ji je povedala o noči v župnišču in nekaj o tem, kar je storil mlajši župnik; dovolj, da ni bilo dvoma, da je bilo dejanje dovolj, da se je rodil dragi ji fantek, ki se je igral ob mizi.

Mojca jo je vprašala: »Ali mama ve?«

»Ugotovila je, da sem noseča, a nisem hotela stopiti med njo in njeno ljubezen do Boga. Morda je sumila, da je kriv župnik, a me ni nikoli vprašala. Povej mi, ali še vedno hodi v cerkev?«

»Hodi,« je rekla Mojca. »Morda pogosteje kot kadar koli zdaj, ko je Andrej ml. v službi kraljeve vojske in nosi pištolo. Moli, da bi bil varen in da bi zmeraj ravnal modro.«

»Res je dobra mama,« je odvrnila Julijana in nadaljevala: »Kaj pa Ivan?« »No,« je rekla Mojca, »odkar Andrej dela za kralja, Ivan ves čas govori, da bo postal železničar. Verjetno se mu to zdi skoraj tako moško kot delo oboroženega stražarja. Poleg tega je vedno oboževal vlake. Zdi se mi, da očeta moti, da nobeden od njiju ne želi biti kmet, potem ko je on vse življenje kupoval dobro zemljo in pomalem širil kmetijo. A jasno je, da hoče Ivan nekaj drugačnega, kar bo redno plačano in s pomočjo česar bo lahko spoznal različne kraje. Morda se bo Rositha ali Vilma poročila s kmetom in ohranila kmetijo, čeprav iskreno dvomim v to. Rositha ima rada šolo, morda bo postala učiteljica.«

Nato je pogovor nanesel na to, kaj bosta naredila Mojca in njen prijatelj Vid. Mojca je menila, da bosta nekaj časa ostala v Avstriji, nato pa se morda vrnila v Slovenijo in delala družbo Justi in očetu. Morda bosta nekoč prevzela pletno, če nihče drug ne bo sprejel te naloge, saj je imela Mojca še vedno rada pletne in jezero. Vid je dejal, da bi se bil tudi on pripravljen vrniti v Slovenijo, če bi v domovini zanj obstajala prihodnost. Politika je bila ves čas nemirna, zato je bilo težko kaj načrtovati. Počakala bosta, kaj se bo zgodilo. V tej Kraljevini Srbov, Hrvatov in Slovencev so se neprestano nekje prepirali. Vid je začel razmišljati, da bi se morala preseliti v Avstralijo, čeprav si Mojci tega trenutno ni upal omeniti na glas.

Julijana je ob teh besedah zavzdihnila. »Ja,« je rekla, »malega Petra bi rada peljala domov, da bi spoznal svoje stare starše in se igral z ovcami na kmetiji; in da bi vsi spoznali mojega čudovitega moža.« Pomežiknila je Hansiju. »A ne, če lahko med najino odsotnostjo iz Avstrije spet izbruhnejo težave. Tukaj se počutimo varnejše.«

To je pokvarilo razpoloženje za tisti večer. Ura je postajala pozna za Petra, da bi še bedel, Julijana in Hansi pa sta morala pomiti še posodo od večerje, čeprav sta se Mojca in Vid večkrat ponudila, da jima pomagata. Večerja je bila krasna in popotnika sta bila zelo hvaležna zanjo. Dobila sta sveže pečen kruh s trdo skorjico in malo olja, nato pa še klobaso, kuhano z zeljem, rižem in korenčkom z vrta. Očitno sta se Fritzeva zelo potrudila za ta večer. Družine po vsej Evropi so po svetovni vojni še naprej težko živele in le ljudje, ki so lahko delali za premožne, kot denimo Hansi s svojimi umetniškimi deli, so imeli zagotovljen pritok denarja. Za vse so bili časi težki in bali so se prihodnosti. Verjetno je Julijana zato menila, da ne bi bilo pametno kmalu obiskati doma. Za ozdravitev teh držav je bilo potrebnega več časa, poleg tega je bilo treba okrepiti zaupanje v to, da je težav res konec. Če jih je bilo.

13

POGLAVJE: MENJAVA KRALJEV

L eta 1921, eno leto, preden sta Mojca in Vid prispela na Dunaj, je Peter I., vodja Kraljevine Srbov, Hrvatov in Slovencev, umrl in sinu Aleksandru, ki je takrat opravljal funkcijo regenta, prepustil vodenje. Pozneje je postal znan kot Aleksander Zedinitelj in iz princa regenta jugoslovanski kralj. To je bil vse do leta 1934, ko so ga v Marseillu v Franciji ubili. Tako je jugoslovanski kralj postal Aleksandrov enajstletni sin Peter II. Njegov bratranec Pavel je bil nadomestni regent, dokler ni bil Peter II. pri sedemnajstih letih v državnem udaru razglašen za polnoletnega in je postal zadnji jugoslovanski kralj. Pregnan je bil leta 1941 in ob začetku druge svetovne vojne deloval kot kralj v izgnanstvu.

Prebivalci vzhodne Evrope so še naprej trpeli zaradi nestabilnih vlad, pomanjkanja hrane in trgovine. Organizirale so se fašistične skupine, ki so pridobivale na moči ter prevzemale različne države. Benito Mussolini je Italijo prek delavskih organizacij vodil z impresivno močjo, dokler ni postal predsednik vlade. Generalisimo Francisco Franco je vodil nacionalistične sile, ki so strmoglavile Špansko republiko. Diktator je bil od leta 1939 do leta 1975. Adolf Hitler je bil fihrer in nemški kancler, ki je moč pridobil z vodenjem nacistične stranke v zgodnjih dvajsetih letih prejšnjega stoletja. Balkanske države pa so bile že pred svetovno vojno desetletja nenehno udeležene v vojnah. Militaristični in diktatorski režimi lažje pridejo na oblast, ko so ljudje lačni in revni. Ljudstvo se je pripravljeno ukloniti vsaki močni sili, če trdi, da bo izboljšala njihovo življenje. Tudi v primeru nacistov so bili privrženci dovzetnejši za obtoževanje drugih, če njihovi trebuhi niso bili polni. Ti hudi nemiri še niso kazali na grozodejstva, zaradi katerih bo po Evropi pozneje ubitih šest milijonov Judov in ki so izbruhnila v hude spopade po Evropi, Sredozemlju in Bližnjem vzhodu.

Julijana, Hansi, Peter, Mojca in Vid so med številnimi pretresi ostali na Dunaju. Vedno bolj je bilo čutiti, da se bliža nova velika vojna, vendar so bili znaki v mnogih pogledih neopazni. So se pa vztrajno krepili. Veliko napetosti onkraj meja Avstrije in Jugoslavije je izviralo iz Nemčije. Nemški kancler se je ukvarjal z zviševanjem davkov za vsa podjetja in zahteval članstvo šolajočih se otrok v arijskih klubih, če so imeli skoraj čisto nemško kri. Hitler je menil, da je Avstrija del Nemčije. Navsezadnje je bil on sam rojen v Avstriji in državljani obeh držav so govorili nemško.

Nemški poslovneži, ki so v tem obdobju z vlakom pripotovali v Jugoslavijo, so se pritoževali, da Hitler od njihovih podjetij zahteva denar in imajo zato vedno manj dobička. Tisti iz proizvodnega sektorja so govorili, da so morali spremeniti svoje proizvodne linije. Če so prej izdelovali avtomobilske dele, so jim zdaj naročili, naj se preusmerijo v izdelavo podobnih delov za tanke in morda letala. Mnoge od teh sprememb so bile povezane z neverjetnimi stroški na račun proizvajalca, a nihče se ni drznil odkrito pritoževati ali zavrniti, kar jim je bilo naročeno. Vsi, ki so pozorno prisluhnili, so slišali vse glasnejši zvok marša, ki je odmeval nad gorskimi vrhovi. To je bilo vibriranje na tisoče korakajočih, brnenje in rohnenje letalskih motorjev ter hrumenje tankov, ki so tresli zemljo. A še hujši od vseh teh zvokov so bili kriki civilistov in vojakov, ki so umirali, ne da bi razumeli, zakaj je to potrebno in kdo bo imel kakšno korist od njihovega konca.

V začetku tridesetih let je začel Vid vztrajati, da se vsi izselijo iz Avstrije. Bil je pameten, še vedno je potoval in slišal je to korakanje, morda prej, kot so ga slišali drugi. Toda Hansi je nekoč spoznal Adolfa Hitlerja, ki se je prav tako imel za slikarja, in umetnost ju je povezala. Hansi je menil, da bi lahko dobil mesto v novi vladi, če bi do nje kdaj prišlo. Začel je hoditi na sestanke nacistične stranke in verjel je, da bo tako zaščitil svojo družino, če se bo začela vojna. Vedno, ko je Julijana omenila možnost, da bi s sestro zapustila Avstrijo, jo je spodbujal, naj obišče družino v Sloveniji, potem pa naj le pohiti domov.

Tako sta Julijana in Peter leta 1937 še zadnjič obiskala kmetijo, kjer sta živela Petrova stara starša s tremi najmlajšimi otroki. Ko je bila doma, je Julijana izvedela, da nameravata Rositha in Vilma oditi v Anglijo. Od življenja sta si želeli več, kot jima je ponujala kmetija. Dovolj jima je bilo ovsene kaše in iskanja gozdnih sadežev, spoznavanja moških, ki so se vedno bolj nagibali v eno ali drugo stran, a si v vsakem primeru želeli vojne; nista marali zvokov maršev, ki so prihajali z druge strani gora; veliko raje sta razmišljali o tistih v Angliji. Prihranili sta denar in takoj po tem obisku in kratkem praznovanju bratove poroke sta bili namenjeni oditi.

Andrej ml. je počakal, da mu je uspelo privarčevati nekaj denarja od svoje plače, preden je v bližini Beograda, na robu ženinega rojstnega kraja, kupil majhno kmečko hišo, potrebno popravila. Star je bil trideset let in pripravljen je bil postati mož ter imeti svoj dom. Bil je stalni oboroženi pripadnik jugoslovanske kraljeve vojske in ponosen je bil na to, da je kraljevini služil na tak način. Zaščita kraljevih zakonov in državljanov se mu je zdela plemenita naloga. Njegova nevesta je bilo dekle kot iz filma, ljubko in verno kot njegova mama. Ime ji je bilo Marica in imela ga je za junaka, ker je bil član kraljeve vojske. Rada je kuhala in izdelovala oblačila. Edina stvar, ki jo je naredila narobe, je bila, da je pred poroko Andreju dovolila, da se je je dotikal tam, kjer se je ne bi smel. Toda tudi to je ustavila, preden bi izgubila devištvo, zato je svojo čipkasto belo poročno obleko na poročni dan nosila s ponosom. Obleka se je v novem domu kmalu spremenila v zavese.

Poročila sta se v mestu, obredu v veliki cerkvi pa je prisostvovala vsa njena družina. Njegovi starši niso mogli na naporno pot v Beograd. Zdaj sta z Marico prišla domov, da bi tudi njegova starša prisostvovala poroki v manjši cerkvi v bližini njihove kmetije, v središču vasi. Niso šli v večjo cerkev z razgledom na jezero. Tudi ta majhna cerkev je bila lepa, imela je visok zvonik in obokan strop, do nje pa je veliko ljudi lažje prišlo peš. Po obredu sta imela skromen sprejem v župnišču, saj si v teh časih nihče ni mogel privoščiti, da bi za praznovanje namenil veliko hrane. Kljub temu so bili na voljo slivovka, pivo, posode z golažem in majhni medenjaki. Domov ni nihče šel lačen.

Rad je povedal, da sta njegovi sestri v njegovo čast pripotovali od daleč, in pri tem mislil na Mojco in Julijano, ki sta pripotovali z Dunaja. Najmlajši sestri sta preložili potovanje v svet, da bi bili prisotni na ta krasen in obetov poln dan. Zamudili so prvo poroko, a ta majhen obred je bil tudi družinsko srečanje. Nekoliko težje je bilo opisati Ivanovo vedenje tistega dne.

Ivan je šel delat na železnico takoj, ko je bil dovolj star, da je izpolnjeval pogoje. Manj kot šest mesecev pred poroko pa je doživel nesrečo, v kateri je skoraj izgubil življenje. Strojniku je pomagal s premogom polniti peč, ki je proizvajala paro, potrebno za premikanje vlaka, ko je nekaj mešanega s premogom od padcu v ogenj eksplodiralo in velik kos kovine ga je zadel v glavo. Niso pričakovali, da bo preživel.

Ivana so prepeljali v Ljubljano v bolnišnico medicinske fakultete, kjer mu je kirurg del razbite lobanje nadomestil s kovinsko ploščico. Staršem so rekli, da so mu iz možganov odstranili vse tujke, vključno z delci lastne kosti. Ko so ga končno poslali domov, pri čemer je za vse stroške in prevoz poskrbela Železnica, je dobil stroga navodila, naj naslednjih šest mesecev ne premika glave, če to ni nujno potrebno, se ne vznemirja preveč in ne pije alkohola. Prvi dve navodili je ubogal in stanje se mu je izboljšalo. Spet je lahko govoril, kar je bilo najpomembneje, in lahko je hodil, čeprav počasi, da ne bi preveč premikal glave. A ni bil več povsem enak človek, kot je bil nekoč. Verjetno z Andrejem ml. ne bosta nikoli več lovila in zagotovo ne bosta iz gozda privlekla velikega jelena, prav tako se ne bosta nikoli več grobo pretepala ali se šla rokoborbe. Zdaj je bil nekoliko zadržan in ne tako poln življenja. A tudi on je prišel na poroko in bratu zaželel srečo.

Morda so vsi začutili, da je to zadnja priložnost za druženje vseh šestih otrok in njihovih staršev. Bližala se je vojna; starejši dekleti sta že živeli v drugi državi, mlajši pa sta že imeli pripravljene svoje stvari in vozovnici za selitev v London. Zagotovo bo vojna neposredno vplivala na ta mladeniča; morda na vse njih. Na tej točki je bilo to nemogoče vedeti, in tudi če bi vedeli, bi se morda odločili pretvarjati se, da ne vedo, saj se bodo njihova življenja za vedno spremenila.

12. marca 1938 so nemške čete vkorakale v Avstrijo, da bi to državo priključile Nemčiji in Tretjemu rajhu. Seveda je prišlo do odpora. Do konca vojne so Dunaj bombardirali 52-krat in uničenih je bilo 37.000 domov. Na kmetiji je Justa umrla manj kot leto dni po napadu na Avstrijo. Umrla je zaradi let trdega dela, šestih otrok, dolgotrajne lakote in golega strahu, ki ga je prineslo spraševanje, kaj se dogaja z njeno družino v Avstriji, Angliji in na neznanih krajih, saj je bil njen sin Andrej pogosto v nevarnosti, hči Mojca pa bila nekje drugje, domnevno na varnem, pri Vidu.

14

POGLAVJE: KJE NAJ NAJDEJO VARNOST?

Rositha je bila zdaj odrasla ženska. Imela je mehke rjave lase, ki so ji segali do ramen ali pa jih je imela spete v ohlapen čop. Zaradi trdega dela vse življenje je imela vitko, športno postavo. Končala je vse šole, ki so ji bile ponujene, zato bi lahko postala učiteljica, čeprav so bili časi tako težki, da ni bilo na voljo nobenih delovnih mest. Ko se je njen brat leta 1937 poročil, je bila Rositha stara 25 let in takoj po poroki se je odpravljala v London. Dokler se stvari ne »normalizirajo«, pa bo pomagala na kmetiji. Na pot je želela pospremiti vse svoje sestre, le Vilme ne, ker bosta odpotovali skupaj. Ni vedela, kdaj bo katero od sester spet videla.

Rositha je vedno veliko brala in stvari, ki jih je izvedela o delovanju nacistične stranke, so jo strašile. Preučevala je razmišljanja držav, ki so pozneje, v drugi svetovni vojni, postale sile osi, in jih primerjala z mnenji zaveznikov. Prav tako se je z gledanjem britanskih in ameriških filmov učila angleško, zaradi česar se je še bolj nagibala proti zaveznikom. Prepričana je bila, da bi se vsi morali preseliti v Združeno kraljestvo, poslušala pa jo je samo Vilma.

Ni šlo za to, da njeni bratje ne bi slišali njenih opozoril, le živeli so svoja življenja in imeli svoje načrte, ki so bili osredotočeni na Slovenijo in Beograd ali celotno Jugoslavijo. Ivan je prejemal pokojnino od železnic, Andrej pa se je pravkar poročil z Marico, ki zagotovo ne bi želela zapustiti Beograda in svoje družine; pa tudi on ne bi želel oditi iz svoje službe v kraljevi vojski. Starša sta imela v lasti zemljo, pravice za pletno, pa tudi fizično bi bilo zanju prenaporno znova začeti življenje v državi, katere jezika nista govorila. Rositha jima prav tako ni mogla zagotoviti, da bodo v Angliji vsi na varnem, temveč le, da lahko zaupajo vladi, da dela, kar je prav za njene državljane in človeštvo.

Nekaj tednov po poroki sta se najmlajši Lovrenčevi dekleti po številnih objemih in solzah z vlakom napotili v Francijo. Od tam ju bo ladja prepeljala čez ozek Rokavski preliv do Dovrske ožine, nato pa se bosta z drugim vlakom odpeljali v središče Londona, kjer sta upali, da se bo zanju začelo novo življenje. Jugoslavija jima je izdala potna lista, Združeno kraljestvo pa ni zahtevalo vizuma.

Ko sta prispeli do Rokavskega preliva, sta bili veseli, da imata druga drugo. V očeh dveh podeželskih deklet, ki sta do takrat videli le slovenska jezera, je bil ogromen. Vkrcanje na trajekt, na katerem so bili tudi pridelki, živina in nekaj avtomobilov, se je zdelo zelo veličastno. Vsaka od njiju je na prtljažnik svojega kolesa naložila usnjeno torbo, napolnila sprednjo košarico, z vsake strani krmila pa so jima visele majhne torbice. Tako naloženih koles ni bilo lahko poganjati, pa tudi kot prefinjeni popotnici nista bili videti, vendar sta bili kolesi priročno prevozno sredstvo, ker nista bili povsem prepričani, kako se bosta premikali naokoli, ko bosta prispeli v London. Rositha je pomislila, da bi lahko celo delala kot kurirka, če bo treba.

Ko sta v Londonu stopili z vlaka, nista vedeli, v katero smer naj se napotita ali kam naj pogledata. Nasproti terminala so bile kočije, ki so jih vlekli konji, lepši od vseh, kar sta jih dekleti kdaj videli, in srečevali sta dame, ki so potovale s služabniki. Sodeč po videzu njihovih vrečk z oblačili, prevezanih z vrvicami in trakovi, so te dame redno hodile nakupovat v Pariz. Skoraj vse, kar so imele, je bilo videti kot pripravljeno za obdarovanje, ne le spakirano za na pot.

Zaradi svojih oblačil so bile te ženske in celo njihovi služabniki videti izredno bogati. Rositha se je nagnila k Vilmi in ji po tiho zašepetala na uho: »To je delo zate. Gospejine stvari lahko zaviješ tako, da bo sama od sebe dobila darilo.« In obe sta se zasmejali.

A hihitanje je le slabo prikrivalo njuno živčnost, saj so bili množica in stvari tukaj zanju pravi spektakel. Razen v filmih še nikoli nista videli nosačev, otroških vozičkov, limuzin in ljudi, oblečenih v služabnike. Vse ulice so bile tlakovane, in ko so po njih hodili konji, je bilo zelo glasno. K zmedi pri hoji po ulicah pa so prispevali tudi konjski iztrebki.

Na terminalu pa se je dogajalo še nekaj drugega; Rositha in Vilma nista bili edini begunki, ki sta bežali pred bližajočo se vojno. V London so se vztrajno prebijali ljudje iz številnih držav v upanju, da se bodo izognili strašnim katastrofam v svojih domovinah. Hrane je že zdaj primanjkovalo. Težava je bila seveda v tem, da so se mnogi, ki so imeli za izgubiti največ, tega zavedli šele takrat, ko je bilo že prepozno, da bi se izognili škodi, ki jo je povzročil Hitler. Po vsej Evropi so ljudje stradali in iskali zavetje v hribih svojih držav. Mnogi so bili prisiljeni jesti travo, da so preživeli, milijoni niso nikoli pobegnili.

V tistem času prebivalci Velike Britanije še niso vedeli, da bodo morali številne ženske in otroke poslati na varno na podeželje ali obalo. Niso vedeli, da bo London bombardiran in bodo ljudje noči preživljali v strahu, ko se bodo skrivali pod zemljo, šele po vrnitvi na ulice pa bodo videli, kakšno uničenje so povzročile eksplozije bomb. Ne samo da domov ne bo več, po evropskih mestih bodo ostali veliki kraterji, hrane pa bo povsod primanjkovalo.

A ko sta prispeli, sta se Rositha in Vilma počutili kot edini prišlekinji v Londonu. Na Julijanin predlog sta svoj prihod napovedali in dobili sta naslov ženskega penziona, kjer so jima obljubili dvoposteljno sobo. Lastnica jima je narisala celo majhen zemljevid, a niti sanjalo se jima ni, kje naj začneta. Ker sta za seboj imeli terminal, sta lahko izločili nekaj možnih smeri. Samo naprej morata, prečkati veliko odprto območje in se podati po eni od mnogih stranskih ulic, ki so se pri terminalu srečale kot špice kolesa. Zagotovo bosta lahko spremenili smer in prečkali ulico pozneje, če bo treba. Zdaj morata naprej.

Pazili sta, da ju ne bi poteptali, in se pognali čez tlakovano cesto do pločnika pred seboj. Tu so bila ogromna skladišča, trgovine in še več prometa, ki se mu je bilo treba izogibati, dokler nista zavili za vogal in se znašli v stranski ulici. Njuni prihranki ne bodo dolgo trajali, zato se morala takoj napotiti iskat delo, ko se enkrat namestita v svoji sobi. Rositha je predlagala, da na svojem malem zemljevidu po poti označujeta tudi podjetja, ki bi jima morda lahko ponudila zaposlitev.

Približno ulico višje od terminala je Rositha vstopila v sedlarsko delavnico, kjer je moški v usnjenem predpasniku pletel nekaj, kar je bilo videti kot usnjeni trakovi. V svoji najboljši angleščini je vljudno vprašala, ali ju lahko usmeri proti Big Benu, ki je bil orientacijska točka za četrt, v kateri ju je čakalo prenočišče. Dekleti je čudno pogledal in nato pokazal na desno stran ulice, po kateri sta hodili. Opogumljena, ker je dobila odgovor, je Rositha vprašala: »In če potrebujete pomoč pri delu, ga s sestro obe iščeva. Izkušeni šivilji sva,« je pohitela dodati, da bi povedala, kako mu lahko pomagata pri njegovem poslu.

Zdaj ju je posmehljivo pogledal. Pustil je, kar je počel, vstal in stopil stran od pulta, na katerega se je naslanjal. Precej glasno je rekel: »Prej bo pekel zamrznil, kot bom tukaj zaposlil kakšno Fraulein! Odidita!«

Dekleti nista razumeli, kaj se je pravkar zgodilo, vendar se je zdelo, da je človek jezen nanju. Najbolje bo, da poiščeta svoj penzion in potem poskusita znova. Hitro sta zapustili delavnico in se napotili v smeri, ki jo je pokazal.

15

POGLAVJE: NAGLAS, KI SE JE LONDONU ZDEL VPRAŠLJIV

Slovenki sta prehodili dovoljšen del mesta, da sta na koncu našli penzion za katoliške ženske, kot se je imenoval. Veseli sta bili, da živita na mestu, kjer sta lahko pričakovali »prijaznost do tujk«, kot je Sveto pismo govorilo v številnih zgodbah. A kmalu sta spoznali, da so lahko v katoliškem domu tudi stanovalke, ki jih ne preveva milost. Tukaj so živela dekleta, ki so bila zelo tekmovalna, kar zadeva izmenjavo informacij o tem, kako najti delo. Z drugimi niso želele deliti informacij, ki bi jim lahko omogočile enako, kot so imele same. Prav tako niso hotele, da bi jim druga dekleta postale konkurenca na delovnem mestu ali, kar je bilo še pomembneje, pri moških.

Zdelo se je, da je glavni cilj deklet v tej hiši najti moškega in se poročiti, preden odide v vojno ali zapusti območje. To so bila dekleta, ki so se nenehno pritoževala zaradi pomanjkanja svilenih nogavic ali cen oblek, saj so želele ostati privlačne in, predvsem, privlačnejše od vseh drugih samskih žensk v svoji soseski. V preddverju so imeli oglasno desko, na kateri so bila obvestila o različnih plesih in druženjih. Organizatorji so mlade ženske vabili, naj pridejo, da se bodo vojaki zabavali. Rositha je vprašala, kaj to pomeni, in povedali so ji, naj pride na zabavo s skupino iz te hiše, če ima primerno obleko. Le pripravljena je morala biti plesati z moškimi, ki so bili tam.

Rosithi in Vilmi, ki sta ju tudi na cerkvene plese vedno spremljala brata, se je to zdelo malce sumljivo, a sta si dopovedovali, da se časi zaradi prihajajoče vojne spreminjajo in bo tam več mladih, ki so daleč od doma. Vilma je rekla: »Pojdiva, Rositha. Zakaj sva sploh šli tako daleč od doma, če nameravava samo sedeti v salonu in kartati?«

Tako sta obe dekleti, nekoliko zadržano, začeli sodelovati pri plesnih dejavnostih, čeprav nobena ni nikoli zapustila plesa z gospodom, ki ga je pravkar spoznala. A sčasoma sta večkrat srečevali iste moške in začela so se razvijati prijateljstva. Rositha in Vilma sta po tem, ko so se plesi končali, celo začeli obiskovati nekatere lokale in se učili piti pivo. Ni trajalo dolgo, ko sta morali lepi mladi ženski iz Slovenije na hitro zaključiti nekaj večerov z gospodi, ki so se izkazali za preveč agresivne. Vsaj Rositha je menila, da moške zapuščata dovolj zgodaj, a ona je bila tista, ki je šla prva domov, zato ni bila povsem prepričana o sestrinih odločitvah. Dovolj jo je skrbelo, da je Vilmo opozorila na tveganja, ki jih prinaša predolgo ukvarjanje z moškimi, na kar se je Vilma le zasmejala in rekla: »Ja, ja, ja, ja.«

Plesne dvorane niso bile prav fine. Večina jih je bila v kleteh cerkva, mestnih stavbah ali celo šolskih telovadnicah. Prostor je bil namenjen različnim vojaškim skupinam, da bi moški ostali dobre volje, pijača in hrana pa sta bili poceni. Mladim ženskam običajno ni bilo treba plačati vstopnine, saj je bila njihova prisotnost ključnega pomena, da so se moški zabavali. Druženja so se imenovala tudi »spoznavni večeri« in za moške, ki so imeli prosti večer, je bil to kraj, kjer se lahko sprostijo in spoznajo samska dekleta. »Nočni klubi« so lahko bile preproste pivnice, čeprav se je za nekaj njih vedelo, da imajo prostore za igre na srečo ali nekaj minut na samem z dekletom. Vsekakor niso bili kraj za pridna katoliška dekleta.

Rositha in Vilma sta lahko na družabna srečanja hodili le, če so tam ponujali brezplačno hrano in pijačo. Po nekaj tednih bivanja v Londonu sta poskušali prihraniti vsak peni, da sta lahko plačali sobo, ker še vedno nista našli dela. Videti je bilo, da sta takoj, ko sta spregovorili, pri delodajalcih vzbudili antipatijo. Nazadnje sta se začeli ločeno prijavljati za vsa delovna mesta, za katera je slišala katera od njiju, in upali, da bosta premagali strah, ki ga je vzbujal njun naglas. Rositha je svoje razgovore zdaj celo začenjala s stavkom: »Vem, da morda mislite, da je moj naglas nemški in da je moj materni jezik podoben nemškemu, a nisem nikakor povezana z Nemčijo in Tretjim rajhom. Moja družina je slovenska in sem prišla sem s sestro, da bi sile osi pustila za seboj. Veliko raje imam demokracijo in vrednote Združenega kraljestva.« To ni bilo dovolj, da bi Rositha takoj dobila službo, a sosed lastnice njunega penziona je sprejel njeno priporočilo, v katerem je jamčila za Vilmin značaj. Vilma je začela delati šest dni na teden s polnim delovnim časom in pomagala varuški premožne družine, do katere je lahko iz penziona prišla s kolesom. Zadovoljna je bila in rada je delala z otroki. Prav tako je bila pripravljena kupiti vse, kar je potrebovala Rositha. Tako sta lahko še nekaj časa obe ostali, kjer sta bili. Na srečo ni trajalo dolgo, preden je bila zelo ugledna britanska družina pripravljena zaposliti Rositho. Potrebovali so dodatno pomoč, saj je Winston Churchill mojstru pravkar podelil plemiški naslov in mesto v lordski zbornici med laburisti. Njun dvorec v Barlastonu v grofiji Staffordshire je bil predaleč od parlamenta, zato sta nov dom iskala tudi v Londonu. Lord in lady Wedgwood sta bila torej pripravljena zaposliti Slovenko. Družinsko podjetje, ki se je ukvarjalo z izdelovanjem fine keramike, je seveda ostalo tam, kjer je bilo že več generacij, v Staffordshiru.

S tem se je začelo poglavje v Rosithinem življenju, ko je morala vsak dan nositi zlikano uniformo s čepico in predpasnikom, govoriti le, ko jo je kdo ogovoril, se naučiti, kako pripraviti formalno pogrnjeno mizo in kako postreči čaj. Vesela je bila te službe, ker je z njo zaslužila za hrano in se ni počutila preveč dolžna moškim, ki so jo želeli povabiti na ples. Tudi Wedgwoodovi so ji bili naklonjeni, saj so vedeli, da je le begunka, ki ima po naključju nemški naglas; da ni ne politična ne zlonamerna oseba. Včasih je lahko domov odnesla okusne ostanke jedi in skupaj z Vilmo sta uživali v pojedini.

Kmalu se je vojna začela zares in povsod povzročila dodatne težave, čeprav sta imeli dekleti zdaj dovolj hrane. Veliko noči v penzionu je prekinilo zavijanje siren. Z Vilmo sta z drugimi ženskami stekli v klet in se tam skrivali več ur, dokler se ni oglasil signal, da je napada konec. Med skrivanjem so ljudje okoli njiju včasih postali histerični, kričali so in hlipali ter preklinjali, da bodo vsi umrli! Dojenčki so krčevito jokali, a včasih so zakričali tudi njihovi starši. Tesnobni ljudje so postali še bolj tesnobni, ljudje z občutkom krivde pa so si predstavljali, da jih Bog kaznuje za njihove grehe. Tako so trdili in bili nato prepričani, da je njihova smrt neizbežna. Ko je bilo nevarnosti za tisto noč konec, se mnogi niso mogli znebiti strahu in so se bali zapustiti zaklonišče. Dan za dnem je bil grozljiva zmešnjava, vsaka epizoda pa je še ošibila že tako krhke.

A pojavljali so se tudi pogumni ljudje. Na nek način so bili vsi pogumni, ker so preživeli in se vrnili, da bi preživeli znova. Ena teh žensk je bila Rositha. Vprašala je celo, ali ima kdo kaj proti, če moli za vse. V tej »lisičji luknji« ni bilo nikogar, ki bi to zavrnil. Rosithin rožni venec je dajal moč vsem, ki so se skrivali z njo, čeprav je bilo med njimi le malo katoličanov.

Neka ženska jo je celo vprašala, ali vedno pride v to zaklonišče, ko se oglasijo sirene. Nato si je zadala, da bo Rositho poiskala, kadar koli bo to mogoče. Potrebovala je moč, ki jo je čutila v tej optimistični Slovenki. Sčasoma sta postali prijateljici, nato pa jo je nekega večera leta 1943 vprašala, ali bi šla na zmenek na slepo.

»Verjetno bi šla, če bi bil moški prijeten,« je rekla Rositha. »Ampak z zmenki nimam prave sreče.«

»No,« je rekla prijateljica, »Američan je, vojak, in moj fant pravi, da bi rad spoznal lepo žensko. Veš, da je moj Fred Američan? Zelo radodarni so in veliko več denarja imajo kot britanski vojaki. Zabavno je biti z njimi.«

Rositha je skomignila z rameni: »Če ti tako praviš,« je rekla. »A po mojih izkušnjah je tako, da več kot porabijo, več želijo.« Prijateljica pa ji je odgovorila: »Če se želiš dobro imeti, se moraš malo sprostiti. Veš, da so ti vojaki tu, da pomagajo naši državi. Za to tvegajo svoje življenje. Samo malce se želijo pozabavati.«

Rositha je odvrnila: »Nič hudega ne bo, če se dobim z njim. Povej mi, kaj veš o njem. Koliko je star, je visok?«

Prijateljica ga je opisala in omenila, da je rojen leta 1914, torej je dve leti mlajši od Rosithe. Od tiste noči in za vedno je Rositha, rojena leta 1912, vsem govorila, da je rojena leta 1918. Bila je dovolj privlačna, da ji je to veliko let tudi uspevalo.

16

POGLAVJE: GROZA, KI SE ŠIRI PO VSEM SVETU

Adolf Hitler je vojno fizično začel z napadom na države v bližini Nemčije, ki si jih je želel prisvojiti. Številnim voditeljem je zagotovil, da niso njegova tarča, ampak želi le njihovo sodelovanje, ker bo k Nemčiji priključil njihovo sosedo ali se znebil Judov, vendar je njegovo delovanje kmalu zatem pokazalo njegove prave namene. Večina držav si ni želela iztrebiti nobene skupine svojega naroda. Kot ženin, ki domnevno ljubi svojo ženo, a je na skrivaj sadistični manijak, obseden z nadzorom, so začeli njegovi biči in verige bičati in šklepetati najprej ponoči, nato pa še sredi belega dne.

Hitler je vedno verjel, da bi morala Avstrija pripadati Nemčiji. Mejila je na Nemčijo, njeni prebivalci so govorili nemško in to je bila država, v kateri se je rodil. Pravilno je tudi ocenil, da so mu številni Avstrijci naklonjeni, prav tako pa so naklonjeni vrednotam, ki jih je širil Tretji rajh. Njegove enote so 12. marca 1938 vkorakale v Avstrijo in se borile proti tistim, ki so mu nasprotovali. A največja škoda je nastala pozneje, v vojni, ko so Dunaj napadli zavezniki, predvsem ZDA. Uničenih je bilo okrog 57.000 stavb. Avstrija ni imela težke industrije, zato je bil tarča samo Dunaj, predvsem zaradi oskrbe z nafto.

A do tega bombardiranja je prišlo šele leta 1943, ko so lahko letala Združenih držav Amerike Dunaj dosegla iz italijanskega oporišča. Firer je vodenje Avstrije prepustil svojemu nekdanjemu vodji Hitlerjeve mladine Bauderju von Schirachu. Ta je v avstrijskih in poljskih koncentracijskih taboriščih v smrt poslal 185.000 avstrijskih Judov, medtem ko je sam živel v Hofburški palači in užival v dunajski kulturi.

Pred dejansko agresijo je bil Hitler v svoji norosti strateg. Počasi je pridobival svoje vernike in jim vcepljal svojo paranojo in sovraštvo. Svojim privržencem je dal nekaj, kar so lahko sovražili, in jim ponudil skupino, ki so jo lahko krivili za lastne napake. Proizvajalce je silil v proizvodnjo vojaških sredstev namesto izdelkov za čas miru. Nagrajeval je tiste, ki so mu sledili, in med tedanjo mladino širil kar se je dalo veliko propagande. Del njegove strategije je bilo tudi pridobivanje naklonjenosti drugih diktatorjev in obljubljanje neverjetnih nagrad z obljubami o rasti njihovih držav, če se mu pridružijo. Med njegovimi največjimi slabostmi je bil pohlep. Ni poslušal, ko so njegovi generali ali partnerji iz sil osi predlagali, naj upočasni tempo ali naj vojne ne stopnjuje prehitro; da se bori na preveč frontah ali da je njegova vojska preveč razpršena. Njegove enote morda stradajo, imajo premalo goriva ali jim zmanjkuje zalog; kljub vsemu je začel novo kampanjo. Namesto da bi se prerazporedili in si znova postavili prednostne naloge, je ne samo napadel svoje sosede, ampak se je nekoliko pozneje lotil tudi Sovjetske zveze, čeprav je bila ta dežela zaradi svoje velikosti in podnebja nemogoč izziv. Kot megalomanski narcis se ni mogel sprijazniti s poročili, da mu zmanjkuje tal pod nogami. Hitler ni bil sposoben pravočasno sprejeti resničnosti, da bi lahko rešil vsaj del svojih obsesivnih in strupenih načrtov.

Ko je videl, da bodo zavezniki osvobodili koncentracijska taborišča in izpustili uboge stradajoče zapornike, je njegov bolni um obupano iskal način, kako bi vseeno »zmagal«. Pospešil je tisto, kar je dolgo imenoval »končna rešitev«. To je storil tako, da je stražarjem v koncentracijskih taboriščih ukazal, naj čim prej pokončajo vse preostale Jude. Tako je po svoje rešil zadeve. Na srečo je bil konec vojne v tem času za večino že tako očiten, da se stražarji niso več čutili dolžnih pobijati na tisoče bolnih in izčrpanih ujetnikov, ki so ostali v njihovih taboriščih.

A preden pridemo do konca vojne, si moramo nekoliko podrobneje ogledati družino, ki jo spremljamo, in ugotoviti, kako jim je uspelo preživeti to dolgo preizkušnjo. Julijana si je upala v Avstriji imeti le enega otroka, ker je vse okrog njih divjala vojna. Na dan, ko je Hitler napadel Avstrijo, je Hansija spomnila na njegovo zatrjevanje, da bodo na varnem, ker je imel poseben odnos s Hitlerjem in je vedel, da bodo zaščiteni. »Kje je ta zaščita zdaj?« ga je vprašala. »Kje bomo varni? Kako lahko preprečiva, da se Petru kaj zgodi?«

Odgovoril je: »Zdaj je čas, da pokličem svoje prijatelje in dobim odgovore na tvoja vprašanja. Brez panike. Vse bo v redu.« Toda v glasu, ki ga je slišala, ni bilo njegove običajne samozavesti. Pripravljen je bil nositi nacistične oznake in se s temi ljudmi srečevati na tajnih razpravah, a ni vedel, kaj mu bodo ponudili in kaj bodo od njega morda pričakovali njegovi nacistični prijatelji. Najtežja stvar, ki jo je Hansi kdaj prenašal naokrog, poleg Petra, je bil čopič. Jasno je bilo, da se ne bo »do smrti boril za domovino«, kot so jih učili na sestankih.

Ni bilo treba dolgo, da so izvedeli, kaj se je pričakovalo. Zahtevali so, da se preselijo v stanovanje v mestu Linz na Donavi. Stanovanje je bilo čudovito in elegantno opremljeno. Več mesecev je trajalo, da je Julijana dojela, čemu gre pripisati njihovo srečo. Hansi se je tukaj udeleževal številnih sestankov, slikal je uradne portrete, njihovo bivališče pa je veljalo za varno. Njegova umetniška dela so bila za firerja pomembna. Čeprav se nista več srečala, so ga prosili, naj po fotografiji naslika Hitlerjev portret.

Medtem ko je Hansi poleg slikanja pomagal pri nekaterih administrativnih opravilih, so Julijano potrebovali kot delavko v tovarni, ki je skrbela, da je bilo na fronto poslanih dovolj streliva in povojev. To delo jo je dolgočasilo, vendar je menila, da se mora dokazati nadrejenim, sicer ji lahko grozi kakšna kazen. Zdelo se je, da se ljudje bojijo drug drugega. Toliko ljudi si je želelo napredovati, da nikomur ni bilo mogoče zaupati. Če se je ponudila priložnost, jo je nekdo z veseljem izkoristil in te prijavil za vse možne prekrške. Julijana je vedno mislila na sinka, ki ga je Hansi sprejel za svojega in skrbel zanj, in na to, da mu dolguje vse, kar ima. Če jo je Hansi med vojno potreboval za zlaganje povojev, bo to počela.

A bili so tudi zelo prijetni večeri. Visoki častniki, ki jim je njen mož pravkar naslikal portrete, so ju vabili na večerje. Od njiju se je pričakovalo, da bosta lepo oblečena, in vedela sta, da bosta dobro jedla. Zaradi racionalizacije porabe so večino tedna preživeli brez mesa, s to skupino pa so lahko uživali v ribjem prvem hodu, mesni predjedi in alkoholu po želji. Nemške in avstrijske sladice so bile bogate in čokoladne ter redek priboljšek med vojno. Julijana se je bala, da bo edina oseba, ki jo pozna in ki se v tem času redi, in ne hujša. Preveval jo je globok občutek krivde, ker ni vedela, kako so njeni bratje in sestre, a se je odločila, da ne bo razmišljala o tem, da bo lahko ostala del moževe družbe.

Ob dnevih, ko ni delala, se je rada sprehajala po Linzu. Bilo je čudovito staro mesto, zgrajeno ob Donavi, z dolgim pristaniščem, ki se ji je zdelo prijetno za sprehode. Široko tlakovano dvorišče je bilo verjetno središče mesta. Na eni strani je bil labirint uličic z lokali sedlarjev, čokoladarjev, slaščičarjev, trgovin z oblačili, vinom in mesnico na drugem koncu. Te ulice so obkrožale ogromen hotel, ki je imel v pritličju veliko restavracijo. Bil je priljubljeno zbirališče nacistične organizacije, ki ji je pripadal Hansi. Ko je vreme to dopuščalo, so vedno jedli na dvorišču. Restavracija je tam na tlakovce postavila mize. Tu so lahko uživali v ambientu velikega vodnjaka in občasno ob igranju uličnih glasbenikov.

Na nasprotni strani dvorišča so bile večnadstropne stanovanjske hiše. Mnoge so imele štukature in korita za rože ter pogled na osrednje dvorišče, ki je bilo skrito pred bolj odprtim prostorom. Za dostop do tega območja je moral imeti človek v lasti stanovanje. Korita za rože in rože v njih so bili živih barv. V tej soseski je bilo vse urejeno in simetrično.

Ta osrednji trg je imel na eni strani Donavo, na desni hotel in majhne trgovine, na levi stanovanja in nekaj manjših restavracij, zadaj in po klancu navzgor pa se je vila ulica, ob kateri so bile cerkve in sinagoga. Julijana se je odpravila po ulici, ki jo je v šali imenovala »Sveta avenija«, da bi občudovala arhitekturo. Ni razumela, zakaj je bila sinagoga ograjena z deskami in porisana s svastikami. Poleg tega vrata niso bila samo zaklenjena, ampak tudi trdno zabita. Ni razumela, kaj se je zgodilo, a je nameravala izvedeti.

17

POGLAVJE: KRISTALNA NOČ SE NI ZGODILA LE V NEMČIJI

Julijana je imela ob prostih dnevih čas za sprehode in raziskovanje Linza. Hansi je bil zaposlen s slikanjem in propagandnimi srečanji, Peter pa je bil v šoli, zato je imela čas za odkrivanje trgovin, sosesk in spoznavanje ljudi. Ko je tega sončnega popoldneva strmela v zapuščeno in porušeno sinagogo, ji je nasproti prišla ženska. Julijana ji je rekla: »Oprostite, v Linzu sem nova, ali mi lahko poveste, kaj se je zgodilo s to stavbo?« Pokazala je na tempelj poleg sebe.

»No,« je odgovorila, »vso pomlad po prihodu Nemcev so bile v tem mestu in po vsej Avstriji težave. Povsod je bilo prisotno nasilje, ki se je iz nekaj incidentov spremenilo v vsakonočne izgrede. Tako je bilo od marca, vso pomlad, poletje in do začetka novembra. Judje niso bili zadovoljni s tem, kako so ravnali z njimi. Vedno več jih je bilo prisiljenih zapustiti svoje domove, da so imeli okupatorjevi vojaki kje bivati.«

»Do novembra so Hitlerjevi SS-ovci umikali Jude z ulic, da bi preprečili nove nemire. Ugotovili so, da se zbirajo v sinagogah; morda na skrivnih sestankih, zato so morali prevzeti nadzor. Vstopili so in razbili okna, morda poškodovali nekaj rabinov. Vsi so jokali in nadaljevali. Po tej noči so v taborišča poslali še več Judov, na primer v taborišče, ki je od tod oddaljeno približno 16 kilometrov. Zdaj je vse veliko bolj mirno.« Po teh besedah je ženska nadaljevala svojo pot in pustila Julijano stati z odprtimi usti. Presenečena je bila, da se je to dogajalo pred njihovimi nosovi, in spraševala se je, kako je lahko bila tako zaverovana vase, da je vse spregledala.

Zaradi besed te ženske ji je zaledenela kri v žilah. Zdelo se je, da ni v njih nobenega sočutja, vsekakor pa ni bilo nobene empatije. Seveda so bili ljudje jezni in razburjeni, ko pa so bili prisiljeni zapustiti svoje domove. Kdo pa ne bi bil? Je ta ženska namigovala, da so krivi Judje, ki so obžalovali svoje izgube? Da je pošiljanje vseh v taborišča zaradi miru v soseskah pravična rešitev? Zvenelo je, kot da misli, da bi morale te družine in lastniki hiš že samodejno vedeti, da morajo odstopiti svoj prostor vojakom SS. Kako bi to lahko bilo prav?

Vedela je za nekaj nasilja, saj so slišali kričanje na ulicah, vendar so se priselili novembra lani in so morali biti ravno na poti, ko je prišlo do tega uničenja. Torej so bili njihovi nemški prijatelji odgovorni za ta nemir in preseljevanje ljudi. Kako grozno, je pomislila, potem pa si je začela predstavljati, kako se je to zgodilo, saj je videla veliko ljudi, ki so nosili zvezde, v sredini katerih je bilo napisano JUD. Prej ni vedela, zakaj morajo nekateri ljudje nositi oznake. Potem je pomislila, da je njen mož Nemec; zvečer ga bo vprašala o tem.

A tistega večera naj bi večerjala z veliko skupino na trgu pred restavracijo. Kraj se je zdel veliko preveč javen in skupina preveč politična, da bi lahko zastavila svoje vprašanje. Počakala bo do naslednjega jutra, ko bo Peter odšel v šolo. Hansi bo zagotovo imel razumno razlago za to nenavadno in nasilno ravnanje.

In kaj je ženska mislila s »taboriščem« nekaj kilometrov stran? V kakšna taborišča so pošiljali odrasle? Morda bi se lahko kakšen konec tedna zapeljali tja. Ko je razmišljala o teh vprašanjih, jo je nekaj motilo. Če so ljudi označevali in jih nasilno izseljevali iz njihovih domov in cerkva, to ni zvenelo prav prijetno. Kaj pa njihovo stanovanje z dobro svetlobo in lepim razgledom? Kdo ga je zapustil v takšni naglici, da je v njem ostalo še nekaj oblačil in krasne opreme? Je možno, da so se vselili v dom Judov, ki se niso odločili za odhod, ampak so zdaj nesrečno živeli nekje v nekem taborišču? Vse se je zdelo predobro, da bi bilo res. Hansi ji bo moral razložiti vse, kar se je dogajalo. Ni bila vzgojena, da bi stvari prejemala na tak način. Jezus je bil ponižen in skrbel je za najbolj uboge. Kaj bi si mislila njena mama? Potem se je spomnila, kako je z njo ravnal župnik in kako jo je pustil z nekaj dinarji, ko mu je tako bolj ustrezalo. Morda svet ni bil takšen, kot je mislila, da je.

Julijana tisto noč ni dobro spala. Sanjala je, da se je ponoči zbudila in prišla v kuhinjo po kozarec vode in morda kakšen prigrizek. Ko je prišla tja, je za kuhinjsko mizo s sklonjenimi glavami sedela tričlanska družina, enaka kot njena, dva starša in majhen otrok. Vsak od njih je molil za več hrane, saj so bile njihove posode prazne. Julijane niso videli, a so se pogovarjali o tem, kako so jim vse vzeli. Ženska je jokala, da ne bo nikoli več videla maminih diamantov. Moški jo je prijel za roko in rekel: »Imamo pa drug drugega.« Deček je na to odgovoril: »Ampak oče, slišal sem, da nas bodo odpeljali in bomo morali vsi delati za naciste.« Nato so vsi začeli jokati in Julijana ni vedela, kako naj se odzove in ali sploh lahko govori z njimi. V sobi se je močno ogrelo in videla je, kako se je začela kuhinjska miza topiti in lezti po tleh, kot da bi bila iz voska. Kmalu so bile noge družinskih članov prekrite z vročim voskom in zvijali so se od bolečin. Hotela se je napotiti proti kuhinjskemu koritu, da bi jim prinesla posodo z vodo, vendar so bile njene noge prilepljene na tla. Ni se mogla niti umakniti niti premakniti naprej, samo opazovala je grozo družine, ujete v tej kuhinji, ki se je topila po tleh. Končno se je vrnila v spalnico, kjer se je znašla v postelji s svojim možem in tremi popolnimi neznanci.

Julijana je ob zajtrku z zaspanimi očmi kljub temu nestrpno vprašala Hansija: »Kakšno taborišče je to, za katerega sem slišala, da ga imamo nedaleč od mesta? Zakaj Nemci živijo v domovih Judov in kakšen je namen teh taborišč? Ne vem, kako boste lahko ljudi dolgo držali stran od njihovih domov.«

Hansi je odgovoril: »Umiriti se moraš, draga moja. Poglej, kaj imava zdaj, tega pred nekaj leti nisva imela. Ne samo da imava krepkega sina, ki obiskuje odlično šolo, imava tudi čudovito stanovanje, hrane, kot je lahko pojemo, in veliko dobrih prijateljev, ki si vedno želijo preživljati čas z nami. Vse je wunderbar! Srečni bi morali biti – ti bi morala biti srečna!«

»A s takšnimi vprašanji in s tem, komu jih zastavljaš, moraš biti previdna. Ne misli, da so neznanci na ulici prijazni ljudje. Morda srečaš koga, ki te bo prijavil! Morda bi se prav on rad preselil v to stanovanje in užival v tem razgledu. Naj ne vedo, da se o čem sprašuješ, in ne poslušaj, če kritizirajo firerja. Celo med najinimi prijatelji lahko vlada ljubosumje. Paziti moraš, da nas ne izrinejo iz doma, ki ga imamo zdaj. O teh stvareh se pogovarjaj samo z mano in po tiho, prosim.«

»No, potem pa imam zate še eno vprašanje, mož moj,« je dodala Julijana. »Kam so šli Judje, ki so imeli v lasti to stanovanje in to lepo opremo? Kje so zdaj in kako živijo?«

»Ah,« je odgovoril Hansi. Zdel se je razburjen. »Vprašala si me o taboriščih. Ta so zanje. V teh taboriščih ostanejo, da se okrepijo na dobrem podeželskem zraku, nato pa jih preselijo na več preselitvenih območij na Poljskem, kjer so lahko z drugimi ljudmi svoje vrste. Tam skupaj kot skupina ustanovijo nove sinagoge. Manj težav za ugledne Nemce in več podpore njihovih ljudi. Zdaj pa se ne pogovarjajva več o tem, prosim!«

Informacije in način, kako jih je dobila, so Julijano pretresle do kosti. Odraščala je kot kmetica na revni kmetiji in v ponos sta ji bili le lepota narave in njena družina. V Avstrijo je prišla v hudi stiski, saj je bila noseča, imela je zelo malo denarja in bila je brez načrta za preživljanje. Zdelo se ji je, da vse dolguje Hansiju, ki se ji je vedno zdel dober in delaven človek. Zdaj pa je ljubezen njenega življenja želela, da sprejme to, da so upravičeni do stvari, za katere se je trudila in žrtvovala druga družina, samo zato, ker je on delal za Nemce. To ni imelo nobenega smisla.

Naslednjih nekaj dni je bila Julijana globoko nesrečna in zelo se je trudila, da njena družina in prijatelji ne bi opazili njenega stanja, ko je na njihova vrata končno prispel telegram. Očetovo sporočilo je prineslo novico, da je umrla njena mama. Angeli so jo odpeljali v nebesa, njene besede ob smrti pa so ljubezen pošiljale vsem družinskim članom. Zdaj je lahko Julijana odkrito jokala in brez vprašanj dala na ogled svojo globoko bolečino. A medtem ko je trpela zaradi svoje izgube, je še naprej mislila na druge družine v hudih stiskah. Na maminem grobu je prisegla, da bo izvedela, za kaj točno gre pri teh taboriščih, in se potrudila eno obiskati.

18

POGLAVJE: ISKANJE ODGOVOROV NA VPRAŠANJA, KI JIH NE SME ZASTAVITI

Julijana se je zbudila sredi noči in se tiho napotila v kuhinjo. Zanimalo jo je, ali bo majhna družina spet tam za njeno mizo ali, bolje rečeno, za njihovo mizo. Toda v kuhinji ni bilo nikogar razen nje. Ko je sedela tam, kjer so zadnjič sedeli, je začutila njihovo prisotnost. Skuhala si je skodelico kamiličnega čaja in upala, da jo bo dovolj pomiril, da bo lahko spet zaspala. Ko je pihala v čaj, da bi ga ohladila pred pitjem, jo je prešinila močna želja. Našla je pisalo in papir ter pustila sporočilo. Ne da bi pomislila, da ti ljudje govorijo nemško, je v slovenščini napisala »Lep pozdrav.« Hotela je, da vedo, da jih ima za prijatelje.

Do jutra je Julijana že ugotovila, da ji Hansi ne bo pomagal razrešiti zagonetke, zakaj so ti ljudje zapustili svoj dom in zakaj je bila njihova sinagoga tako nasilno poškodovana. Počakala je, da je šel delat v atelje in je bil Peter v šoli. Nato je vzela večino denarja za nakup živil in se odpravila na kratko pot do železniške postaje. Nahajala se je malce iz mesta, da je mesto ostalo čisto, ne pa predaleč od Donave, da so lahko ladijski promet povezati z železnico. Pred koncem vojne bodo to območje bombardirali, da bodo preprečili oskrbo sil osi, trenutno pa je bilo še vedno zelo v uporabi.

Ker se je Julijana bala, da bi jo lahko vzeli pod drobnogled, se je namenoma oblekla v precej ugledna oblačila. Nosila je suknjič s širokimi rameni, kar je bilo takrat moderno, z malce krzna na zavih-kih. Krzno je kazalo na premožno osebo, ta stil so namreč povezovali z višjimi sloji. Plašč je našla v omari v zadnjem delu hiše in zdel se ji je idealen čas, da ga uporabi.

Pristopila je k okencu za prodajo vozovnic na postaji in prosila za povratno vozovnico za Mauthausen za današnji dan. »Mauthausen?« je vprašal uslužbenec. Bil je glasen in privzdignil je obrv. Videti je bil resnično pretresen. »Gospa, kaj bi lahko dama, kot ste vi, počela v Mauthausnu?«

Prebledela je in zajecljala, saj ni pričakovala, da bo morala karkoli pojasnjevati. »Nekaj moram opraviti. Naj vas to nič ne skrbi.« Stala je tako pokončno, kot je le zmogla.

»Pa veste, kaj boste našli tam?«

»Vem,« je odgovorila. »Taborišče, kjer veliko ljudi čaka na prevoz na Poljsko, kjer jih bodo ponovno združili z njihovimi družinami.«

To se je zdelo železničarju neverjetno smešno, saj je nagnil glavo nazaj in se krohotal, da ni mogel več dihati. Zvenel je bolj kot ena od lokomotiv, ki poskuša proizvesti dovolj pare, kot pa človek. »Mislim, da bi bilo bolje, da bi pred potjo v tisto smer dobili dovoljenje poveljnika. Pa tudi svojega moža. To ni kraj za ženske, razen če ste častnica. V kar pa močno dvomim,« je rekel.

Julijana ni vedela, kdaj naj odneha, zato je odvrnila: »In kaj je narobe, če si želim ogledati taborišče in se z vlakom vrniti domov?«

Prodajalec vstopnic je nato dodal: »Torej veste za taborišče? In kdo vam pripoveduje takšne zgodbice, draga gospa? Res moram videti vaše dokumente. Nisem povsem prepričan, da so vaši nameni v skladu z vrednotami Rajha.« Iztegnil je roko proti njej, kot da bi hotel, da mu takoj izroči dokumente.

Začela se je ritensko umikati. »Danes sem nameravala le kupiti vozovnico, ne pa se odpraviti na pot. Z dokumenti se bom vrnila jutri.« Hitro je odšla in se močno trudila, da v paniki ne bi stekla.

Ko se je vrnila domov, je Julijana domnevala, da je bila to nespa-metna poteza in da bo bolje, če Hansi ne izve za dogodek. Na hitro se je preoblekla v svoja običajna oblačila in čudovit plašč pospravila nazaj v omaro. Mislila si je, da je stvar zaključena, vendar ni imela te sreče.

Linz je mesto, a ga sestavlja vrsta majhnih sosesk. Ko je Julijana v svojem lepem plašču odkorakala iz hiše, je bilo enako, kot da bi izobesila plakat, s katerim bi sosede vabila na izlet z vlakom, saj so ji sledili številni pogledi in jeziki. Medtem ko je Julijana pomagala Petru pri učenju in mu zvečer pripravljala kopel, saj je imelo to stanovanje čudovito kopalnico, je Hansi s prijatelji odšel na kozarec piva. To se mu je zdelo prav, saj je bil ves dan zaprt v svojem ateljeju.

Ko se je vrnil, dolgo po tem, ko je deček že zlezel v posteljo, je bil popolnoma drug človek. Ni šlo toliko za to, da je pretiraval z alkoholom, ampak bolj za to, da ga še nikoli ni videla bolj jeznega. Ko se je vrnil, je glasno odprl vrata, tako zelo, da ga je Julijana hitro opomnila, naj bo obziren do spečega dečka. Nato je stal pred njo, še vedno v suknjiču, z rokama, iztegnjenima na obeh straneh telesa, ter stiskal in sproščal pesti. Njegova čeljust je bila videti stisnjena in napeta. Ko je govoril, se je zdelo, da se mu zobje ne premikajo skupaj z usti; iz ust je priletel droben curek sline.

»Kaj si nameravala, ko si hotela davi kupiti vozovnico za vlak?« je vprašal.

Začela je: »Ne vem, o čem govoriš. Danes zjutraj sem šla na tržnico in kupila zelje ter papriko, nato pa preostanek dneva pripravljala odlično juho, ki sva jo pravkar pojedla. Nisem imela časa za oglede.«

»Aha,« je rekel. »Morda bi rada, da ti verjamem, a več ljudi te je videlo. Ljudje, ki so te že srečali z mano. Rekli so, da si bila zelo lepo oblečena za jutranji sprehod, zato so te imeli na očeh, ker so se tako ali tako sprehajali. Videti je bilo, da si se prepirala z moškim na blagajni za vozovnice, nato pa si hitro odšla. Ne laži mi, to bi lahko bilo zelo resno za vse nas!«

Julijana je vedela, da mora povedati resnico. Hansi je bil dober človek, a da bi se prepričal, kaj se dogaja, bi jo lahko odpeljal do tistega moškega in od obeh zahteval pojasnilo. Da bi izvedel resnico in ga ne bi preslepila, jo je bil pripravljen tudi ponižati.

Zajecljala je: »Naredila sem strašno napako in upala, da ne boš izvedel zanjo, ker mi je zelo žal in mi je zelo nerodno. Želela sem si ogledati taborišče, v katerem živijo nekdanji prebivalci te hiše. Hotela sem se jim zahvaliti za veliko lepih stvari, ki so nam jih zapustili, in preveriti, ali jim lahko kako pomagamo. Morda potrebujejo topel plašč, ki sem ga nosila danes zjutraj.«

Hansi je izbruhnil: »Kako si lahko tako neumna, Julijana? Vedno sem te imel za bistro žensko. Dobrosrčno, ne pa neumno. Veš, kaj je eden glavnih ciljev našega firerja? Jude želi izbrisati z obličja zemlje! Misli, da ti ljudje niso primerni, da bi živeli v naši bližini! Premika jih v taborišča, kjer bodo delali zanj ali pa umrli! Misliš, da želi, da jim prinašaš jakne in plašče? Ali da te skrbi zanje in da moliš zanje? NE! NE! NE! Takoj boš nehala s takšnim vedenjem, sicer te bom moral zakleniti v hišo!«

»Gestapo te bo z veseljem poslal v taborišče, kjer boš lahko delila njihovo usodo, če te to tako mika. Tudi mene in Petra bodo odpeljali, da se bodo znebili vseh težav, ki bi jih lahko povzročila. To ni igra! Zelo resno je. Če se ne boš brigala zase, bomo izgubili dom in službo!« Nato jo je prijel za ramena in za trenutek se je ustrašila, da jo bo udaril, vendar jo je le malo stresel in zahteval, da reče: »Da, razumem.«

»Prav, torej,« je rekel. »Nikoli več ne bova govorila o tem. Ko bodo sosedje kaj vprašali, bova rekla, da je šlo za nesporazum, in spremenila temo.«

»Prav, Hansi,« je ponovila in odšla v kuhinjo, da bi pripravila krožnike za zajtrk.

A srce ji je bremenilo zavedanje, da je njeno neukrepanje enako bridko kot greh, ki ga je storila. Če ne stori ničesar, pa ve, kaj se dogaja v bližnjem taborišču, kamor so odpeljali prave lastnike njenega stanovanja, je kriva umora. Njeno srce pa je dodalo besede »z večno težo na srcu«. Jasno si je predstavljala to družino z majhnim otrokom. Bili so lačni, oblečeni v cape in vsi na robu solza.

Poskusila bo živeti po Hansijevih pravilih, a ni bila prepričana, da ji bo uspelo, ne da se ji zmeša.

19

POGLAVJE:
ŽIVLJENJE: DOŽIVLJENJSKA USLUGA

Naslednji dan je Julijana poskušala čim bolj normalno opravljati svoje običajne naloge. Pazila je na svoje premike, saj je bila prepričana, da Hansi ali »vohuni v soseski« spremljajo vsak njen korak. Tako ni na primer oblekla ničesar, kar bi lahko dajalo vtis, da se hvali z boljšimi oblačili ali da je oblečena prerevno. Iz trgovine je nesla samo dve nakupovalni vrečki, da ne bi bilo videti, da pretirano troši. Kljub temu si je oddahnila, ko ji je Hansi izročil običajni znesek denarja za nakup živil, da je lahko šla po trgovinah kot vedno. Ni si želela biti ujetnica lastnega doma in z veseljem je kupovala sestavine, iz katerih je doma zanje skuhala dober obrok. Kuhanje je bilo eno redkih zadovoljstev, ki ji je ostalo zdaj, ko jo je bremenila teža krivde. Včasih tako zelo, da je komaj odprla oči.

Šla je na trg, na katerem je vsako jutro zaživela tržnica, ki so jo zgodaj popoldne pospravili. Rada je nakupovala zgodaj, da je dobila najboljše sadje in zelenjavo. Po nekaj urah so bili najboljši kosi pobrani in pogosto so ostali le poškodovani sadje in zelenjava. Ker je odraščala na kmetiji, ji ni bilo všeč, da se je hrane dotikalo veliko ljudi. Vsekakor jo je pred kuhanjem vedno umila, vendar je imela še vedno raje kose, ki niso šli skozi preveč rok. Ker je bila med vojno situacija težka, je primanjkovalo veliko stvari, celo v tem mestu, v katerem so prevladovali Nemci. Najprej je bilo treba nahraniti vojake, zato je veljalo pravilo, da je treba iti zgodaj, če želiš kaj določenega, sicer si moral vzeti, kar je ostalo. Če je sploh kaj ostalo. To je običajno pomenilo, da je kuhala zeljno in korenčkovo juho z malo čebule, če je imela srečo. Hansiju je bilo vseeno za te reči, zato je nakupovanje rad prepustil Julijani, da je lahko slikal v jutranji svetlobi.

Ko se je Julijana na tržnici premikala od stojnice do stojnice, je opazila, da so vsak teden manjše in manj številčne. Vse manj kmetov je imelo za prodajo vse manj izdelkov. A osnovne stvari so bile še vedno na voljo, zato je lahko kupila kilogram mlete govedine, nekaj storžev posušene koruze in dva velika krompirja. Ko se je malce v naglici obrnila, da bi pristopila k drugi stojnici s hrano nekaj metrov stran, je začutila, da jo je za predpasnik prijel otrok. Pogledala je navzdol in zagledala pomanjkljivo oblečenega fanta, za katerega se je zdelo, da poskuša pritegniti njeno pozornost, ne kaj ukrasti.

»Prosim, Frau,« je rekel in zvenel precej obupano. »Slišal sem, da vas zanima, kako so moja teta, stric in bratranec, ki živijo v taborišču ob reki.«

Prijela ga je za roko, kot bi bila prijatelja, in se mu nasmehnila ter ga vodila stran od ljudi, ki bi ju lahko slišali. »Kaj lahko storim zate, mladenič?« je rekla precej uradno.

»Pravijo, da živite v njihovem stanovanju in da jih nameravate obiskati.« je rekel.

Hitro ga je utišala s strogim pogledom. Stišala je svoj glas in mu skoraj prelomila roko na pol, ko je še enkrat vprašala, kako mu lahko pomaga. Zajecljal je: »V resni nevarnosti so in kmalu jih bodo prepeljali v taborišče smrti ali jih premestili na lokacijo, kjer bodo umrli, tam, kjer živijo zdaj. Jaz živim v gozdu in se poskušam gibati med njimi in domom. Če bi imel kakšen majhen čoln in nekoga, ki bi jih lahko nekam preselil do konca prihodnjega tedna, bi jim to rešilo življenje.«

V njegovem glasu je slišala rotenje in videla je, da mu gre na jok. To ni bil otroški poskus, da bi iz njenega proračuna za hrano dobil nekaj kovancev. Bil je obupan otrok, ki je poskušal pomagati svoji družini v boju za življenje.

»Zakaj si prišel k meni?« je vprašala.

»Povedal sem vam,« je odgovoril. »Nekdo je opazoval njihovo stanovanje, da bi videl, kaj se dogaja z njihovimi stvarmi, pa vas je opazil, ko ste se pogovarjali s prodajalcem vozovnic na železniški postaji. Rekel je, da ste videti kot dobra ženska, in ne kot morilka. Nič denarja nimamo in prositi moramo za vso možno pomoč, oni pa so v tem taborišču obkroženi z vodo, na otočku. Lahko bi jih odpeljal do drugih v gozdu, vendar morajo najprej priti do mene. Načrt imam, nimam pa čolna in, kot vidite, nisem dovolj velik, da bi lahko veslal, če bi ga kje dobil.«

»Ja,« je rekla Julijana. »Vidim, da potrebuješ nekoga, ki bo veslal namesto tebe. Čez tri dni se znova dobiva tukaj, pri stojnici z jajci. Povedala ti bom, ali ti lahko pomagam. Nikomur nič ne povej. Razumeš?« Prikimal je in izginil s trga.

Julijana ni bila prepričana, ali je tisto noč sploh zatisnila oči. Nenehno je premišljevala o tem, »kdo in kako«, in se vedno znova vračala k isti rešitvi. Obrniti bi se morala na Mojco in Vida. Bila sta med redkimi, ki jima je lahko zaupala, da je ne bosta izdala nacistom, poleg tega pa sta bila dovolj vešča in močna, da bi znala upravljati čoln. Julijana je bila nekoč dobra veslačica, a odkar je zapustila Slovenijo, noseča s Petrom, ni sedela v čolnu. Če bi ta »naloga«, kot si jo je predstavljala zdaj, zahtevala napor, svojim rokam ne bi mogla zaupati, da bi zmogle. Prav tako pa si ni mogla predstavljati, da bi lahko kar izginila od doma za dovolj dolgo, da bi izpeljala takšen projekt. Vedela je, da potrebuje pomoč.

Najprej se je vprašala, kako naj najde Mojco in Vida, če sta sploh še bila v Avstriji. Ko so se nazadnje pogovarjali, je Mojca menila, da bosta kmalu na poti v Avstralijo. Bolje, da jo čim prej pokliče in moli, da ni prepozno. Njen edini rezervni načrt je bil, da se sama poda v reševanje, pri čemer ni bila preveč prepričana, da bi ji uspelo. Pohitela je na hodnik, kjer so imeli telefon, hvaležna, da Hansija ni doma. Na stari številki stanovanja, edini, ki jo je imela, se ni nihče oglasil. To je bilo pred ameriškim bombardiranjem Dunaja, zato je še vedno obstajalo upanje, da linije niso prekinjene, vendar je vojna povzročila veliko težav pri vseh komunikacijah.

Živčno je pospravljala kuhinjo in v rekordnem času opravila gospodinjska dela. Hotela je znova poklicati, preden se bo na kosilo vrnil Hansi, ne pa prekmalu. Končno se ni mogla več zadržati in se je vrnila k telefonu. Zaradi živčnosti je operaterju povedala napačno številko in jo je morala dvakrat ponoviti, preden jo je lahko povezal. Nato je na drugi strani zaslišala zvonjenje. Po petih zvonjenjih se je začela močno potiti, po osmih pa se je začela bati, da bo morala spet poklicati. Nato se je hkrati zgodilo dvoje: Mojca se je oglasila in v stanovanje je vstopil Hansi.

Julijana se je morala pretvarjati, da je vesela, da vidi Hansija, in ne pretirano vesela, da končno sliši Mojčin glas – čeprav je bila. Hansiju se je široko nasmehnila in mu pomahala, nato pa se je popolnoma osredotočila na sestro, ki ji mora sporočiti nujno in nevarno prošnjo, ne da bi uporabila besede, zaradi katerih bi Hansi stopil vmes.

»Zelo vesela sem, da slišim tvoj glas, Mojca,« je rekla. »Hansi je pravkar prišel domov na kosilo, vendar moram izkoristiti to priložnost, da govorim s tabo, ker se bojim, da bosta kmalu predaleč, da bi te lahko poklicala. Se še vedno nameravata za zmeraj preseliti v Avstralijo?« Poskušala je zveneti vedro, čeprav ji je ta misel lomila srce.

Poslušala je in nato znova spregovorila. »Tako kmalu?« je vprašala. »Ne obsojam te. Zdi se, da so vse evropske države v težavah. Ali obstaja možnost, da nas z Vidom še zadnjič obiščeta, preden odideta? Res imamo veliko prostora in s hrano ni težav, če Vid ne bo ravno zahteval zrezka.« Počakala je in poslušala: »Si prepričana? To bi mi res veliko pomenilo, pa Petru in Hansiju tudi. Te dni okrog sebe nimamo prav veliko družinskih članov.«

Nato pa še glasno: »Danke, Danke, se vidimo v soboto!« Za tem se je Julijana obrnila proti možu in vzneseno klepetala o sestrinem in Vidovem skoraj nepričakovanem obisku, ko se bo lahko poslovila od njiju, preden odpotujeta v Avstralijo.

20

POGLAVJE: NAJPAMETNEJŠI
DEČEK VODI

V četrtek, tri dni po njunem prvem srečanju in le dva dni pred predvidenim obiskom Mojce in Vida, je Julijana pri stojnici z jajci na tržnici poiskala mladega fanta. Gotovo je bil v bližini in jo opazoval, saj je bil takoj, ko se je približala kiosku, ob njej. Pretvarjala sta se, da iščeta razbita jajca, in izbrala nekaj celih za njeno košarico, nato je plačala prodajalcu in odšla sta za visoko kamnito stavbo.

»Saj sploh ne vem, kako ti je ime,« je rekla Julijana.

»Abraham sem,« je odvrnil otrok.

»Prav, Abraham. Priskrbela sem ti dva odlična veslača. Mislim, da ti bosta priskočila na pomoč, a poskrbeti moraš, da bosta popolnoma varna. Par sta in ona je moja sestra. Zelo draga mi sestra, me razumeš?«

»Razumem,« je rekel. »Kdaj gremo? Pripraviti moram voz, ki ju bo odpeljal v bližino taborišča ob reki.«

»Prosim,« je rekla Julijana, »daj mi dve noči z njima, v ponedeljek bosta tvoja. Bo ponedeljek v redu?«

»Bo,« je rekel deček z nagubanimi temnimi obrvmi, »uredil bom tako, da bo. Povejte mi: Kako se bosta odzvala, če bom pred njunimi očmi ukradel čoln?«

»Verjetno bosta to sprejela kot nujno stvar, a brez nasilja, prosim.«

»Velja,« je rekel deček in upal, da bo res tako. Za vsak slučaj je za hrbtom držal figo, če bi kaj šlo narobe. Nato sta se zmenila, da se v ponedeljek ob 14.30 dobijo za bližnjim drevesom, ki sta ga oba videla s svojega mesta na tržnici. Za vse ostalo bo poskrbel on.

Julijana, ki se je napol tresla in napol smejala, je hitro odšla. K sebi je stiskala sestavine za omleto. Jutri bo nabrala druge, da bo pripravila hrano za svoja draga gosta, ki ju bo poslala v nevarnost; tako nepredstavljivo, da je ni razumela niti sama. Zdaj se ji je zdelo nujno, da bo doma vse lepo. Ni želela, da bi Hansi posumil, da se v ozadju njunega življenja srečnega in lojalnega nemškega para dogaja kaj neobičajnega.

Preostanek dneva je minil v veselem vzdušju in rahli paniki Julijane, ki je ves čas razmišljala o vsem, kar bi lahko šlo narobe, med drugim tudi o tem, da Mojce in Vida sploh še ni prosila, naj prevzameta to nalogo. Da bi si pomirila živce, je Julijana olupila nekaj jabolk za pito in narezala zelje, da bi se malce navzelo kisa in kumine, ter mu dodala še nekaj jabolk. Domnevala je, da bosta bolj pripravljena privoliti v njeno nevarno zahtevo, če bo hrana dobra. Verjetno zadnjih nekaj mesecev nista dobro jedla, ker so hrano najprej vzeli za vojake, kar je ostalo, pa je bilo na voljo civilistom. Ljudje so se množično pritoževali, a tudi topla oblačila in škornje so razdeljevali na enak način. Njeni sestri in Vidu se je zdelo, da živita s Hansijem razkošen življenjski slog.

Naslednji dan je Julijana opravila nakupe za obroke, ki jih je načrtovala za svoje goste in družino. Pomislila je, kako prijetno bi se počutila, če bi bilo kot običajno in se njena gosta ne bi odpravljala na nevarno nalogo, ki ju je pripravila zanju. Znova je pomislila, kako grozne so te okoliščine in kako nikoli več ne bo sproščena, dokler te grozne vojne ne bo konec. Za trenutek je pomislila, kako preproste so bile njene otroške skrbi in kako so bile rešitve na dosegu roke ter kako srečna je, da je Peter njen sin.

Nato si je z lic obrisala nekaj solz, ko se je spomnila na mamino podporo, in se še trdneje odločila, da bo uresničila svoj cilj in pomagala ljudem, ujetim v Hitlerjevi norosti. Ta pobeg jim bo nekako uspel. Hansi morda ni vedel, česa je sposobna, a ona je vedela in je verjela vase.

Vid in Mojca sta prispela z zgodbami o počasnih vlakih in postajališčih, na katerih sta morala vedno znova kazati svoje osebne dokumente ter navajati razlog potovanja. Nihče jima ni poskušal preprečiti nadaljevanja poti, saj sta bila videti kot mlada zaljubljenca na družinskem potovanju, preden se bo on kot tuji simpatizer pridružil nacističnim silam. To je bila zgodba, ki sta jo vadila. Očitno je bila dovolj dobra.

V Julijanini kuhinji z visečimi klobasami, fermentirajočo solato iz kislega zelja in majoneze ter ohlajajočo se jabolčno pito sta bila tako navdušena nad obiljem in njeno radodarnostjo, da so bile skrbi in neprijetnosti malenkost. Preden ju je Julijana prepričala, naj si pred kosilom privoščita še nekaj sladkega nemškega belega vina, sta celo spila skodelico prave kave. Kmalu bo priložnost za veliko veselje. Nato jima je Julijana, malo pred Hansijevim prihodom in ko je bil Peter še na srečanju Hitlerjeve mladine, povedala celotno zgodbo.

Razložila je, kako je Hansi prišel do te hiše, komu je v resnici pripadala in zakaj jo tako skrbi za to družino. Ko sta Mojca in Vid imela največ sočutja do te družine, je šla še korak dlje in razložila, da ve, kje jih zadržujejo, in da jim grozi nevarnost. Tudi zdaj je njeno sestro in Vida zelo zaskrbelo in vprašala sta celo, ali lahko kako pomagata.

Po tej, morda površni pripombi ni mogla več zadržati prošnje za pomoč in jima je povedala za Abrahama in za to, da potrebuje veslača. Nato jima je naštela vse možne razloge, zakaj bi morala zavrniti to prošnjo. Opisala je tudi številne nevarnosti, ki si jih je lahko predstavljala, in pretiravala z vsemi možnostmi, da bi jih tudi onadva videla. Razložila je, da ne more za tako dolgo oditi od Hansija, da bi z vlakom popoldne šla do tistega kraja, kamor je pravzaprav želela, da gresta s fantom.

Prva je spregovorila Mojca. »Večino svojega življenja sem preživela ob Blejskem jezeru in imela sem čudovito življenje. Rada imam čolne in vodo, še najbolj pa veslanje in gladke potege mišic in rok. Ta naloga je bila ustvarjena zame. Kdaj gremo?«

Julijana je od sramu in zadrege rekla: »Zdaj se moramo nehati pogovarjati o tem, saj bosta Hansi in Peter kmalu doma. V ponedeljek popoldne vaju bom odpeljala na srečanje z Abrahamom. Na voljo bo imel voz za pot in vedel bo več podrobnosti. Pozna gozd in reko ter bo vajin vodnik.«

Nato so se potrudili, da so bili znova prešerno razpoloženi, da Hansi in Peter ne bi izvedela za to, kar se bo kmalu odvilo. Vida je malce skrbelo, saj se je bal vsega, kar je predstavljalo grožnjo Mojci, ona pa je bila navdušena, saj je minilo že sedem let, odkar je bila njena moč za kaj potrebna. Želela si je priložnosti za boj proti nacistom.

21

POGLAVJE: PLUJ, PLUJ, LADJICA IN VSI BODITE TIHO

Za Julijano je ponedeljkovo popoldne prišlo prekmalu. Vedela je, da morda nikoli več ne bo videla sestre in Vida. Prav tako se je bala, da se razlog za to morda ne skriva le v njuni odločitvi, da se preselita v Avstralijo, ampak v nevarnosti, v katero ju je spravila, ko je poskušala rešiti neznano družino. Vse dopoldne so se ji tresle roke, medtem ko je pripravljala zajtrk in obrok za njun »povratek z vlakom«. Pred Hansijem in Petrom je morala to tresenje skrbno skrivati; rešilo jo je le to, da je šel Peter prej v šolo, Hansi pa v atelje na sestanek. Dokler nista zapustila stanovanja, ji je uspelo ostati zbrana.

Zdaj je ta strašljivi čas preživljala tako, da je eno nogo postavljala pred drugo. Prepričevala se je, da mora opraviti vse, kar zahtevajo naslednji koraki. Dan je bil svetel in jasen, v zraku je bilo čutiti nekaj svežine. Donava jo je s svojo vlago spremenila v hlad, čeprav so se sprva oddaljili od reke in se ji znova približali, ko so bili bližje izviru in šli skozi gozd. Ugotovila je, da upa, da Abrahama ne bo in bodo Hansiju preprosto rekli, da bo obisk trajal malo dlje. Tako bi Vid in Mojca ostala pri njej, čeprav bi bila družina v taborišču pogubljena. Komaj se je obvladovala, saj se je tako bala za ljubo sestro.

Bilo je kot stiska pred prihajajočo, a nujno potrebno visoko tvegano operacijo, strahovitim, a hkrati pričakovanim trenutkom, ko bo morala spustiti sestrino roko. Raziti sta se morali hitro, da bi kar najmanj meščanov opazilo Julijanino sodelovanje s temi »tujci«. A ste se morali objeti. »Ne skrbi,« je zašepetala Mojca, »vesela sva, da lahko pomagava.« Nato je izrekla stavek, ki je za dobro katoliško dekle prepovedan in ki mu je sledilo ime »Adolf Hitler«.

Julijana se je ob tej ločitvi smejala in jokala, medtem ko se je skušala neopazno vrniti v svoje stanovanje. Tudi Abraham se je trudil hvaležno posloviti od nje, a je odšla, še preden bi si premislila in odpovedala odpravo. Brez ljube ji sestre se je zdelo stanovanje nocoj zelo tiho. Kljub temu se je po najboljših močeh osredotočila na pripravo okusnega obroka iz preostale hrane. Hansi ne sme postati sumničav, kar zadeva njena dejanja ali zvestobo.

Majhna karavana se je odpravila proti gozdu. Starejši lesen voz z zibajočimi se zarjavelimi kolesi s kovinskimi obrobami, simpatičen mlad par s svetlimi lasmi in nekoliko temnejši mladenič, slabo oblečen, niso vzbujali veliko pozornosti. Če bi bilo potrebno, so nameravali uporabiti zgodbo o tem, da sta kljub vojni na medenih tednih, ker ona pričakuje otroka in ker delata, kar je prav, preden se on pridruži Hitlerjevim silam. Zdela se je verjetna. Tega dečka sta spoznala včeraj, ko jima ga je predstavila sestrična in jima njegove storitve podarila za poročno darilo, da si bosta lahko ogledala še večji del Donave.

Seveda bi bila zelo presenečena, če bi jima povedali, da se odpravljata na morda zelo nevarno območje, saj sta si želela ogledati le nekaj divjih rož in se morda zapeljati s čolnom. Vztrajala bi, da se ne bosta dolgo zadržala in se po poti ne bosta družila z nikomer. Tako se je njuna pustolovščina nadaljevala nedaleč od železniških tirov, ki so vodili do taborišča smrti na obrobju Linza. To je bilo taborišče, v katerega Julijani niso dovolili priti, saj ni imela dovoljenja za obisk. Vse okrog njih je bil gozd, ob njem pa je tekla reka, a se jim je pogosto zdelo, da jih nekdo opazuje.

Po nekaj urah, v katerih se ni zgodilo nič pomembnega in v katerih so bili zaradi mirne okolice res manj pozorni, so zavili in presenečeni na poti zagledali več nacističnih častnikov. Ukazali so jim, naj se ustavijo in pokažejo dokumente.

Vid je začel odgovarjati vojakom in ostal enako miren, kot je bil, ko so vadili, kaj jim bodo govorili. Predstavil je svojo ženo in pojasnil, kdo je njun mladi vodnik. Na koncu je dejal, da je to le enodnevni izlet, po katerem se morajo vrniti na Dunaj, kjer se bo pridružil vojakom. Zvenelo je dovolj verodostojno, saj ni bil rojen ne v Nemčiji ne na Dunaju, kar bi pomenilo, da bi ga že zdavnaj vpoklicali v vojsko. Po nekaj mučnih minutah so jim dovolili nadaljevati pot, vendar so jih opozorili, naj se ne pogovarjajo z nikomer in naj nikakor ne ponujajo prevoza skozi gozd nobenemu tujcu. Ko jih niso mogli več slišati, je Vid pripomnil: »Še dobro, da iščemo čoln!«

»Kako pa je s čolnom?« je Vid zdaj vprašal Abrahama. »Kdaj in kje bomo prišli do reke?«

Abraham je bil videti samozavesten, svojega spraševalca je gledal neposredno v oči. »Nekaj minut od tod je vasica. Z razgledne točke je mogoče videti reko. Pretekla leta so družine sem hodile na piknike in nabirat dišeče zelenje ter storže, ki so jih odnesle domov. Točka je postala tako priljubljena, da si je več družin zgradilo hišice, da bi lahko spale ob reki. Nato so pripeljali še čolne in mize, da so lahko bolj ali manj živeli na prostem.

»Moj oče pravi, da se to vedno zgodi: Ko si začnejo ljudje lastiti kraj, ki so ga nekoč obiskovali, ta kraj ni več tako zanimiv. Nekaj let za tem, ko so postavili hišice, jih niso več prav pogosto uporabljali. Zdaj, ko divja vojna, so nekatere videti popolnoma zapuščene. To pomeni, da so zapuščeni tudi čolni. Prepričan sem, da si bosta lahko kar izbrala svojega.«

Po teh besedah so se začeli premikali hitreje, saj so vsi želeli priti k reki in opraviti z nalogo. Kot je napovedal Abraham, so čez nekaj minut prispeli do majhne enklave hišic. Stale so skupaj, bile so lesene in v oknice so imele vrezane vzorce. Vsaka od njih je imela kamnit dimnik. A nobena ni bila videti sveže pobarvana ali naseljena. Pravzaprav so dajale vtis, da bi lahko njihove strehe puščale in da bi lahko morda v njih prebivala gozdna bitja.

»Če so čolni tako dotrajani,« je rekel Vid, »se sprašujem, ali bodo sploh ostali na vodi.« Spogledali so se z dvignjenimi obrvmi. Nihče ni spregovoril.

Končno je Mojca rekla: »Poglejmo in upajmo na najboljše.«

Že ob prvem ogledu območja je bilo jasno, da so hišice majhne. Morda so imele eno ali dve spalnici, otroci so verjetno spali skupaj na preprogah v glavnem prostoru. Če so bile hišice majhne, so bili majčkeni tudi čolni. Ni si bilo mogoče predstavljati, da bi se skupina v njih odpravila na potep. Niso bili kot pletne. Mož in sin ali dva so se lahko z enim odpravili na ribolov, če pa so na ribolov hoteli tudi drugi, so se morali izmenjati. Lesena trupa prvih dveh najdenih čolnov sta bila polna vode. Ta voda bi morala odteči iz čolnov ali, bolje rečeno, čolne bi morali postaviti na kamne, obrnjene navzdol, da se v njih ne bi nabirala voda. Kdor koli je bil odgovoren za ta čolna, je z njima ravnal malomarno in posledica je bila gniloba, zaradi katere ne bosta mogla ničesar več držati nad vodo, ker ne bosta nikoli več plula.

Tretji čoln je bil postavljen na bloke, obrnjen, da se v njem ni nabirala voda, in celo pokrit s ponjavo. A ko sta ga Mojca in Vid obrnila na desni bok, sta ugotovila, da pod njim živi velika kača. Mojca ni nikoli marala kač, še posebej, ko ni pričakovala, da bo na katero naletela. Komaj se je zadržala, da ni zakričala in spustila svoje strani čolna. Na srečo je bil v bližini Abraham. Videl je, da je kača neškodljiva, in jo vodil stran. Nato so se želeli prepričali, da je čoln res tako trden, kot je videti, in vanj poskušali naredili nekaj lukenj. Vzdržal je preizkus. A naenkrat so se lahko peljale največ štiri osebe, zato so se odločili, da bosta do družine šla samo Vid in Mojca. Imeli so še eno dilemo: Kdo bo veslal?

22

POGLAVJE: DELI IN VLADAJ ALI PA VSAJ OSTANI NA VARNEM

K o so izbrane čolne približali kraju ob reki, ki je bil dovolj blizu taborišča, da so imeli dostop do njega, niso pa jih mogli videti stražarji, so nadaljevali pogovor o tem, kako bi prepeljali več kot štiri potnike. Niso jih mogli, torej je bilo treba spremeniti načrt. Nazadnje so se dogovorili, da bodo na zbirno mesto odšli vsi trije, Mojca, Vid in Abraham. Ko se jim bo pridružila tričlanska družina, pa jih bo samo Mojca odpeljala s čolnom. Bila je logična izbira, saj je tehtala najmanj in bila močna veslačica.

Abraham in Vid sta bila hvaležna, da je bil mesec julij, saj sta nameravala plavati ob tisti strani čolna, ki bo najdlje stran od stražarjev in kjer bosta najmanj vidna. Ko se bodo vrnili, jih bo Mojca vse spravila v voz. Če se bosta fanta med plavanjem utrudila, se bosta lahko nekaj časa držala čolna, da ju bo vlekla. Takšen je bil načrt, če bo vse v redu. Rezervnega načrta niso imeli. Moralo je delovati, druge možnosti ni bilo.

Čoln so raztovorili tam, kjer so nameravali izpluti, nato pa voz odpeljali nekaj metrov nazaj ter starega konja privezali v grmovje, da ga ni bilo videti. Abraham je nato dejal, da bi morda moral pojasniti več: »Mauthausen v resnici ni taborišče, ampak ogromna trdnjava iz kamna, res neprebojna. Moja teta in stric ter njun sinček so pravzaprav služabniki v stražnici in začasno nastanjeni na tem delu otoka. Mauthausen se nahaja v središču kamnoloma granita malo naprej. Želel sem, da jih hitro rešimo, preden se njihov status spremeni.«

»Od vsakega zapornika se pričakuje, da bo delal na različnih ravneh, dokler ni kaznovan. Vsi kaznovani zaporniki, moški ali ženske, so nato prisiljeni nositi granitne skale, tako velike, da presegajo človeške zmogljivosti. Kazen ni odvisna od odlik posameznika, temveč od tega, ali kamnolom potrebuje več ali manj pomoči. Zaporniki trpijo in živijo v nenehnih bolečinah. Če zaradi izčrpanosti padejo, jih ubijejo. Na stotine teh ubogih ljudi si vzame življenje s skokom z najvišjih pečin kamnoloma, ko so bolečine prevelike. Kruti pazniki to posmehljivo imenujejo »letenje s padalom«.

Te informacije so nevedna Vida in Mojco zgrozile in vsi trije so se naglo odpravili nazaj do svoje »jahte«, kot so se šalili. Čeprav jim po takšnem opisu Mauthausna v resnici ni bilo več do šale. Po Abrahamovih navodilih so se odpravili vzdolž reke do kraja srečanja z njegovo družino.

Prva težava je nastala, ker je bila družina preveč prestrašena, da bi pogledala iz skrivališča, dokler ni Abraham očeta poklical po imenu. Po nekaj prijazni klicih po »stricu Savlu« je družina prišla izza skale in starega štora, kjer so že nekaj časa čakali pokriti z mahom in umazanijo. Menili so, da bo vonj po zemlji živali odvrnil od človeškega vonja, če bi stražarji ugotovili, da so izginili in jih začeli iskati s psi. S sebe so stresli prah in se hitro po vseh štirih splazili proti čolnu ter se pokrili s staro ponjavo. Zdaj ni bil čas, da bi jih skrbeli pajki. Zanje je tako ali tako poskrbela kača.

Ko Vida ni bilo več v čolnu, je bilo veslanje veliko težje, kot je Mojca pričakovala, čeprav tega ni želela priznati. Njegova teža ni bila nič v primerjavi z njegovo veslaško močjo. Še pred nekaj leti bi to zlahka zmogla, a mestno življenje je vplivalo na moč njenih rok. Uspelo ji je opraviti, kar se je od nje pričakovalo, a že zdaj so jo bolele mišice in na rokah so se ji naredili žulji. Celo rokavice, za katere je Julijana zahtevala, da si jih nadene, so bile zdaj luknjaste; čoln je bil raskav, težak in lesen, enaka pa so bila žal tudi vesla.

Ko so pluli po skrajnem robu reke in se trudili, da jih stražarji ne bi opazili, so v nizki vodi zašli v blato. Zadeli so ga dovolj močno, da so obtičali v njem. Vid in Abraham sta jih poskušala osvoboditi, a neuspešno. Bilo bi smešno, če posledice povzročanja hrupa in tega, da jih opazijo, ne bi bile tako hude. Nazadnje se je družina izkrcala tako, da je stala do gležnjev v blatu, Vid in Mojca pa sta potiskala čoln in ga poskušala osvoboditi zemlje. Ko so varno obšli to štrlino, se je družina vrnila na čoln in pot se je nadaljevala.

Kmalu pa je znova sledil preplah. Tokrat je bil to taborni ogenj, okrog katerega so stali nacistični stražarji. Očitno so nočni stražarji, ki so bili tako daleč od glavnega kompleksa, ostali budni tako, da so se zbrali na enem mestu in si podajali steklenico. Če bi jih nadrejeni videli, bi bili za to nedolžno ravnanje kaznovani, vendar so bili v tem trenutku odgovorni le sami sebi. To je bila sreča za pobegle, a pod pogojem, da nihče od njih ne bo pogledal proti temni strani reke. Če bi jih opazil samo en stražar, bi se vsi podali na lov ali streljali. Zlahka so si predstavljali, kakšna bi bila kazen; vedeli so, da pobeg ni obravnavan milo.

Razdalja do kraja pristanka se je zdela daljša od prejšnje poti do mesta srečanja, vendar je bilo to verjetno posledica dodatnega fizičnega napora in časa, ki so ga izgubili v blatu. Kraj, kjer so nameravali pristati, je bil zdaj že viden v lunini svetlobi in tega dela njihove poti je bilo konec. Mukoma so se spravili iz vode, ženski in otrok pa so se šli posušit na voz. Dali so jim nekaj brisač in malo hrane, moška in Abraham pa so čoln odnesli na skriti del ob najbližji hišici, da je bilo videti, kot da že mesece leži v listju. Nobene potrebe ni bilo po tem, da bi za seboj pustili dokaze o tem izletu. Ubežniki so se najedli in se namestili na voz, Vid pa je s konjem odpeljal v smer, ki jo je pokazal Abraham. Mojca je nekaj časa poskušala zaspati, a preden se je lahko do konca odpočila, je bilo treba voz vrniti lastniku v bližini Linza. Naprej so vsi morali peš.

Ko je bila družina v gozdu in očitno svobodna, so začeli pripovedovati o svoji preizkušnji. Odvlekli so jih iz njihovega doma, iz postelj, in to prav tisto noč, ko so razdejali sinagogo. Z zavezanimi očmi so jih odpeljali v vagonu, ne da bi pri tem sploh pomislili na njihovo udobje. Nič jim niso povedali in komaj so se ustavili za stranišče. Končno so prispeli do stare vratarnice, ki je postala njihov prvi dom. Bili so daleč od mesta in ločeni. V eni hiši so bili otroci, v drugi ženske in v tretji je bil mož z moškimi. Dva tedna se niso videli, in še ko so se, je bilo to na daleč.

Takrat jih je začel Abraham opazovati iz gozda. Z velikim olajšanjem je ugotovil, da jih še niso odpeljali v kamnolom. Bil je del judovske odporniške skupine, ki na rokah ni želela nositi zvezd ali trakov. Že zelo zgodaj so se odločili, da bodo zapustili svoje domove, vendar niso mogli oditi iz države, zato so se začeli skrivati po gozdovih, kjer so se kmalu srečali in ustanovili nekakšno organizacijo. Odločili so se, da bodo hrano iskali v gozdu in skupaj gradili zavetišča. Po potrebi so hrano kradli, najpogosteje pa so vzeli nazaj stvari, ki so bile njihove ali last njihovih ugrabljenih prijateljev. Tako so preživeli in opazovali. Ko so lahko, so navezali stike s svojimi zaprtimi družinami in prijatelji.

Abraham si je zadal nalogo, da reši svojo teto, strica in bratranca. To jim je pravkar uspelo. Najprej je morala družina znotraj taborišča dobiti delo, pri katerem so bili del vsakega dneva blizu drug drugemu. Drugi so jim z veseljem dovolili, da so zbirali smeti po vseh domovih in jih nosili v jamo v gozdu, stran od reke. Območje, na katerem so se nahajali, je bilo na velikem otoku na reki. Rešiti jih je bilo treba, preden bi jih odpeljali v grozljivi kamnolom, kjer se lomijo kosti.

Prej so smeti s tega območja metali v Donavo, a »umazanijo teh ljudi je treba zakopati«, je bil citat tukajšnjega stražarja, ki je postal zakon. Kakor koli že, družina je svoje dolžnosti izkoristila, da se je ponovno združila. Abraham je zanje poiskal pot skozi gozd do kraja, kjer bi jih lahko pobral ob reki. Že kdaj prej je poskusil s pobegom, a tokrat ga je prvič koordiniral s čolnom. Obrestovalo se mu je, saj se je tričlanska družina pridružila skupini v gozdu. Za vsakega od članov so našli celo topla oblačila, zavita v vrečke. Tudi Mojca in Vid sta se vrnila do svojih skritih torb in se naslednje jutro odpravila na vlak. Videti sta bila zanemarjena, a v teh težkih časih nista bila edina, ki sta kazala posledice vojne.

Julijano je tri dni skrbelo za sestrino varnost in lokacijo. Nato je prejela telegram, v katerem se je Mojca družini zahvalila za čudovit obisk in jim sporočila, da zdaj nadaljujeta s svojimi načrti. Hansi ni mogel razumeti, zakaj ji je tako odleglo, zato je dejal, »da se med vojno vsega boji«.

Dva meseca pozneje je na tržnici slišala grozljivo zgodbo. Očitno so zjutraj v Donavi našli truplo mladega fanta, ki je pomagal enemu od prodajalcev. Na tilniku je imel luknjo od krogle. Razširila se je zgodba, da je redno hodil ob reki in se trudil rešiti judovske zapornike. Ujeli so ga. Njegov čoln se je prejšnjo noč prevrnil, skupina paznikov pa je njega, nekaj ubežnikov in njihov čoln uporabila za vajo streljanja v tarče. Šepetalo se je, da je to velika sramota; fant ne bi smel biti tako neumen, da ni upošteval pravil.

23

POGLAVJE: KJE SO VSI OTROCI?

Ko je izbruhnila vojna, sta bili Rositha in Vilma v Londonu, Hansi, Julijana in Peter so se z Dunaja preselili v Linz, kjer so upali, da bodo na varnem in bodo lahko bolj pomagali Reichu, Mojca in Vid pa sta dokončno oblikovala svoje načrte. Vid je spoznal več Slovencev, ki so se naselili v Avstraliji kmalu po drugi svetovni vojni, in se spoprijateljil z njimi. Izbira je bila logična, saj je bila Avstralija zaradi svoje lege varna pred bombnimi napadi. Dejstvo, da gre za angleško govorečo državo, Slovencev ni odvrnilo, saj so se je mnogi naučili s pomočjo ameriških filmov in glasbe, tako da jim je ustrezala, hkrati pa so menili, da so Angleži pošteni ljudje. Na izseljevanje v Avstralijo pa je najbolj vplivalo dejstvo, da so Združene države Amerike leta 1920 uvedle kvote za priseljevanje. Avstralija je bila še vedno pripravljena sprejeti vse, mnogi pa so se tudi bali, da bi jim lahko dolgotrajno čakanje na sprejem v ZDA doma povzročilo še več težav.

Vid je kupil ladijsko vozovnico in se zavezal, da bo v Avstraliji delal kot delavec v gradbeništvu. Gradnja hiš je bila zaradi velikega priliva evropskih državljanov, ki so iskali kraj za življenje daleč stran od vojne, v razcvetu. Kmalu bo v Avstraliji živelo veliko Slovencev, ki bodo pogrešali dom, a se bodo tam počutili varne. Te enklave so po koncu druge svetovne vojne še narasle, saj so Jugoslovani bežali pred komunizmom v svoji državi.

Ko sta Vid in Mojca prispela v Avstralijo, je Vid želel, da se poročita, a Mojca se je zdaj imela za boemko in je rekla, da želi, da živita kot mož in žena, a brez cerkveno potrjene zaveze. Srce jo je še vedno bolelo zaradi sramotnega načina, kako je župnik na Bledu ravnal z njeno sestro, zato teh moških ni želela postavljati na piedestal ali se jim klanjati. Dejala je: »Za svoj denar bova trdo delala in pomagala tistim, v katere verjameva in za katere nama je mar, za to pa ne potrebujem Cerkve, ki bo odločala, kdo bo kaj dobil in koliko mora obdržati za svoj trud.«

Vid, ki jo je ljubil, je sprejel njene pogoje in živela sta življenje, v katerem sta bila predana drug drugemu in svojim prihodnjim otrokom. Nikoli si nista očitala, da bi se morala Cerkvi oddolžiti za svoje odločitve. Bila sta pionirja v veliki in prostrani deželi in svojo domovino sta znova obiskala šele, ko sta bila komunizem in vladavina Tita že zgodovina. Na obupano prošnjo Julijane je Mojca Vida prosila, da potovanje preložita za nekaj tednov. Vid je, kot vedno, ugodil njeni želji.

Ko je Hitler prevzel nadzor nad Avstrijo, si je med številnimi manjšimi državami, ki jih je želel narediti za svoje ozemlje, izbral tudi Kraljevino Jugoslavijo. A Jugoslavija se je že na začetku vojne razglasila za nevtralno in pripadniki kraljeve vojske so preprosto morali zaščititi meje svoje države in kralja. Peter I. je umrl leta 1921, nasledil pa ga je Aleksander I., ki je bil umorjen na srečanju v Parizu. Ker je bil Aleksandrov sin Peter II. tako mlad, je bil njegov bratranec Pavel imenovan za princa regenta, ki je služil kot kralj in se ukvarjal z Rajhom. Prav on je storil usodno napako.

Številni državljani Jugoslavije so bili še vedno jezni, ker jim je bila ob koncu prve svetovne vojne vsiljena srbska monarhija. Ko se je bližala druga svetovna vojna, so se pojavile odporniške skupine proti monarhiji, ki so si nadele ime »partizani«. Ker je Pavel »prijateljeval« z Rajhom, so bili partizani vedno bolj prepričani, da se ne bo boril proti nacistom, zato se je njihovo nasprotovanje »rojalistom« le še krepilo. Nepartizane so imeli za izdajalce. Druga svetovna vojna se je nadaljevala in Rusi so zapustili sile osi ter se pridružili zaveznikom. To je pripomoglo k navezavi stikov s partizani, ki so tako pridobili moč in podporo komunističnih Rusov. Tito, avstrijski komunist, je prevzel vodenje partizanov in skupini dodal smrtonosno organizacijsko komponento. Partizanom je ukazal, naj izvajajo varnostne ukrepe in ustanovijo vrhovno poveljstvo s partizanskimi štabi v vsaki pokrajini. Na osvobojenih območjih so obstajali tudi »narodnoosvobodilni odbori«, ki so dodatno okrepili njihovo varnostno delo.

Partizani so se torej uprli Rajhu in zavezniki so jih pri tem podprli. To je pomenilo, da so v mejah Jugoslavije po gozdovih tekali ljudje, ki so upali, da bodo ubili izdajalce, ki so se pridružili Nemcem. A ker so bili komunisti, so sovražnike našli tudi v Cerkvi. Nasprotovali so tudi kraljevi vojski in želeli umoriti vse, ki so podpirali hierarhično razmišljanje. Prezirali so idejo nakopičenega bogastva, ki jo je predstavljala kraljeva vojska. Vse, ki se niso hoteli boriti proti nacistom, kot so se borili oni, so označili za strahopetce. Ko se je v kraljevini začela druga svetovna vojna, je v resnici šlo za državljansko vojno. Brat se je dobesedno boril proti bratu, saj so partizani/komunisti in pripadniki kraljeve vojske pogosto odraščali v istih gospodinjstvih.

Med vojno v Kraljevini Jugoslaviji ni bilo več nobene Lovrenčeve ženske, razen žene Andreja ml., Marice, v Beogradu. Vse njegove sestre so odšle, mama pa je pravkar umrla. Brat Ivan se je nameraval kmalu poročiti, a je ostajal na kmetiji. Ker je bil zaradi poškodbe glave na železnici invalid, se v tej vojni ni smel postaviti na nobeno stran in nobena vojska ga ni želela vpoklicati. Pomagal je očetu in po potrebi veslal na pletni. Večino večerov je bilo treba nahraniti le dvoje ust, zato za preživetje ni bilo potrebnega veliko napora. Žal je bila tudi kakovostno njunega življenja nizka. A v okoliščinah, kakršne so bile, se nista pritoževala in vesela sta bila medsebojne družbe.

Andrej ml. je bil v trenutni situaciji v največji nevarnosti. Ker je bil vzgojen kot pobožen katoličan, ni mogel niti razmišljati o možnosti, da bi postal komunistični partizan. Številni prijatelji so ga poskušali prepričati, da se je treba nacistom upreti, da je Hitler norec in na smrt ne obsoja le Judov, temveč tudi vse, ki mu nasprotujejo. Hitler se je na primer odločil, da cigani na podeželju niso čiste krvi, zato je treba tudi njih zapreti v taborišča. Andrej pa je sledil ukazom krone, da mora ostati nevtralen, in ni razumel, kako bi ga to lahko odvezalo dolžnosti pripadnika kraljeve vojske. Bil je neomajen, tudi ko je doživel napad partizanov, ki so ga skoraj ubili.

S svojimi možmi je pregledoval eno od jugoslovanskih meja. Namen njihove misije je bil paziti, da države z nobene strani ne napadejo sovražniki. Izvidnik iz Andrejeve skupine je kakšen kilometer pred njimi na gozdni poti odkril taborni ogenj. Ker so vedeli, da so pred njimi partizani, so imeli veliko prednost. Malce so se umaknili, da bi se prerazporedili, nato pa so se pognali naprej, da bi premagali sovražnika. Ti gozdni napadi so bili pomemben del državljanske vojne.

Kraljevi možje so se držali tesno skupaj, a v formaciji, ki jim je omogočala, da se v zadnjem trenutku ločijo in takoj uporabijo orožje, nato pa obkolijo sovražnika. Skupina se je z naraščajočim adrenalinom odpravila po poti proti ognju. Nenadoma so z vseh strani zaslišali »hop« in nato vzklik: »Smrt izdajalcem!« Z vseh strani so nanje streljali možje, ki so se skrivali med drevesi. Znašli so se v kupu krvi in kosti.

Iz prepletenega, izmučenega kupa teles so se razlegali glasni zvoki stokanja in ostri kriki bolečine. Odkar je streljanje prenehalo, je skupina ležala v popolni, lepljivi temi. Dva moška sta se, kot bi bila premazana z mastjo, izmuznila iz gmote mrtvih in umirajočih ter izginila v globoki podrasti točno takrat, ko so partizani prišli do poti s svojega strelskega pohoda v gozdu. Eden je skoraj stopil na plazeče se ubežnike.

Ubežnika sta bila dva. Eden od njiju je bil tudi Andrej. Zaradi ran drugih vojakov je bil ves prekrit s krvjo. Oplazili sta ga dve krogli, a je bil kljub temu nepoškodovan in je svojega soborca odpeljal na varno, da bi mu povezal rane. Nekaj ur sta počivala. Ko sta se prepričala, da ni preživel nihče drug iz njune skupine in da ni treba nikomur drugemu pomagati ter da so partizani odšli v nasprotno smer, sta se vrnila v barake, kjer sta za evidenco poročala o še eni partizanski zvijači.

Andrej je pomislil: »Če je videti prelahko, je verjetno past. To si moram zapomniti. Ti partizani so odraščali v gozdovih, tako kot večina nas. Poznajo poti, vedo, kje so vzponi prestrmi in kje so zapuščene stavbe, ki so primerne za skrivanje. Prav tako vedo, kdaj je slabo, če se vidi ogenj. Če jih ne bom imel za norce, se ne bodo mogli norčevati iz mene.«

24

POGLAVJE: ANDREJ IN VAROVANJE NJEGOVEGA DOMA

Ž ivljenje se je nadaljevalo tudi sredi vojne. Ob vseh nepopisnih grozotah, smrti in tragedijah v koncentracijskih taboriščih so se otroci še naprej rojevali, čeprav stopnja njihovega preživetja ni bila dobra. Na drugih vojnih območjih so vojaki pomagali pri spočetju otrok, kjer koli so bili nameščeni. Veliko ljudi se je zaljubilo, dramatično ozadje pa je ljubezen še okrepilo. Če dekle fanta spozna v mirnem času, si običajno vzameta čas, da romanca zori. S spolnostjo se odlaša, da se ohrani zanimanje moškega ali zato, ker vrednote ne dopuščajo takšnega vedenja zunaj zakonske zveze; vsaj v tem obdobju ne. V normalnih časih so obstajali tudi tradicionalni rituali, kot je spoznavanje družine in prijateljev ljubljene osebe. In čeprav so si moški vedno želeli osvajati ženske, nobena stran ni želela hiteti, še posebej, če si je predstavljala resno skupno prihodnost.

A če se dva človeka zaljubita med vojno, se čuti brezmejna želja, da ne ostaneš brez ljubljene osebe. Razmerje ne sme razpasti samo zato, ker mora vojak upoštevati ukaz za premik. Moški so lahko za ljubezen prosili s starim klišejem: »Morda me jutri ne bo več!« Ženske so težko odvrnile, da to ni mogoče. Veliko razmerij se je v letih vojne zgodilo na hitro, tudi če je ljubljeni sodil v vojsko nasprotne države. Takšna je narava potrebe in privlačnosti.

Andrej je svojo svežo nevesto videval pogosto, saj je bil pripadnik kraljeve vojske, pogosto je bil pri njej doma ali v njeni bližini, živela je namreč na robu Beograda. Skupaj sta preživela veliko srečnih noči, čeprav je le s težavo brzdal svoje strahove glede »divje vojne«, v katero se je vračal vsakič, ko je moral oditi na obhod. Ni omenjal podtaknjenih min in nenehne jeze partizanov, ki so prežali na podeželju. Kot pripadnik kraljeve vojske se je moral boriti proti svojim nekdanjim prijateljem in sosedom, ki so želeli Jugoslavijo pod komunističnim vodstvom, ter proti vsem tujim sovražnikom, ki so poskušali omajati njeno nevtralnost. Vpliv, ki ga je imela na partizane komunistična partija prek Rdeče ali ruske armade, je bil tako notranji kot zunanji problem. Za človeka, ki je ljubil Boga in domovino, to ni bila prava pot. Župniki so s prižnic partizane obsojali na smrt, kar je človeka, kot je bil Andrej, spravljalo v moralni precep. Prisegel je samo, da bo svojo državo poskušal varovati pred partizanskim vplivom, in storil, kar mu je ukazal kralj.

Upošteval je ukaze in molil, da ima njegov kralj prav. Da so bili kralj in župniki na isti strani, je za Andreja pomenilo le, da je kraljeva vojska pot, ki ji mora slediti. Ko je Marica leta 1939 zanosila, je bil Andrej presrečen. To je bila novica, ki jo je potreboval, da je ostal močan in zvest cilju, za katerega si je prizadeval. Številni prijatelji so govorili, da je »strahopetec«, ker se ne bori proti monarhiji, zato je moral verjeti, da so njegova dejanja v imenu države in kralja plemenita. Verjeti je moral, da so njegove odločitve pravilne in poštene. Kot dober katoličan je v otroku videl Božji dokaz, da ravna prav, ko je varuje domovino in kraljeve odločitve.

A ko se je leta 1940 rodila njegova deklica Valerija, mu za to, da jo spozna in jo ima rad, ni bilo odmerjenega veliko časa. Pomislil je na noč njenega rojstva, ki je bila zanj popolna: imel je ženo, hčerkico, ljubljenega psa in čas, da jih vse objame. A tok vojne se je spreminjal in Jugoslavija se je znašla ujeta v sredini. Kot da bi slutila, sta se starša ob vsaki priložnosti smejala in igrala z dojenčkom. Zdelo se je, da ji želi Andrej v nekaj mesecih zagotoviti za celo življenje ljubezni. Vedel je, da se stvari za njegove može slabšajo: vedno več zased je jemalo vedno več življenj. Več se jih je znašlo ujetih v krvavih strelskih spopadih z dobro preskrbljenimi partizani. Nato je kralj regent Pavel naredil strašno napako.

Pavel ni razumel, kakšno vrednost je njegov narod pripisoval nevtralnosti in kako naklonjen je Britancem in zaveznikom. Zagotovo je nanj pritiskal Adolf Hitler in mu morda obljubil nagrado za domnevni uspeh. 25. marca 1941 se je odločil podpisati trojni pakt, v katerem je pisalo, da je Jugoslavija »prijateljica nacistične Nemčije in njenih sil osi«. Jugoslovani so se svojemu regentu uprli.

V kraljestvu je prišlo do tako velikega upora proti Pavlu in temu, za kar se je zavzemal, da je to odprlo vrata državnemu udaru po navodilih probritanske skupine. Peter II., ki je pravkar dopolnil sedemnajst let, je bil 27. marca, dva dni po tem, ko je Pavel podpisal pakt, razglašen za kralja. Regentova straža je Petru II. salutirala kot suverenu, na tisoče državljanov zavezniških sil ter nekaj britanskih in francoskih vojakov pa je njemu v čast mahalo z zastavami. Številne organizacije so se ga razveselile in kazalo je, da se je politični val zaradi koraka proti zavezniškim silam prelil njemu v prid. Veselili so se tako partizani kot kraljeva vojska.

A Hitler je imel drugačne načrte in zaradi te spremembe je bil besen. Napad, ki ga je načrtoval, je odložil, 6. aprila 1941, deset dni po tem, ko je Peter II. postal kralj, je hkrati napadel Jugoslavijo in Grčijo. Luftwaffe je bombardirala Beograd, pri čemer je umrlo okrog 4.000 ljudi. Na ulicah so potekali spopadi, Nemci pa so v boju, s katerim so želeli zaščititi svojo domovino, zajeli na stotine ujetnikov. Partizani in kraljeva vojska so se skupaj borili proti tem silam, da bi jih pregnali nazaj v Nemčijo. Potem pa je kraljeva vojska nenadoma ostala brez kralja, ki bi jih vodil, saj so Nemci Petra II. prisilili, da je zapustil državo in do konca vojne »vladal iz izgnanstva«, z različnih lokacij ter ob podpori zaveznikov. V prvih dneh Petrovega izgnanstva se je njegova vojska borila samo zato, da je varovala svoje domove in se zavzemala za voljo ljudstva.

V tem nemirnem času so Andreja aretirali, mu kot vojnemu ujetniku nadeli okove in ga vrgli na zadnji sedež smrdljivega starega tovornjaka, ki so ga najverjetneje odpeljali s prašičje farme. Tovornjak ga je tri dni vozil po razritih cestah. Na barkah so prečkali vode in zavite, komaj dostopne gorske prehode. Občasno so mu ponudili vodo in mu dovolili na stranišče, jedel pa je le enkrat na dan.

Andrej je bil zdaj ujetnik nacistične Nemčije. Najhuje je bilo ponoči. Ko skozi ponjavo na tovornjaku ni prihajalo nič svetlobe, je razmišljal o Marici, otroku in celo svojem prijaznem psu. Kako ljubljen je bil njegov otrok in kako ljubeča je bila njegova žena in kako dobri so bili vsi posebni obroki, ki se jih je še vedno trudila pripravljati zanj, čeprav hrane ni bilo veliko. To je počela, ker je bil vojak in se je moral boriti za svojo državo in ker je bil njen najdražji mož, zdaj oče njune ljube deklice. Rekla je, da je kuhanje zanj njen del vojnega prizadevanja in ji omogoča, da mu nekaj da, ko je tako izčrpan. V glavi si je ponavljal: »Vrnil se bom k tebi, ljubezen moja, ker se je najino življenje šele začelo in morava biti skupaj zaradi ljube Valerije in da ji, če Bog da, podariva bratca. Boril se bom, da ostanem živ in zdrav zaradi obljube, da vaju bom znova objel. Na težki poti v zadnjem delu natrpanega tovornjaka je ostal trden, ne da bi vedel, kaj ga čaka ali kam gre. Zapomniti si je želel vsako grbino na poti, da bi lahko prepoznal pot nazaj in vedel, da je njegov srečni dan.

Ko je prispel v taborišče, je ugotovil, da je na Dunaju. Spraševal se je, kako daleč sta njegovi sestri. So Julijana, Peter in Hansi še vedno v mestu ali so jih spopadi prisilili, da so se preselili? Je Mojca še vedno tukaj? Od začetka vojne se niso slišali. Upal je, da so nekje na varnem, a hkrati ga je tolažila misel, da bo morda kdo od njih prišel mimo, če živijo tukaj. Kako zelo je hrepenel po dnevih, ko sta se z Mojco skrivala na pletnah in se smejala, ko je s svojo pištolo prestrašil vandale. Znova se je nasmehnil. Morda bo nekoč Valerijo popeljal na vožnjo s pletno; to bi bilo pravo darilo.

Ko so se vojaki nastanili v barakah, se je začelo grobo ravnanje z ujetniki. Nemški stražarji so se jim posmehovali, češ da je njihovo čaščenje kralja neumno, njihova nevtralnost in spoštovanje Judov pa še bolj. Edini Judje, ki jih je Andrej poznal, so imeli v Beogradu prijetno mesnico, v kateri so lahko pred začetkom vojne kupovali dobro meso. Nič ni vedel o njihovih težavah ali kako slabo so ravnali z njimi. Bil je katoličan in ni hotel škodovati bližnjemu. Gospod, Jezus Kristus, je bil Jud. Kako so jih lahko ti Nemci imeli za tako slabe? A želeli so informacije in hodili so za njim, saj so menili, da veliki reverji na njegovem plašču pomenijo, da nekaj ve. A pomenili so le, da sme nositi orožje, enako kot so ga zdaj v vojni smeli oni.

Njegove vojake je ponoči zeblo. Avstrijske zime so bile ostre, saj Avstrija leži pod Alpami. Prostori, v katerih so bili nastanjeni, pa niso bili namenjeni toliko ljudem, kot jih je bilo v njih. Morda bi bili na kakšen dan celo udobni, če bi vgradili enkrat ventilatorje in jim drugič dali odeje, a v trenutnih okoliščinah se je večino noči tresel, dokler ni zaspal. A Andreja je grelo srce. Mislil je na svojo ženo in hči. Ali Valerija že hodi in zna morda že reči mama? Bi se ga spomnila? Je Marici uspelo sporočiti njegovemu očetu in Ivanu, da so ga odpeljali? Je z njegovo družino v Sloveniji vse v redu?

Nič od tega ni mogel vedeti, a se je zaobljubil, da bo kos vsem vprašanjem in zlorabam, ki ga čakajo. Jedel je, kar so mu dali, četudi je v žitni kaši videl črve, mleko pa je bilo kislo. Potreboval je hrano in preživel bo! V njem je še vedno sijal dober človek, kakršen je bil od nekdaj. Ni se pritoževal, ni se prepiral, ni delal težav. Ob vsaki priložnosti je bil dober zgled svojim vojakom. Pokazal je strpnost, pokončno naravo in pogum. Vsakdo lahko zdrži nekaj težkih dni, da bo po koncu te strašne vojne svoboden. Vedel je, da se bo spet vrnil domov.

25

POGLAVJE: DOMOTOŽJE MED VOJNO

Rositha in Vilma nista računali, da bosta dom začeli pogrešati točno v tistem času, ko se bo Evropa pripravljala na vojno. Končno sta obe našli službo, varno mesto za življenje in prijatelje. Posebej Vilma je nenehno govorila o Sloveniji. »Se spomniš mamine marmelade iz gozdnih jagod?« je vprašala. »Ali kolačkov z marmelado, ki jih je vedno pripravljala v tem letnem času?« Ali pa: »Se ti ne zdi, da je sončni zahod na Blejskem jezeru nekaj najlepšega, kar si kdaj videla?«

Rositha je morala priznati, da je vse to res pogrešala, tudi mamo, ki je dekleti včasih kaznovala z leseno žlico, če sta bili predrzni ali sta želeli preskočiti opravila. Vilma in Rositha sta zato načrtovali pot domov za podaljšani konec tedna. Potovati sta nameravali le z nahrbtnikom, ker bosta tako lažje prestopali, pa še na carini ju ne bodo preveč pregledovali.

Seveda so bili vsi doma zelo veseli, da ju vidijo, nato pa so ju že prosili za pomoč pri opravilih, kar je bilo nekaj povsem običajnega. A takoj, ko je bilo mogoče, se je Vilma odpravila v vas. Izkazalo se je, da se je moški, ki je zdaj vodil pošto in zato ni bil vpoklican, še vedno zelo zanimal zanjo. Na poslovilnem zmenku, ko sta se dekleti pripravljali na vrnitev v London, sta si izpovedala ljubezen. Ime mu je bilo Sveto in spoznala sta se v šoli, a do nedavnega nista kazala zanimanja drug za drugega. Bil je čeden in v poznih najstniških letih je močno zrasel.

Ker je vedel, da ima čas le ta konec tedna, se je odločil, da bo Vilmi pokazal, kaj zares čuti. Na kratki poti do doma jo je zaprosil in želel govoriti z njeno družino. To je povzročilo precejšnje vznemirjenje in Vilma je čutila dolžnost do Rosithe in družine, za katero je delala, zato se je odločila, da si vzame nekaj časa, preden določita datum poroke. Navsezadnje se je Andrej pravkar poročil in Rositha je računala, da ji bo zdaj sklenjeno partnerstvo olajšalo življenje v Londonu. Sveto in Vilma sta se na železniški postaji z velikim hrepenenjem v očeh v solzah razšla, dekleti pa sta se nato vrnili v London. Ko sta v penzionu razpakirali nahrbtnika, so Vilmo poklicali k telefonu. Klicala jo je sestrična Manca. Manca, ki jo je prevzemal občutek velike pomembnosti, ni mogla pogledati stran, ko je izvedela za hudo krivico, ki naj bi se zgodila med Svetom in Vilmo. Je Vilma mislila, da bo Sveto med njeno odsotnostjo le nabiral marjetice? Manca je rekla: »Vilma, vedi, da se med tvojo odsotnostjo resno zanima za druge ženske. Pravzaprav z Zalo pričakuje otroka! To sem slišala od več prijateljev!«

To je bil prvi uničujoči šok, ki ga je Vilmi povzročil moški. Komaj je lahko odgovorila sestrični in jo skoraj obtožila, da je ne želi videti srečne, vendar se je umirila in sprejela besede ter izid, ki ji ga je pustilo to védenje. Prišla je do žalostnega zaključka. Vilma je vedela, da si ne želi moškega, ki bo do nje zahrbten in nepošten. A ob misli na njegov čedni obraz se je spraševala, kako bo živela brez njega. Počakala je nekaj dni, da se je bolečina nekoliko umirila, nato pa vprašala Rositho, ali misli, da je Sveto človek, s katerim naj se poroči, saj je dobro vedela, da Rositha ni nekdo, ki bi trpel neumnosti. Nato je skozi potoke solza napisala pismo in svojemu dragemu rekla, naj naredi, kar je prav, in se poroči z žensko, ki je noseča z njim, njo pa pusti pri miru. Nikoli se ne bo poročila z njim.

Ko je minilo dovolj časa, da je bilo njeno pismo dostavljeno, jo je poklicala Svetova sestra in ji sporočila, da se je Sveto ustrelil s pištolo. Poti nazaj ni bilo več.

115

Vilma se je trudila ostati močna, a čustva so jo vlekla v različne smeri. Nekaj časa jo je zaradi njegove smrti prežemala krivda, potem je bila nekaj časa jezna nanj, ker je tako zapravil svoje življenje, spet drugič se ji je zdelo, da se je izognila strašni usodi, ker se ni poročila s takšnim moškim. Več tednov je bila zelo nemirna, nato pa so njeni delodajalci sporočili, da njenih storitev ne potrebujejo več, saj se zaradi strahu pred vojno selijo v Združene države Amerike. Imeli so srečo in našli strica, ki bo njihov sponzor.

Vilma je bila zdaj brez fanta in brez službe. Ravno ko jo je skoraj preplavil obup, je prejela vabilo na razgovor za novo delovno mesto varuške. Izvedela je, da bi delala za svojega rojaka, srbskega diplomata, njegovo ženo in otroka. Živeli bi v Beogradu. Čeprav se v Jugoslavijo ni nameravala vrniti do konca vojne, se je odločila tvegati, saj se je življenje, ki ga je načrtovala, sesuvalo.

Čez nekaj tednov je Rositho pustila v Londonu in odpotovala s srbsko družino. Rositha je imela veliko dela z Wedgwoodovimi in ni nasprotovala spremembi sestrinih načrtov, Vilma pa se je počutila varno. Andrej in Marica sta živela v Beogradu, ona pa bo živela z družino diplomata.

A tudi najboljši načrti so v času vojne težko trdni in Vilma še ni bila dolgo v Beogradu, ko so okronali mladega kralja, mesto pa je postalo teren za Hitlerjev bes nad tistimi, ki niso sledili njegovim ukazom. Beograd so napadli iz zraka in po kopnem le dva tedna po kronanju Petra II. Medtem ko se je njen brat Andrej boril za kralja in svoje življenje, je Vilma vneto pakirala kovčke za diplomata in njegovo družino, saj so si priskrbeli posebno dovolilnico za pot iz Jugoslavije v Grčijo.

Ko je ladja prispela v Grčijo, pa so jo kmalu obrnili, saj so nemške enote vdirale tudi tja. Njihova ladja SS Strathaird, potniška ladja, ki so jo med vojno preuredili v vojaško, jih je nato s Krete odpeljala v Egipt. V Egiptu so jih sprejeli in jih sprva obravnavali kot turiste. Vilmo sta veličina piramid in njihova starost prestrašili, ker je ocenila, da je to nevarna kombinacija. Medtem ko so si drugi ogledovali stare ruševine, je ona čakala zunaj, da se stavbe ne bi zrušile.

Njen odpor do vstopa v grobnico »bogov« je imel še en stranski učinek poleg tega, da je zamudila priložnost, da bi si ogledala to veliko čudo. Medtem ko je čakala svojo skupino, je opazila zborovanje, na katerem so bili ljudje, ki so bili videti kot novinarji. Bili so tik ob velikem stopnišču, na katerem je sedela Vilma, ki se je hladila s pahljanjem s klobukom. Ko so se približali, je bila Vilma prepričana, da je videla novega kralja, ki so ga vodili po piramidah. Ker tega ni želela zamuditi, se jim je poskušala približati in naenkrat sta jo zasliševala dva oborožena moška. Pozneje je razmišljala, da sta jo morda imela za Nemko, a je pravočasno pokazala svoje dokumente in dokazala, da je ena od njegovih podanikov, čeprav daleč od doma.

Dovolili so ji, da se je Petru II. približala dovolj, da si ga je lahko dobro ogledala. Ko je pogledal proti njej, se je poklonila tako lepo, da bi bila ponosna tudi njena mama. Prepričana je bila, da ji je pomahal, in to je ostal vrhunec njenih izkušenj na svetovnih potovanjih.

Vročina v Kairu je bila tako huda, da je Vilma pozabila na previdnost in si privoščila kopanje na javnem mestu. Ko so se vrnili na ladjo in se odpravili proti Cape Townu, je zelo zbolela. Domnevali so, da ni odporna proti egiptovski vodi. Na srečo je ozdravela, vendar jim niti Egipt niti Cape Town, ki se jim je zdel čudovit kraj, nista odobrila azila. Nato so se odpravili na dolgo pot v Rio de Janeiro in nato New York.

Tudi v newyorškem pristanišču so jim zavrnili prošnjo za azil. Očitno je bilo v vseh teh državah beguncev preveč, da bi jim katera želela ponuditi prostor in podporo. Po nekaj dneh razporejanja je bilo treba z veliko strahu sprejeti odločitev, da bodo prečkali Atlantik. Združeno kraljestvo je pristalo, da jih sprejme. Predlagali so jim, da si z nekaj dodatnimi ladjami v floti povečajo možnosti za preživetje, saj se tako ne bodo sami soočili z odprtim morjem. Težava je bila v tem, da so za prečkanje potrebovali več mesecev, velik del Atlantika pa je bil že zdaj del vojnega območja. Na poti so jih čakale druge ladje, sovražnikova vojaška plovila, podmornice s torpedi in morebitni zračni napadi.

Ko je njihova ladja odplula iz Kanade, so se pravila za potnike spremenila. Ob večerih ni bila dovoljena nobena brezskrbnost, nič, kar bi zahtevalo razsvetljavo. Ko je padla noč, so bili zaporniki na svoji ladji. Vsak od njih je imel majhno šibko svetilko za nočne izlete na stranišče, a le, če sij lune nikakor ni bil dovolj, da bi videl. Tako je bil vsakdo odgovoren za varnost vseh.

Bolj junaška zahteva je bila povezana z ladjami. Ta velika plovila, ki so plula ponoči, niso smela imeti prižganih luči. Obliko ostalih ladij je drugim razkrivala le lunina svetloba. A vsako noč luna ni svetila. Upali so, da izvidniški leti ne bodo opazili te skupine ladij, ki so plule v mesečini. Če bi jih odkrila letala, bi njihove lokacije po radijski zvezi sporočili ladjam ali podmornicam, ki bi jim preprečile napredovanje tako, da bi jih razstrelile.

Vilmi sta se zdeli tišina in odsotnost svetlobe strašljivi. V temi se ni dalo prav dolgo smiselno pogovarjati. Ljudje so preveč popili ali pa se umaknili. Če je diplomatova hči ni potrebovala, je Vilma naredila svoj obhod. Nato je ležala na postelji in poslušala.

Zdelo se ji je, da bo s pozornim poslušanjem vsakega zvoka nekako preprečila katastrofo. Kot da bi lahko njena ušesa in njena volja do življenja preprečili, da bi na njih pristale bombe ali da bi torpedi preleteli globoko in temno modro morje ter razbili trupe njihovih ladij. Nato je sanjala, da se je ocean pognal nadnje in so zmrznili v rešilnih čolnih ali pa so jih pojedli morski psi, če se niso že takoj utopili. Druga grozljiva možnost je bila, da so bili slabo vidni, zato bi jih lahko povozile velike ladje, ki jih ne bi mogle rešiti.

Da bi se ognila strahu pred napadom, se je podala na pot samoobtoževanja in razmišljala o tem, kaj bi morala storiti, da bi rešila razmerje s Svetom. Zdaj je menila, da jo je resnično ljubil in ni mogel prenesti bolečine zaradi njene izgube. Ko se ni želela poročiti z njim, ga je to preveč bolelo, da bi še živel. Morda je naredil eno samo pijansko napako z žensko, ki je zanosila in preprosto ni bila prava, da bi živel z njo ali ona z njim. Če ji Manca ne bi povedala, da je v težavah, bi bila lahko ta trenutek srečno poročena, namesto da jo po razburkanem in črnem morju premetava na ladji, ki jo je spominjala na plavajočo krsto.

Nato je bila ena od njihovih ladij torpedirana. Ko se je zgodilo, niso vedeli, kako močno je bila zadeta in koliko napadov bodo še deležni. Hrupa niso zaznali, dokler torpedo po izstrelitvi iz podmornice ladje ni zadel pod vodo. Vilma je skočila pokonci in pogledala skozi okence ter videla, da se je ena od drugih ladij zatresla in kmalu nagnila. Ni vedela, kaj naj stori, a pohitela je do sosednjega ležišča, da bi videla, kako je z njeno varovanko. Dekličini starši so že bili ob njej. Vilmi sta svetovala, naj ne zganja panike. Ostati morajo mirni in počakati, da ocenijo škodo, ter prisluhniti navodilom kapitana.

Sčasoma bodo ugotovili, da je prišlo do več smrtnih žrtev. Presenetljivo niso izgubili ladje, potnike iz poškodovanega dela pa so takoj, ko se je zjasnilo, preselili na drugo ladjo. Preživeli potniki so pripovedovali o trenutku, ko so v mesečini zagledali veliko belo svetlobo torpeda, ki se je pognala skozi vodo neposredno proti njihovi ladji. Zdelo se je, kot da se vsakemu od njih bliža veliki beli morski pes. Med ponavljanjem svoje zgodbe so od groze vpili. Ko je celotna flota uspelo pripluti do Anglije brez dodatnih incidentov, so vedeli, da so imeli veliko srečo. Vilma je lahko po tem junaškem potovanju zatrdila le, da se nikoli več ne bo vkrcala na ladjo. To obljubo je držala.

26

POGLAVJE: KO NAPADEJO ZAVEZNIKI

Č eprav je bil Andrej odločen, da bo preživel ujetništvo, ne glede na to, kaj bo to prineslo, niso zadeve postajale nič lažje. Pravzaprav se je vse skupaj le še stopnjevalo.

Bilo je kot skok z mostu, kjer te bo verjetno rešila bungee vrv, a ni prav jasno, kje je dno, hkrati te na vsaki stopnji poškropijo s solzivcem, v zraku pa še vedno nisi čisto prepričan, ali se boš na koncu zavihtel nazaj na polico.

Že od začetka je bilo hrane premalo in na voljo je bila le občasno. Za kmete, ki so postali vojaki, je bila hrana tako slabe kakovosti kot pomije, s katerimi so krmili svoje prašiče. Andrej je svojim možem z glasom, ki je poskušal zveneti lahkotno, velikokrat dejal: »Držite se za nos in jejte. Nobene potrebe ni, da bi vdihovali te vabljive vonjave, uporabite usta in izklopite čut za voh!« Nato jih je vodil z zgledom in obrok pojedel hitro, kot je le mogel, da ne bi podaljševal okusa ali možnosti, da se odloči. Krajši čas je bila hrana na jeziku, večja je bila verjetnost, da bo lahko pojedel še en grižljaj. Ko je človek sprejel dejstvo, da bo zaužil ta obrok, je bilo najbolje, da je to storil brez oklevanja. Naslednji trik je bil, da se dovolj hitro umakneš od hrane, da ti noben pogled ali vonj ne povzroči dvigovanja želodca in bruhanja. To bi izničilo korist celotne vaje, katere namen je bil preživeti.

Andrej je uporabil še nekaj dodatnih strategij, ki so mu pomagale preživljati dni. Ustvaril si je nekaj, kar je imenoval »miselna podpora«. Zamislil si je več dogajanj in vsa so vsebovala možnost pobega, na katerega je bil pripravljen v vsakem trenutku. V nekaterih je našel način, kako podkupiti stražarja, čeprav je bil povsem brez denarja, poročni prstan pa so mu ukradli že zdavnaj. Kljub temu so mu bile ta misli v tolažbo.

V drugih primerih je naletel na spečega ali pijanega stražarja, kar mu je omogočilo dostop do zunanjega sveta, ne da bi ga kdo opazil. Njegova najljubša zgodbica, ki si jo je pripovedoval skoraj vsak večer, da bi lažje zaspal, pa je bila, da se Mojca ali Julijana slučajno sprehodita mimo taborišča. Ko ju zagleda, jima meče kamenčke, dokler ne pogledata gor in stečeta do njega k ograji. Nekaj minut imajo, da pripravijo načrt, ki mu ga pomagata izvesti Julijana in njen mož. Hansi se predstavi za nacističnega oficirja in zahteva izpustitev Andreja, da bi postal njegov služabnik. Še isto noč s sestrami in njihovimi družinami pobegne čez gore nazaj v Jugoslavijo. To so bile njegove najljubše sanje.

Neverjetno naključje je bilo, da so se njegovi ugrabitelji takrat odločili, da jim bodo močnejši moški koristili. Seveda jim niso želeli ponuditi priložnosti za sabotažo ali pobeg, potrebovali so jih za čiščenje po bombardiranjih. Na območja, ki so bila pravkar bombardirana, so nameravali poslati majhne delovne skupine. Zavezniki so močno razdejali Dunaj, da bi preprečili distribucijo nafte. Nacistična stranka bi lahko hitreje pospravila uničeno in začela z obnovo, če so zapornike prisilili v delo. To so tudi storili. Veliko ujetnikov je bilo močnih kmečkih fantov, zato so bili z večjim vnosom kalorij uporabni kot delovne živali. Nedvomno so s tem povzročili odpor in demoralizirali zapornike, saj so morali pospravljati uničenje, ki so ga z veseljem opazovali. Po drugi strani pa so imeli tako vsaj zagotovljen naslednji obrok.

Veselje, ko veš, da »dobri fantje« letijo nad teboj in bombardirajo območje okrog tebe, je bil nenavaden občutek, če si hkrati upal, da boš preživel napad. A bolj ko so bili Nemci jezni, bolje so se vojni ujetniki počutili. Tega seveda niso mogli povedati. Ko so pri bombardiranju začele sodelovati tudi Združene države Amerike, je bil to znak, da vojna ne poteka v smeri, kot so jo načrtovali Nemci. To je bil čas, ko so bile nemške, italijanske in japonske sile razpršene, blizu točke, ko bo Italija predala svoje orožje Rusom in tako okrepila njihove sile, ki so vključevale tudi partizane. Borili so se proti nacistom. Ja, komunisti so se borili proti nacistom, a so s seboj prinašali svoje sile zla, ki so ostale v Jugoslaviji prisotne še dolgo potem.

Ker so se nemška bojišča vedno bolj širila in so bili Nemci vedno pogosteje poraženi, so njihovi vojaki umirali od mraza in lakote. Hrana za zapornike, ki nikoli prej ni bila prednostna zadeva, zdaj sploh ni bila več pomembna. V tem stanju skorajšnje sestradanosti je Andrej dobival številne nore ideje. Mnoge od njih so bile fantazije o pobegih, v katerih bi se v temni noči čudežno prikradel mimo stražarjev in se do jutra dovolj oddaljil, da ga ne bi odkrili.

Nekega dne pa se je njegova fantazija o pobegu skoraj uresničila. Medtem ko so bili z ekipo precej daleč od taborišča in so čistili po nedavnem bombardiranju, je prepoznal ime ulice, na kateri so delali. V zadnjih nekaj letih je Julijani večkrat pisal in malemu Petru pošiljal smešne slike, ki jih je rad risal. Večinoma so bili to psi ali druge živali z nasmehi na obrazih. Tistega dne so delali na ulici Wunder Strasse, naslov njegove sestre pa je bil Wunder Strasse 789. Srce mu je hitro bílo ob misli, da je morda le nekaj metrov stran. Bi jo lahko našel, ne da bi ga opazili, in se skril v njeni kleti? Bi to lahko bila predčasna vstopnica za izhod iz zaporniškega taborišča? Andrej se je komaj zadrževal. Začel je brati hišne številke in hitro ugotovil, v katero smer mora, da pride do njenega stanovanja. Ulica je bila tako močno razdejana, da so moški delali na različnih mestih.

Andrej se je počasi pridružil ekipi, ki je delala na območju, kjer je želel biti, nato naslednji, ki je bila še bližje, in tako naprej, dokler ni bil na točno določeni lokaciji. Naenkrat ga je srce zabolelo tako močno, da se mu je zdelo, da je padlo na tla in v njih naredilo globoko luknjo. Stavba, ki je stala tukaj, je bila razbita in raztreščena na tisoče kosov. Povsod so se bleščali stekleni drobci, kot bi padali z dežnih oblakov. Na mestu, kjer je klet stavbe nekoč zagotavljala oporo zgornjim prostorom, je bil celo krater. Deli nekdanjega bivališča so se razblinili ali raztresli po več mestnih četrtih in ulicah. Ta nedavni bombni napad bi ubil vse morebitne stanovalce. Strmel je v mesto, kjer je stala stavba, ne da bi se sploh zavedal, da to počne. To je trajalo dovolj dolgo, da je pritegnil pozornost stražarja.

»Imaš težave z opravljanjem svojega dela, zapornik 70893?« ga je zaslišal reči. Andrej se je hitro spomnil, da je njegov cilj preživetje. Niso ga smeli zalotiti žalovati za nečim, česar ni bilo več. Žaloval bo lahko pozneje, ko bo sam, ali pa si bo predstavljal, da so se vsi nekako rešili na varno. »Ne, vodnik!« je odgovoril in nadaljeval z odmetavanjem kamenja in ruševin. Solz na njegovem obrazu ne bodo opazili, on pa bo svojo misijo nadaljeval kako drugače. Molil je le, da sta njegova sestra in nečak na varnem nekje drugje in se bodo nekega dne temu samo smejali. Prvič po več tednih je ponovil molitve, ki se jih je naučil kot katoliški deček. Podobe Boga in Jezusa so bile edina tolažba, ki jo je imel. Da preživi naslednjih nekaj ur, mora zaupati Bogu.

Ko je prestal večerni obrok, se je na hitro odpravil spat. Običajno so moški nekaj časa posedeli in upali, da bo kdo od njih povedal kakšno zgodbo, ki jih bo razveselila. Medsebojni stiki so bili dovoljeni, če so potekali zunaj. Zasebni pogovori ali stiki niso bili dovoljeni nikomur. A tistega večera je Andrej dejal, da je bil delovni dan težak, in se odpravil spat. Moški iz delovnih enot so lahko uporabljali postelje, vsi drugi pa so spali v visečih mrežah ali na tleh. Tako je bil lahko Andrej sam nekaj dragocenih ur in še molil za sestre, za katere je domneval, da so morda mrtve. Vedno je molil za svojo ženo in hčerko, včasih pa tudi za svojega psa Kama. Vsaka molitev je vsebovala obljubo, za katero je upal, da jo Bog posluša. Obljubil jima je namreč, da ju bo znova objel. Nato je še enkrat ponovil vsa sporočila, ki si jih je govoril. Da mora živeti naprej in preživeti vsak dan, tudi ko so v bližini bombe.

Predstavljal si je, kako opazuje dojenčico Valerijo, ko začenja jesti in majhne roke moli v zrak, stiska pesti in jih znova razpira, vznemirjena, ker hoče še več hrane. Njen sramežljiv in zvijačen pogled, ko da v usta preveč hrane, a jo vseeno pogoltne in preveri, kdo jo opazuje. In njene vzklike popolnega veselja, ko starša ploskata s svojimi rokami, ona pa s svojimi, da bi pokazala, da je vse pojedla. Po vseh teh mislih je lahko Andrej zaspal.

Naslednji dan se je morala njegova ekipa vrniti na isto mesto, kjer je nekoč živela Julijana. Tukaj je pod padlimi stebri opazil kos rdečega blaga. Blago je bilo podobno barvi, s katero so njegova mama in dekleta nekoč barvale volno, iz katere so nato izdelovale volnene kape. To barvo so uporabile, da bi blago bolj spominjalo na božič, saj so kape delile kot darila eno leto pred začetkom vojne. Vsi, tako moški kot ženske, so dobili živo rdečo kapo, ki je poleg tega, da je bila lepa, služila tudi za večjo varnost, saj so živeli blizu gozda. Ponesrečeni streli niso bili redki, zlasti če je imela žrtev rjave lase in jo je kdo zamenjal za srno. Justa je menila, da s temi kapami varuje svojo družino pred nesrečami. Vedno jim je govorila, da je volno predla z izjemno ljubeznijo, nad kolovratom molila in da je končni izdelek poljubila.

Andrej se je spraševal, ali bi lahko ta kapa pritegnila bombnik. Prikopal se je do rdeče barve in ni vedel, kaj naj naredi. Ni se mogel odločiti, ali naj jo vzame s seboj ali naj jo zakoplje. Na koncu, ko je ravno hotel oditi, se je sklonil, stisnil kos k sebi in ga zatlačil pod srajco, da ga je imel tesno ob srcu.

27

POGLAVJE: BORBA ZA PREŽIVETJE DO KONCA

Vsak človek se enkrat zlomi; doseže točko, ko njegovo življenje postane neznosno, čeprav je bila njegova volja po preživetju nekoč močna. Pri psih bi raziskovalci to imenovali naučena nemoč, ki jo sproži večkraten šok živali in odrekanje vsakršne nagrade. To bi bil dober povzetek Andrejevega življenja, saj je na poti do preživetja potreboval nekaj, kar bi mu utrdilo voljo do življenja. Odvzeli so mu vse ljudi, ki jih je imel rad, osebno dostojanstvo, mu preprečili zadovoljevanje osnovnih potreb, kot sta okusen obrok in dober spanec, zdaj pa so mu vzeli še velik del upanja. Čeprav za to zadnjo izgubo morda ni mogel kriviti nacistov, saj so njihovo ozemlje uničili zavezniški bombniki, so bili vsi v nevarnosti zaradi nore agresije njihovega vodje. Zdaj je verjel, da je njegovo najstarejšo sestro, ki jim je bila pogosto kot mama, med tistimi kosi kamenja, lesa in stekla, ki so ga pospravljali z ekipo, razneslo na koščke.

Ruševine so bile tako zdrobljene, da jih veliko ni bilo mogoče prepoznati, saj so se nekatere spremenile v pepel. Nekatere snovi, kot so koščki stekla ali kosti, je razločil, vendar je bilo treba za identifikacijo tistega, kar se je skrivalo v drobnem prahu, počakati več desetletij in kemično analizo. V vsaki razpoki in brazdi njegovega obraza je ostalo nekaj tega peska. Včasih je kihnil, nato pa pomislil, ali je pravkar izločil nekaj Julijane. Misel, da je morda mrtva pod njegovimi nogami v sivih in razpadajočih ruševinah, je bila zanj nepojmljiva.

Tragično je bilo, ko so njegovi sovojaki umirali, a ko je tako pomislil na svojo ljubo sestro, ga je zabolelo huje, kot si je bilo mogoče predstavljati. Nazaj v borbeno vzdušje ga je spravila druga misel, ki je bila še hujša od te, in sicer smrt njegove lepe žene in drage Valerije. Dokler je imel upravičeno upanje, da še živita, se je lahko otresel bolečine in si utrl pot nazaj. Po odkritju rdeče kape, ki jo je nameraval obdržati za vedno, je minilo več tednov, preden je lahko spet jedel in bil videti trden, a njegov duh se je vrnil. Vojna se je nadaljevala in zaradi pomanjkanja zalog je bilo hrane za ujetnike, večino civilistov in vse, razen za elito nacističnega režima, veliko manj.

Zaradi nenehnega slabega počutja so poskušali zaporniki pobirati ostanke iz košev za smeti, mimo katerih so hodili med čiščenjem. Večina odvrženega je bila neužitnega, a to lačnih ljudi ni ustavilo, da ne bi vsaj poskusili. Pogovori, če so se sploh začeli, so se vedno hitro sprevrgli v pogovor o hrani, kaj so pogosto kuhale njihove žene, kaj so pridelovali na domačih vrtovih in kakšni so bili njihovi recepti za divjačinske klobase. Zatekali so se k »juhi«. To je bila umetnost dodajanja vode kateri koli hrani, ki so jo dobili, da je je bilo videti več in je trajala dlje. A voda ni povečala vnosa kalorij.

Tudi mraz je bil hujši, ker niso bili dobro prehranjeni in ker so bila njihova oblačila vedno bolj obrabljena in zato tanjša. Če so našli ostanke materiala, papirja ali kartona, so jih na nek način oblikovali, da se jih je dalo oviti okrog telesa in so služili za drugi ali tretji sloj obleke. V škornje so si potiskali trde kose lepenke, da so bile njihove noge vsaj malo zaščitene. Razjede na nogah ter boleče in krvaveče noge so bile zdaj že enake mukam lakote.

Nihče v skupini ni umrl z dobrimi škornji na nogah in naravno je bilo, da so takoj pregledali vso obutev, ki so jo za seboj pustili pokojni. Če so bili čevlji še uporabni, jih je Rajh običajno zaplenil, še preden so lahko ujetniki pokopali svoje mrtve. A če je ujetnik prišel do ostankov kakšnih škornjev, jih je lahko uporabil za ojačitev lastne obutve ali pa jih spremenil v juho. Ti obupani ljudje so se naučili, da daljše kuhanje usnje zmehča in v vodo spusti nekaj arome. Sanjalo se jim ni, da se lahko sprostijo tudi strupi, a če so dodali nekaj soli in morda še kaj maščobe, so uživali v mešanici mane.

Nacisti so bili pravzaprav znani po tem, da so v tem obdobju na svojih vrtovih reciklirali človeške iztrebke, da bi preverili, ali bodo izboljšali rast rastlin tako kot kravji in konjski gnoj. Med znanstveno usmerjenimi so bili tudi takšni, ki so verjeli, da so lahko razpadajoča človeška telesa dobro gnojilo. Vojni ujetniki so hiteli pokopavat svoje ljudi, preden bi lahko opazovali, kako njihov prijatelj izginja med razkrajanjem pod cvetočimi rastlinami na zemlji nemških častnikov. Zdelo se jim je, da so v Rajhu popolnoma izgubili občutek za voh, saj sta bili ti praksi gnojenja rastlin tako odvratni. Andrej ni na vrtovih nikoli videl trupla, vendar so bili nekateri njegovi možje takrat tako vznemirjeni, da so prisegli, da se to res dogaja.

Vsi so začeli sovražnika sovražiti še bolj, kot so ga sovražili v začetnem času ujetništva. Védenje je res rodilo prezir. Zaradi ponižanj, ki so jim bili vojni ujetniki nenehno izpostavljeni, je šlo za naraven razvoj, vendar je to privedlo tudi do bolj nevarnega vedenja. Moški so bolj izzivali vojake Rajha in so zato pogosteje imeli težave s svojimi ugrabitelji. Kazni pa so povzročile še slabše razmere za tiste, ki so se uprli. Po več mesecih skupnega bivanja so Nemci že bolje razumeli besednjak svojih ujetnikov in niso bili veseli besed, s katerimi so jih opisovali. Napetosti so se vsekakor stopnjevale povsem v obratni smeri od poteka stockholmskega sindroma, ko začnejo ujetniki in ugrabitelji drug drugega sčasoma dojemati kot bolj človeškega in z več skupne ideologije.

Andrej je razmišljal o svoji družini in še naprej pisal domov. Vseeno je bilo, ali je sploh obstajala možnost, da bodo njegova pisma dostavljena. Pisanje je bilo kot potrjevanje pogodbe, ki jo je sklenil v sebi in je določala, da bo še naprej upal na vnovičen objem obeh. Tista jutra, ko je odposlal pismo, je bil močnejši in odločnejši. Rdečo kapo je pospravil v prsni žep, se zavil v dve plasti kartona in odkorakal na delo z dvignjeno glavo, čeprav ga je zeblo in je bil lačen. V srcu je bil še vedno pripadnik kraljeve vojske Kraljevine Jugoslavije in ni mogel drugače.

Nekateri možje so začeli loviti mačke ali celo podgane, pri čemer jim je bilo vseeno, kaj so ujeli, če so lahko iz plena dobili nekaj dekagramov mesa. Če je bila mačka breja, so se nekateri moški pogostili z zarodki, drugi pa so postali skoraj sentimentalni zaradi »ubogih mačjih mladičkov«. Andreja ni več presenetilo, ko je opazoval ljudi, ki so se jih iskreno dotaknile smrti živali, pa so še vedno uživali v mačji obari. To so bile skrajnosti, v katerih so se znašli moški med vojno. In ne gre pozabiti, da so to bili dobri ljudje.

Pogosto je razmišljal o skrajnem vedenju nemških vojakov. Do zdaj jih je že veliko vedelo, kaj se dogaja v teh taboriščih. To niso bila le prisilna delovna taborišča, temveč hiše groze in smrti. In njihova izčrpanost ni bila nič v primerjavi z ubogimi, zastraševanimi Judi. »Dobri Nemci« so se pritoževali nad odporom, ki so ga čutili, ko so spoznali, da je pepel, ki je padal nanje, pepel človeških teles. A njihovemu gnusu ni sledil logičen sklep, da je moralo za obstoj pepela umreti na tisoče, celo milijone ljudi. So se kaj pritoževali glede tega?

Ni si mogel predstavljati tipičnega stražarja nižjega ranga, morda moškega z družino v bližini, ki se je zvečer vrnil domov in rekel svojim sorodnikom: »Samo običajen dan v krematoriju je bil.« ali »Ne morem vam povedati, koliko otrok smo danes spekli na žaru.« Andreju, ki je imel trdne družinske vrednote, je bil katoliško vzgojen in je imel rad ljudi in otroke, se je ta Rajh zdel najbolj odvratna stvar, kar si jo je lahko zamislil. Večino noči se je zbujal v mrzlem znoju, saj ga je prežemala panika, enako strašna kot strah pred izgubo družine. To je bilo njegovo iskreno in globoko razočaranje: da se v tej vojni ni mogel svobodno boriti. Da mora čistiti za temi živalmi in se ne boriti proti njim.

Njegove zgodbe o pobegu so v tistem trenutku dobile dodatek – maščevanje!

28

POGLAVJE: PRILOŽNOST ZA LJUBEZEN V VOJNI

Rositha je vojno spremljala na bolj oseben način, ne le v trudu za preživetje in molitvi za vojake. Seveda je vse prevevala skrb za tiste, ki se morajo boriti, za milijone preganjanih in stradajočih ter za tiste, ki so bili, kot njen brat Andrej, to je vedela, nacistični vojni ujetniki. V Londonu je preživela številne bombne napade in molila, ko so prijatelji in otroci jokali od groze. A kadar koli je imela čas, da je logično razmislila o položaju, je ugotovila, da so ženske njene starosti v posebej neugodnem položaju. Slovenijo je zapustila tik pred izbruhom vojne in leta 1938 je imela šestindvajset let. V tistem času je veljalo, da samska ženska njenih let verjetno ne bo nikoli imela otrok, zato so ji rekli stara devica.

Rositha pa je imela vedno rada majhne otroke. Uživala je v njihovi nedolžnosti in igrivosti ter z veseljem opazovala, kako se ob spodbudi razvijajo. Prepričana je bila, da bo nekoč postala mama. A v letih, ki jih je preživela v Sloveniji, ni naletela na pravega moškega. Spoznala jih je nekaj, vendar se ji je vedno zdelo, da čakajo na konec vojne ali boljše čase; nikoli ni bil pravi čas. Zdaj je bila stara več kot trideset let, vojna pa je še vedno divjala. Morda bi morala ta zmenek na slepo z ameriškim vojakom vzeti bolj resno.

Očitno je bil prihodnjo soboto prost in upal je, da se bosta dobila pred avtobusno postajo, za katero je vedel, da je v bližini njenega stanovanja. Ni bila le v bližini njenega stanovanja, temveč tik ob njem. Če bo pogledala skozi okno, bo gospoda videla stati tri metre stran. Bil je odličen kraj, da si malce ogleda, s kom se bo dobila. Srečanje je bilo predvideno ob drugi uri popoldne, da bi se lahko z avtobusom, ki je takrat še vozil, skupaj odpeljala v park, se malo sprehodila in nato izbrala mesto za večerjo.

Rositha se je zelo potrudila, da si je uredila lase. Za srečanje je celo obula enega dragocenih parov nogavic. Oblekla je vse tri dobre obleke, ki jih je imela, da bi ugotovila, v kateri je videti najmlajša. Zaradi tega gospoda si je odločila zamenjati datum rojstva, ker je bil tri leta mlajši od nje, in zaradi njega si je želela, da bi bila šest let mlajša od svoje prave starosti. A ko je po vseh teh pripravah pogledala skozi okno, ji prizor ni bil všeč. Komajda je bil visok kot ona, nosil je očala in lasje so se mu že redčili!

Morda to ni bila najbolj prijazna ocena, a glede tega, kako bi moral biti videti ta »g. Pravi«, je imela določena pričakovanja. Mislila je, da so ameriški vojaki visoki, temni in čedni, ne pa povprečne višine, preprosto simpatični in na začetku plešavosti. Naj je bil zanjo pravi ali nepravi, odločila se je, da ne bo začela nečesa, česar ne bo želela dokončati. Vrnila se je v svojo sobo in se preoblekla v običajna oblačila.

Po tridesetih minutah jo je premagala radovednost in pogledala je skozi okno. Vojak je še vedno stal tam in ni bilo videti, da bi se sploh premaknil. Hitro se je umaknila in odšla v drug del stavbe. Postajala je malce nemirna, njena radovednost pa je naraščala. Minilo je še trideset minut in še vedno je stal na avtobusni postaji, čeprav se je zdaj nagibal na eno stran. »Sveta mati Božja,« je rekla nevljudno, »pa kaj je narobe s tem bedakom?« Nato je odšla za naslednjih 30 minut, a ko je spet pogledala skozi okno, je bil še vedno tam! »Prav, prav,« je rekla, ko je stekla po hodniku, se preoblekla v lepo obleko, pograbila plašč in torbico ter stekla na avtobusno postajo.

»Tukaj si,« je rekel vojak in se je razveselil. »Vedel sem, da te je nekaj zadržalo in boš prišla.«

Nič drugega ni znala reči kot: »Zelo vesela sem, da si me počakal.« Tako se je začel njun prvi zmenek.

Ko sta se sprehajala po parku Hyde, jo je vprašal po njeni družini v slovenskem delu Jugoslavije. »Zelo dobro govoriš angleško,« je dodal.

»No,« je rekla, »s sestro sva se je učili, preden sva prišli sem. Pa kljub temu veliko ljudi misli, da sva Nemki, jaz pa res nočem imeti nič s tem norim Hitlerjem!«

Park Hyde se je od začetka vojne močno spremenil. Ob lepih dnevih, če nedavno niso padle nobene nove bombe, so tja postavili zložljive stole, na katerih so sedeli ljudje in si ogledovali znamenitosti. To je bilo normalno. A na park so ves čas metali bombe in vojska je do naslednjega jutra organizirala ekipe, ki so ga počistile. V parku so bila celo zaklonišča, tako da so si lahko obiskovalci zapomnili lokacijo, če so se morali po hitrem postopku umakniti v njegovo zavetje.

V parku se niso več posebej ukvarjali z urejanjem krajine, ampak je bolj spominjal na vojaško postojanko. Devetdeset odstotkov ljudi, ki so se sprehajali po območju, je bilo oblečenih v uniforme, med njimi je bilo veliko žensk, ki so skrbele za varnost. Ko sta se Rositha in Bernard sprehodila po parku, se je njegova uniforma zlila z drugimi, oba pa sta se potrudila omeniti lokacijo zavetišča. To ni bil miren sprehod po arboretumu, a je, kot vsi sprehodi po začetku Blitza, ponujal možnost, da se srečaš z drugimi ljudmi in navadiš na to, da uničenje in mir sobivata.

Bernard Adams, tako mu je bilo ime, je rekel: »Občudujem tvojo držo. Prihajam iz kraja v ZDA, kjer ljudje razmišljajo zelo svobodno. Pokrajina se mi zdi zelo podobna slovenski. Imenuje se Vermont. Večino leta imamo čudovito zasnežene gore in lepa jezera z veliko drevesi.«

»Da,« je odgovorila, »zveni zelo podobno Sloveniji. Vesela sem, da se začne na V, da bom lahko več vadila izgovorjavo.« Nato sta se oba zasmejala.

Pripovedovala mu je o jezeru, ob katerem so živeli, in o čudovitem starodavnem gradu. V Vermontu je bilo po njegovih besedah veliko cerkva, a nič ni bilo zares staro.

Bernard je rekel: »Moje delo je popravljanje letalskih motorjev. Kamor gredo piloti in letala, moram tudi jaz. Dobro pri tem je, da imam občutek za mehaniko in oprema dobro deluje.«

»In kaj počneš, ko piloti streljajo ali bombardirajo?« je vprašala.

»S prijateljem poiščeva pokvarjena motorna kolesa, jih popraviva in preveriva, kako daleč nama uspe priti, preden morava spet nazaj.«

»Jih običajno spravita v pogon?« je vprašala.

»Ja,« je rekel. »Razen če so z njimi povozili mino, potem niti ne poskušava.«

Popoldne in večer sta se izkazala za zelo prijetna. Rositha je bila nekoliko razočarana, ko jo je Bernard spoštljivo odpeljal nazaj do njene hiše in ni »nič poskusil«. Potem pa je vprašal: »Kdaj si jutri prosta? Za ves konec tedna imam dovolilnico.« »Zgodaj zjutraj, v času zajtrka, grem k Wedgwoodovim, končam pa okoli 17.30, po čaju.«

»Kaj, ko bi mi povedala, kje se lahko dobiva, in greva na zgodnjo večerjo? Vem, da boš po dolgem delovnem dnevu preveč utrujena za kaj več. Potem te lahko odpeljem domov in se vrnem v oporišče.«

»Zelo prijazna ponudba,« je dejala in mu dala natančna navodila, kje se lahko dobita. Tokrat ni načrtovala zamuditi.

29

POGLAVJE: JUTRO PO SREČANJU Z BERNARDOM

Rositha se je zbudila zgodaj, da bi pravočasno prispela na dom svojih delodajalcev in jim zajtrk postregla, kot je treba. Ni ji ga bilo treba pripraviti, morala je le poskrbeti, da so ga dobili v pravih skledah in posodah, z ustreznim jedilnim priborom in prtički. Kakšne fine besede za postrežbo hrane, medtem ko ljudje stradajo, je pomislila Rositha. A družina je bila dobra do nje in priskrbeli so ji vse, kar je potrebovala.

Opazila je, da je bila davi veliko boljše volje. Ko je ni nihče gledal, se je celo nasmihala. Krivec za to ni moglo biti malo vina, ki ga je popila prejšnji večer, saj ga je namenoma popila le malo, da bi si dokazala, da ji ni usojeno uživati velikih količin slivovke, kot sta to očitno počela njen oče in dedek. Dozdevalo se ji je, da se je nasmeh pojavljal zaradi obeta, da se bo znova dobila z mladim Bernardom. »Saj je vseeno,« si je šaljivo rekla. »S temi tankimi lasmi je tako ali tako videti starejši in kdo ve, ali se bo danes zvečer sploh pojavil.«

Ko je prispela na posestvo Wedgwoodovih, so sodelavci rekli, da so njeni koraki »lažji«, a se je pretvarjala, da jih ne sliši. Točno ob 17.30 se je preoblekla iz uniforme v običajna oblačila in odšla skozi vhod za služabnike ter naokrog do vhodnih vrat. Kot je obljubil, je tam stal Bernard v uniformi in s kapo v roki. Tudi on se je zadovoljno nasmehnil, ko jo je prijel za roko in sta se odpravila proti poslovni četrti, kjer sta vedela, da bosta našla lokal za zgodnji obrok.

Zdelo se je, da si lahko privošči visoke cene, po katerih so te dni v mestu prodajali hrano, čeprav obroki niso bili posebej okusni. Dobro sta jedla, in ko sta odhajala, ji je podaril čokolado. »Vojaki moramo vedno imeti s seboj tole,« se je šalil. »Zato sem pomislil, da bi ti dokazal, da sem res vojak, in ti jo prinesel.«

Rositha se je zasmejala in začela jesti, vendar je bila dovolj vljudna, da mu je ponudila košček. Njegov odgovor jo je prepričal, da bo pred vrati deležna poljuba, ker je odvrnil: »Upal sem, da jo bom lahko poskusil drugače.«

Po vožnji z avtobusom in kratkem sprehodu sta bila pri stranskih vratih njene stanovanjske hiše. Vprašal je: »Lahko vojak slovensko dekle poljubi za lahko noč?«

Nagnila se je naprej in njune ustnice so se za nekaj sekund srečale, nato pa sta se odmaknila in malce jima je bilo nerodno. »Izvedeti moram, kdaj bom lahko kaj takšnega poskusil znova,« je dejal. Dogovorjena za zmenek ob koncu istega tedna, ko sta jima urnika to dopuščala, sta se razšla.

Rositha je sprva menila, da je najbolje, da vse zadrži zase, a Vilma je vedela za njen zmenek na slepo. Med odgovarjanjem na Vilmina vprašanja o Bernardu je povedala, da se nameravata še naprej videvati. Takšna zaveza je bila za Rositho nenavadna. Običajno je moške zelo hitro odslovila. Ena napaka in že so šli, saj ni prenesla slabih manir, ljudi, ki so zviška gledali na druge skupine ljudi, in moških, ki so omalovaževali ženske. Vilma se je spraševala, ali je ta fant res tako poseben ali pa je Rositha z vojno preprosto postala manj izbirčna. Ni bilo dolgo in dobila je odgovor. Bila je pomlad leta 1944 in minila sta dva tedna, ko je Bernard Rosithi sporočil, da se nekaj časa ne bosta videla zaradi velike naloge, s katero so povezani letalci ameriške vojske. Naj je ne skrbi, ker bo na varnem, le veliko dela bo imel. Ves čas bo mislil nanjo. Ko se bo vrnil, in obljubil je, da se bo, jo mora vprašati nekaj pomembnega.

Kot vsaka na novo zaljubljena ženska se je Rositha najprej vprašala: »Je to res? Gre na posebno nalogo ali noče biti več z mano?« Nato se je zbala zanj. »S kakšnimi strašnimi izzivi se sooča vojska? Bo res varen?« Nazadnje se je sprijaznila z njegovim opisom dogajanja, saj več tako ni mogla izvedeti. Takšne skrivnosti so bile med vojno nekaj običajnega. Rekel je, da bo mislil nanjo, zato se je morala strinjati, da bo počakala.

Začelo jo je mučiti nenavadno vprašanje. Morda se je rodilo iz potrebe, da bi omilila svojo željo po njem, ko je bil popolnoma nedosegljiv, a v resnici ni vedela, ali želi zapustiti Evropo in do smrti živeti v ZDA. On zagotovo ne bi želel ostati v Londonu ali se z njo vrniti v Slovenijo. Je ona želela živeti v mirnih gorah Vermonta in ponovno zaživeti življenje, ki mu je tako zelo želela ubežati v Jugoslaviji? Je bila to priložnost, ki jo je tako dolgo čakala? Kaj pa obisk ubogega očeta, bratov in sester, če bodo po Božjem usmiljenju preživeli to vojno? Zdelo se je, da se bo za tega moškega, ki so ga soborci zaradi barve las klicali »Rdeči«, odrekla veliko rečem. Je to tisto, kar si je želela? Rdečega in deset rdečelasih otrok?

Minilo je več dni, ko nista bila v stiku. Vilma je rekla, da je od prijateljev slišala, da je tako z večino vojakov. Rositha mora razumeti, da drugače ne gre. Postala je nemirna. Za tako veliko skrivnostjo se gotovo skriva nekaj pomembnega. Nato pa se je zgodilo: napad na Normandijo. 6. junija 1944 so se zavezniške sile po kopnem, morju in zraku združile za največjo invazijo v zgodovini človeštva. Zgodila se je na francoski obali Normandije. Izkrcali so se in še naprej prihajali, dokler niso do konca junija vojaki, zaloge in vozila preplavili območja. Prihodnost vojne se je obrnila na glavo. Zavezniki so izgubili več kot 10.000 ljudi, vendar so Nemci zaradi te operacije podpisali brezpogojno kapitulacijo in maja 1945 je bilo vojne konec. Po napadu v Normandiji so se Nemci še naprej bojevali, vendar je ta »dan D« obveljal za začetek konca vojne.

A novice v časopisih o prvem dnevu spopadov 6. junija niso mogle napovedati končnega izida. So pa napovedale na tisoče mrtvih na obeh straneh. Število žrtev je bilo osupljivo. Evropejce, ki so brali te novice, vključno z Rositho, je zelo zaskrbelo za dobrobit ljubljenih. Več dni je minilo, preden se ji je lahko Bernard javil, saj so bile telefonske in telegrafske žice na velikem delu ozemlja uničene. Trupla so pobirali povsod in številne misije so bile izvedene samo zato, da so pobrali ranjence in mrtve. Vsi so se osredotočili na njihovo reševanje in zdravljenje.

Ko je Rositha končno spet slišala Bernardov glas, je to omogočil radijski operater, ki je pogosto posredoval v takšnih primerih. Rekli so ji, naj pride v hišo nekega človeka, ker jo čaka pomembno sporočilo. Ko je bila povezava vzpostavljena in je prepoznala Bernardov glas, je od veselja zajokala. Njen odziv mu ni ušel.

Ko se je vrnil, jo je Bernard zaprosil takoj, ko je lahko zapustil oporišče. Našel je majhen diamantni prstan, ki ga je lahko kupil z le nekaj izposojenimi funti dodatne pomoči svojih prijateljev in prodajo enega od motorjev, ki so jih popravili. Ni se ukvarjala z velikostjo dragega kamna, skrbela jo je le njegova iskrena predanost. Ja, dejal je, da je prepričan glede te odločitve, da je pisal mami in da je dejala, da bo Rositha dobrodošla v njunem domu v Vermontu. Njegov poveljnik je odobril poroko in tik pred koncem vojne sta se poročila v eni redkih rimskokatoliških cerkva v Londonu.

Tako sta imela več časa, da se bolje spoznata. Rositha pa je imela tudi več časa, da je Vilmo pripravila na to, da bo ostala sama. Vilma je bila brez vsaj ene od svojih sester le, ko je bila na tisti ladji, zato ji je bila misel na ločitev neprijetna. Ker pa se je vojna bližala koncu, je bil to zelo radosten, a hkrati zmeden čas. Veliko ljudi je bilo razseljenih, izgubljenih ali pogrešanih, povsod so vladali zmeda in zlomljena srca. Vilma se je odločila, da bo Rositho podprla.

Rositha in Vilma sta morali poiskati, kar je potrebovala vsaka od njiju, a sta iskali tudi informacije o svojih bratih in sestrah ter očetu. Večina komunikacijskih povezav je bila prekinjenih. Rdeči križ je bil preplavljen s prošnjami in ljudje po vsej Evropi so prosili za pomoč pri ponovni združitvi s sorodniki. Družine so ugotavljale, da je eden od članov odšel v ZDA, drugi v Avstralijo, tretji pa živi v Kanadi. In to so bili tisti, ki so sodili med srečneže, saj jih je veliko izginilo brez pojasnila.

30

POGLAVJE: PREŽIVETI PORAZ IN SRAMOTO

Julijana ni pričakovala, da bo Adolf Hitler zmagal v tej vojni. Njegovi cilji in filozofija so jo preveč strašili, da bi verjela, da mu bo svet dovolil zmagati. »To bi pomenilo, da je zlo premagalo dobro, in Bog tega ne bo dopustil,« si je govorila.

Tudi če je to verjela, pa tistim, ki so bili na napačni strani te zmage, še vedno ni bilo lahko. Hansi je bil ponižan, prav tako njegovi tako imenovani prijatelji. Nihče od njih zdaj ni želel priznati svoje vloge v vojni ali svojih povezav z Rajhom. Bali so se tudi drug drugega. Če je »prijatelj« vedel za tvoje dejavnosti, te je lahko izdal zaveznikom. Po vsej Nemčiji so nastajali odbori, ki so skušali najti odgovorne za poboje Judov, ki so jih pozneje poimenovali holokavst. Če si delal v koncentracijskem taborišču, razen če si bil najnižji delavec, na primer kuhinjsko osebje, si zdaj veljal za vojnega zločinca. Med najbolj osovraženimi so bili zagotovo stražarji, takoj za tistimi, ki so naročali ogabne poskuse na judovski zapornikih. Ti ljudje so bolečino povzročali samo zato, da so potešili svojo radovednost glede različnih zlorab, ki jih lahko prenese človeško telo.

Veliko je bilo bolnih ljudi, ki so bili, ko so se enkrat domislili sadističnega načrta, odločeni, da ga bodo izvedli, ne glede na to, da ni imel nobene družbene vrednosti. Na mladih zdravih nogah so opravili več operacij, da bi preverili, ali si lahko človeško telo opomore po nepotrebnem postopku. Poskušali so preveriti, ali lahko človek dobro shaja brez zdravil proti bolečinam ali brez antiseptičnih zdravil. Ti grozni zdravniki so bili zato veseli, ko so se v taboriščih pojavili dvojčki. Menili so, da bodo lahko z njihovo pomočjo, če bosta subjekta enaka, izvedli bolje nadzorovane študije. Razliko v rezultatih bi lahko tako pripisali uporabljenim postopkom in ne razlikam v subjektih.

Nekateri od teh norih znanstvenikov so iz delov teles svojih subjektov po njihovi smrti izdelovali spominke. Iz človeške kože so delali denarnice in senčnike. Ti predmeti so razkrivali globljo stopnjo pokvarjenosti teh »znanstvenikov« in njihov ponos nad ustvarjanjem groze. Ko so morali ti ljudje zapustiti svoje laboratorije, so bili predali polni takšnih stvari. Bili so med najbolj preziranimi, ker so po nepotrebnem tvegali človeška življenja, a tudi stražarjem, ki so namerno jemali življenja, ni bilo nikoli odpuščeno.

To so bili ljudje, ki so bežali iz Nemčije ali spremenili svojo prvotno identiteto takoj, ko so dognali, kam lahko pobegnejo. Pametnejši med njimi so že dolgo predpostavljali možnost, da bodo morda potrebovali novo osebnost. V sefih so imeli potne liste s ponarejenimi fotografijami in vozovnice za Južno Ameriko, ki so samo čakale, da jih uporabijo. Za pobeg so uporabili vse oblike prevoza, ki so jih lahko našli. Prijateljstva so bila pozabljena, stvar preteklosti, zato se Hansi ni mogel obrniti na nobenega od svojih prejšnjih prijateljev.

A to jim je bilo v korist; v bližini ni bilo nikogar, ki bi govoril proti njim ali prepoznal Hansija kot posrednika. Bil je le umetnik, čigar dela so naročali tisti, ki so se želeli pokazati v laskavi luči. Njegova naloga je bila slikati ugodne portrete; o tem, kako bodo ta dela uporabljena, ni mogel odločati. Ni vedel, kdo pripada nacistični stranki in kdo ne. Vedel je le, kaj želijo, in da bo za svoje delo prejel plačilo. Kako naj bi drugače poskrbel za hrano za ženo in sina? V to stanovanje so ga preselili tisti, ki so potrebovali njegovo delo, saj so bili iz neznanega razloga zbrani na tem območju. Stanovanje je sprejel, ker je bilo na razmeroma varnem območju in je njegovim strankam omogočalo enostaven dostop. Bil je umetnik in kot tak ni imel pojma o politiki.

Hansi in Julijana sta se pogovorila o tem, kaj morata storiti. Oba sta menila, da bi se bilo pametno vrniti na Dunaj in se ponovno naseliti v svoji stari soseski. Kmalu sta izvedela, da so večino tega območja žal uničile bombe, vendar sta upala na obnovo. Veliko ljudi iz starega dela si je želelo graditi na novo, na mestu starih stanovanjskih hiš, kavarn in trgovin z umetninami zgraditi nove. Donava je bila še vedno tam kot stalnica, prav tako številne operne hiše in katedrale. To je bila priložnost za nov začetek. Obnova je postala njun načrt in Hansi se je strinjal z odločitvijo.

Julijano je skoraj tako kot to, kako bodo ona, Peter in Hansi našli varnost, preganjalo popolno pomanjkanje informacij o bratih, sestrah in očetu. Kako so preživeli vojno? Prepričana je bila, da sta Mojca in Vid odplula v Avstralijo, toda kaj se je zgodilo potem? Verjetno sta se nekje naselila in si morda ustvarila družino. Zlahka si je predstavljala, da sta bila na varnem. A kje?

Pojavljala pa so se tudi večja in bolj zastrašujoča vprašanja. Vedela je, da sta bili njeni dragi sestrici Rositha in Vilma v Londonu. Kaj se je zgodilo z njima? Sta se izognili bombardiranju? Kako sta se preživljali? Sta se lahko umaknili iz Londona, če je bilo potrebno?

In končno, najbolj strašljivo od vsega: vedela je, da je Andrej poročen, pa tudi v kraljevi vojski. Kako mu je šlo v tej vojni? Ko sta se skrivala na pletnah, da bi presenetila tatinske tolpe, si je močno želel uporabiti orožje in dokazati, da je on glavni. Je končno zares uporabil puško? Kako je z njim? Je bil na varnem in z družino ali pa se je izgubil na osamljenem pobočju, ko je Kraljevina razpadla? Je padel v boju za svojega kralja?

Julijano je skrbelo za njeno družinico, obenem pa je obupano iskala stik z nekom, ki bi kaj vedel o njeni prvotni družini. Vedela ni niti, ali je njen oče živ, in če je, kdo mu je pomagal med pomanjkanjem in grozo. Molila je, da je bil ob njem kdo iz družine.

Zdaj je slišala, da so bili za Slovenijo zadolženi Rusi. Njen oče je sovražil komuniste skoraj z enako vnemo kot naciste. Upala je, da bo dovolj moder in političen, da bo nekatera svoja mnenja zadržal zase. Novim voditeljem ni bilo treba povedati, da nimajo kaj voditi »njegove« Slovenije. Če bo previden, bo zmogel. V nasprotnem primeru je upala, da bodo Rdeči vsaj sočutni do njegovih mnenj, mnenj starejšega kmeta, saj ni bilo prav verjetno, da bi koga udaril.

Nekatere od teh misli so ji risale nasmešek na obraz. Razmišljala je, koga naj pokliče. Nato se je spomnila župnikov. Če sta bila še tam, sta vedela za vse, kar se je dogajalo v kraju: kdo je umrl, kdo ima otroke, kdo se je poročil in kdo bo verjetno potreboval pomoč ali jo nudil. Nekaj časa je razmišljala o tem, da bi poskušala priti do Očetov, potem pa je spoznala, da bi njune novice sprožile nova vprašanja. Z njima ni želela govoriti o očetovstvu svojega sina ali s Petrom govoriti o tem, da Hansi ni njegov pravi oče. To so bili zelo težki časi, predvsem zato, ker so se počutili razseljene in brez doma, kar ni bil idealen trenutek, da bi človek navrgel: »Mimogrede, sin, človek, za katerega misliš, da je tvoj oče, to v resnici ni.«

Na prvem mestu sta bila zanjo sin in mož. Preživeli so vojno, našli bodo dom in nato ugotovili, kako se je godilo njeni družini. Vse jih je imela rada in molila je, da bi bilo res tisto, kar je bilo najbolje za vse.

31

POGLAVJE: PAZNIKI SE ZDIJO NEMIRNI

Vsak zapornik postane strokovnjak za branje telesne govorice paznikov. Če so videti nesrečni, imajo podočnjake in neobrite brade; to za ujetnike nikoli ne pomeni nič dobrega. Včasih so bili njihovi ječarji videti skorajda veseli, z nasmehi, okroglimi trebuhi in samozavestnimi kretnjami, ko so zjutraj z njimi korakali na delovno nalogo. Zdaj jih niso pustili iz taborišča, da bi opravljali svoje naloge, hrane skorajda ni bilo, stražarji pa so bili enako zanemarjeni kot zaporniki, čeprav njihova oblačila niso bila tako zelo razcapana.

Vsi zaporniki so molili za zmago zavezniških sil, a ko so opazovali, kakšen davek to pomeni za poražence, jih je postajalo tudi strah. Kaj, če ne bodo preživeli zmage? Kaj, če so želeli stražarji zaradi bolečine poraza uničiti te zapornike kot simbol zmagovalcev, ki so jih tako zaničevali? Jih bodo zdaj ubili, da bodo začutili trenutek maščevanja v času, ko je bil njihov svet tako temen? So Jugoslovani trpeli leta poniževanja in zapiranja, da bi po koncu vojne umrli? Kako kruta usoda bi bila to!

Prvo noč po teh opažanjih, ki jih pazniki niso niti potrdili niti zanikali, je Andrej sanjal žive sanje. Njegove misli so se zdele obdane z bodečo žico, tako kot njegovi spalni prostori. Nato je bil na domači kmetiji, stal je pred hišo in gledal v hrib. Blejsko jezero je bilo pred njim, desno od njega pa starodavni grad. Travnik je bil pred kratkim pokošen, zato so ptice letale nad nizko travo in iskale žuželke, morda tudi majhne kače, ki bi jih prebodle s kljuni. Te živali so bile lahek ulov. Sveže pokošena trava je oddajala bogat sladek cvetlični vonj, ki ga ni imel Andrej nikoli dovolj. V sanjah je globoko vdihaval zrak, da bi v vonju užival čim dlje.

Nato se je zavedel, da z vratolomno hitrostjo teče proti jezeru po hribu navzdol. Na srečo je bil dovolj preudaren, da se je spustil na kolena in se zadnjih nekaj metrov kotalil ter padel naravnost v vodo. Hlastal je za zrakom in se smejal. Ko je prišel iz vode, je zagledal Rositho, v njegovih mislih drobnega otroka, ki se je kotalila in smejala ter padla v vodo takoj za njim. To ga je močno razveselilo. Nekaj časa sta se škropila in pripomnil je, kako hladno in osvežujoče je jezero. Tako zelo, da se jima zvečer ne bo treba umivati.

Pogledal je tudi proti pletnam; ene od njih ni bilo, verjetno je vozila turiste. Morda je Mojca tam prodajala svoje medene zavitke. Kako zelo je upal, da jih bo ostalo kaj za zajtrk. Nič ni bilo slajšega od medu njihove družine in Mojčine peke. Nato se je znova pogreznil v spanec.

V naslednjem delu sanj je bil z Ivanom v gozdu. Sledila sta jelenu. Hkrati se je bal ubiti tako lepo bitje in bil navdušen, da bo postal družinski junak, ko so bili vsi tako lačni. Gozdovi so se bleščali od rose; dom se še nikoli ni zdel tako slikovit, tako idiličen. V njegovih sanjah je bila mama še vedno živa in zdelo se mu je, da stoji le nekaj metrov stran, oblečena v predpasnik, v pričakovanju njune lovske zmage, na štedilniku pa že čaka lonec z vrelo vodo, da jo bo napolnila z notranjimi organi in iz njih skuhala obaro. Objemal jo bo tako dolgo, kot jo bo le mogel, da bo res vedela, kako zelo jo ima rad.

Končno so ga sanje odpeljale domov v Srbijo, kjer sta ga žena in dojenčica Valerija že dolgo čakali. Dojenčica je bil zdaj že majhna deklica in spraševal se je, koliko časa bo potrebovala, da ga bo prepoznala ali ponovno spoznala. Zelo vesel je bil, da se je ta otrok rodil. Bila je njegovo upanje za prihodnost. Ne glede na to, kaj se bo zgodilo, bo živel prek njenih prihodnjih otrok in njegovih vnukov. Kjer je bilo rojstvo, se je življenje nadaljevalo. Prepričan je bil, da je njegova družina preživela to strašno vojno, in Bogu se je zahvaljeval za njuni življenji.

Ko se je prebudil zaradi dregljaja sostanovalca, ga je preveval občutek veselja in ljubezni, ki so ga ustvarile te sanje. S temi občutki v srcu je bil deležen novice, da so se stražarji ponoči izmuznili in v taborišču ni nobene nemške oblasti več. Niso bili zares izpuščeni, a lahko so pobegnili in poiskali pot domov. Beseda o svobodi se je hitro razširila med možmi, završalo je bučno navijanje in številni, tudi Andrej, so padli na kolena. Zahvala Bogu, da je bil po dolgem času prost in da je bil ob koncu tega grenkega dela zgodovine še vedno živ, se je zdelo najmanj, kar lahko dober katoliški fant naredi.

Ko so se možje spotikali čez ograjo iz bodeče žice, so ponje začeli prihajali tovornjaki Rdečega križa. Vsakega zapornika so želeli identificirati ter jim zagotoviti druga oblačila ter nekaj hrane, ki jim bodo pomagali na dolgi poti domov. Veliko zapornikov je potrebovalo zdravniško pomoč. Tudi za to je poskrbel Rdeči križ. Kadar so lahko, so jim ponudili tudi prevoz do doma, vendar je večina jugoslovanskih mož nameravala potovati po gorskih prehodih, da bi čim prej prispeli domov. Tovornjaki se na tem terenu ne bi dobro znašli, še posebej, če bi bila na cesti še druga vozila. Zaradi spomladanskega taljenja snega bi se dodobra zakopali v blato.

Andrej je pri Rdečem križu prijavil svoje ime in domači naslov, sprejel sveža oblačila in prisluhnil njihovim opozorilom, da so ceste nevarne, saj se je veliko vojakov še vedno borilo. Partizani so vedno govorili: »Pridružite se nam ali pa vas bomo ubili.« Zdaj je vedel, da so mislili: »Če nisi bil z nami, te bomo ubili.« Zato se mu je zdelo najbolje, da preostalo uniformo kraljeve vojske pusti tam in se obleče kot preprost kmet. Ko se je preoblačil, je bilo edino, kar se mu je zdelo vredno obdržati, njegova »kapa za srečo«, rdeča kapa, ki jo je po bombardiranju pobral pred uničenim domom svoje sestre na Dunaju. Spravil jo je pod srajco in za pas hlač.

Toda on in večina mož, ki so bili skupaj v ujetništvu, je komaj čakalo, da pridejo domov. Skoraj niso mogli verjeti, da jih prijatelji in sosedje ne bi dobro sprejeli. Po enem telefonskem klicu, ki ga je lahko Rdeči križ omogočil vsakemu moškemu in v katerem je izvedel, da ga žena in hči čakata, se je peš odpravil iz Avstrije v Beograd. Seveda ga je prvi del poti vodil skozi Slovenijo. Ker je vedel, da ga Marica čaka in bo zdaj družino obvestila o tem, da so ga izpustili, je bilo to velika motivacija za nadaljevanje poti.

Ob poti v Jugoslavijo so naleteli na britanske vojake, ki so jih varovali. Pomagali so pri usmerjanju prometa, saj je bil to čas velike zmede zaradi spreminjanja pravil in milijonov razseljenih ljudi, ki so želeli azil ali pomoč pri poti na oddaljene lokacije. Velik del prometa je zagonetno tekel prek prelaza Ljubelj, iz Jugoslavije. Na tisoče ljudi, moških, žensk in otrok, je z vsem, kar so imeli, privezanim na hrbtih, poskušalo pobegniti pred komunisti, ki so zdaj obvladovali njihovo deželo. Želeli so priti v Italijo, saj so vedeli, da so zavezniki v zadnjih dneh vojne razdelili odgovornost različnim strujam sil osi. Zaradi vse pomoči, ki so jo partizani nudili zaveznikom, so bili nagrajeni z ruskim nadzorom nad večino Jugoslavije, saj so bili partizani komunisti. Američani so nadzorovali Italijo, nekateri prebivalci Jugoslavije pa so menili, da bodo Američani z njimi veliko bolje ravnali kot Rusi, zato so poskušali oditi v Italijo. A ko prispeli do določene točke, so jih Britanci obrnili. Ti vojaki so napačno menili, da bodo Rdeči dobro ravnali z ljudmi samo zato, ker so bili njihovi rojaki in ker je bilo vojne konec. V večini primerov so bili ljudje, ki so jih obrnili, obsojeni na smrt.

V to mešanico zmede in trpljenja je vstopil Andrej. Poln evforije zaradi svobode in tega, da je pravkar navezal stik z ženo po štirih letih strahu, dvomov in osamljenosti. Ko so drugi obtičali v blatu, jim je priskočil na pomoč, dvignil je romarja, ki mu je spodrsnilo in je padel, saj mu je svoboda pomagala, da je spet dobil moč in se mu je znova zbistril um. Njegove sopotnike je vrnitev domov skrbela. Govorili so o Titu, ki je med vojno vodil partizane in zdaj imel velike ideje. Nihče ni smel imeti v lasti ničesar, kar bi ga razlikovalo od sosedov; nobenih nazivov ni bilo, nobenega bogastva in nobene nadrejenosti. V komunizmu so bili vsi enaki, zato so si lahko delili hrano in zemljo. Razumeli so, da njihove ovce pripadajo državi, in ne njim samim, ter da se bodo morali odpovedati Bogu in se nikoli pokloniti blagoslovljenemu Jezusu.

Andrej jim je govoril, da bo za rešitev vseh teh zadev potreben čas. Menil je, da je večina tega, kar so slišali, histerija zaradi let pomanjkanja in negotovosti. Verjel je, da bo vse v redu, a na začetku bo seveda težko. Pot je zato nadaljeval hitro, kakor je šlo, v močni želji, da bi znova stal na jugoslovanskih tleh.

32

POGLAVJE: QUEEN MARY

Ko se je vojna končala, se je vse dogajalo kot v hitrem posnetku. Veliko je bilo za postoriti in odprlo se je toliko možnosti komunikacije, da se je Rosithi zdelo, da se ji ves čas vrti. Ena od prvih stvari je bila, da je ameriška vojska želela, da se Bernard in večina vojakov vrne v ZDA. Bernarda so z ladjo »Liberty« poslali domov, čeprav je bil pripadnik vojaškega letalstva.

Ko je videl, da bo Rositha prišla za njim in da bo nanjo pazila vojska, je bil videti vesel, da gre. Rositha bo plula z ladjo Queen Mary, ki več let ni vozila potnikov. Rositho je razveselilo že ime ladje, ko je pomislila na to, kako je prišla v London in kako drugačno je bilo zdaj njeno življenje. Spakirati je morala majhno skrinjo, v katero je morala spraviti vse, kar je hotela odnesti iz tega v svoje novo življenje. Seveda lahko v Ameriki kupi ali izdela nove stvari, a pri tistem, kar ima čustveno vrednost ali je osebno, mora skrbno izbrati. Pri večini odločitev je premislila o tem, kaj bo potrebovala na ladji, Bernard pa je dejal, da lahko vse, kar potrebuje, dobi v trgovini z mešanim blagom v Vermontu. A imela je par dobrih škornjev za sneg, ki jih je nameravala vzeti s seboj.

Poleg urejanja papirjev, s katerimi je morala dokazati, da je žena Američana, so jo čakale še druge zahtevne zadeve. Ena od njih je bila ločitev od Vilme, ki bo odslej živela brez sestre v sosednji postelji. Iz penziona za ugledne mlade dame sta se preselila v majhno stanovanje s skupno kopalnico na hodniku. Ni bilo razkošno, vendar je bilo bolje, kot živeti z veliko ženskami, ki niso vedno spoštovale osebnega prostora in lastnine drugih. Odselili sta se, ko se je na neki skupni večerji na eni od ostalih žensk spet pojavil njun lep šal. Očitno so znala velemestna dekleta ključavnice odkleniti brez ključa.

Vilma je nameravala v stanovanju ostati sama ali morda poskusiti najti sostanovalko. Še dobro, da Rositha v svojo skrinjo ni mogla stlačiti veliko stvari, saj bi sicer Vilma morda ostala brez nekaterih potrebščin. A ko se je bližal čas Rosithinega odhoda, sta postajali vse bolj zaskrbljeni in pogosto ostri druga do druge. Razpoloženje se je sprostilo v zadnjem tednu Rosithinega bivanja, ko je Vilmo začelo prevzemati navdušenje nad moškim, ki ga je pravkar spoznala. To je brez dvoma odpravilo Rosithino krivdo, da zapušča sestro. Zdaj si jo je lahko predstavljala srečno s fantom.

Druga težava ni bila tako zlahka rešljiva. Konec maja, ko je Rositha ponovno poklicala domov, da bi preverila, ali so po koncu vojne vsi člani družine stopili v stik z očetom in bratom v Sloveniji, je prejela zaskrbljujočo novico. Samo za enega od njih niso vedeli. To je bil njen brat Andrej. Z ženo Marico v Beogradu je bil v stiku prek Rdečega križa. Glede na njegov opis poti, ki si jo je začrtal, je nameraval v Jugoslavijo priti prek prelaza Ljubelj. A od takrat, ko je bil že tako blizu doma, o njem ni bilo ne duha ne sluha. Njena svakinja, njegova žena, se je vsak drugi dan obrnila na Rdeči križ, a njihov odgovor je bil vedno enak: »Trenutno je razseljenih devet milijonov ljudi. Prepričani smo, da se bo pojavil. Pri nas je prijavil svoje ime in vaš naslov. Gotovo je na poti.« Zato je poskušala ne obupati, a nekateri dnevi so bili težji od drugih.

Rositha je Bernardu na koncu poslala telegram, v katerem ga je vprašala, ali se lahko domisli kakšnega načina, kako bi lahko poiskali Andreja. Ker je bil zdaj v ZDA, ni mogel pomagati in počutil se je nemočnega. Če bi bil Andrej poročen z Američanko, bi morda lahko kaj naredili, a v trenutnih okoliščinah je bilo ameriško zunanje ministrstvo že tako preobremenjeno z iskanjem vseh pogrešanih Američanov.

Končno je prišel dan, ko se je Rositha vkrcala na ladjo Queen Mary, ki se je ogromna in razkošna bohotila v pristanišču. Ladja je bila v črni, zlati in srebrni barvi z več palubami videti zelo uradno.

Na več lokacijah so bile restavracije in saloni, na krovu pa je bilo 2.100 potnikov in dodatnih 1.100 članov posadke. Medtem ko so imeli potniki prvega razreda udobne kabine blizu glavnih jedilnic, je bila Rositha v manjši sobici pod njimi. A to je bilo še vedno bolje od mnogih drugih potnikov, ki so se znašli v zelo natrpanih sobah. Imela je srečo, saj je bila zaradi poroke z Američanom deležna nekaterih ugodnosti.

Potovanje je potekalo brez težav. Čez šest dni bo Rositha stopila na otok Ellis v New Yorku v ZDA. Tu jo bodo morali obravnavati, pregledati njene dokumente, preveriti njeno zdravstveno stanje, nato pa jo bodo po stanju v dolgih vrstah združili z možem.

Bernarda je prepoznala, ko si je snel kapo in je zagledala njegove čudovite, čeprav redke rdeče lase. Stekla sta drug k drugemu in na dolgo jo je poljubil na ustnice. Ko se je umaknil, sta oba zardela in se zahihitala, saj nista bila vajena javnega izkazovanja naklonjenosti, prav tako se nista počutila preveč udobno drug ob drugem po nekaj mesecih ločitve in tako kratkem zakonu. Toda pravo veselje je bilo v tem, da se je ta trenutek zares dogajal. Spomnila sta se dolgih mesecev načrtovanja, norosti ob koncu vojne in nato velike razdalje, ki sta jo morala premagati, da sta se srečala v mestu, ki ga noben od njiju ni poznal.

Sin Vermonta je komaj čakal, da svojo nevesto odpelje v svoj dom. Medtem ko bi nekateri moški za drugi medeni mesec rezervirali apartma v mestu, je Bernard v Vermontu rezerviral sobo v hotelu tik ob železniški postaji. Zjutraj jima je plačal zajtrk in jo odpeljal domov k mami.

Mama, Grace Adams, je bila podobna Bernardu – če bi ta imel 50 kilogramov več in bi nosil obleko. On je bil čeden in enako bi lahko rekli zanjo. Snaha je bila hvaležna, da se jima je pridružila, in minilo je nekaj prijetnih dni, v katerih sta jo poskušala seznaniti s svojim domom in okolico.

Rositha je oboževala mostove, ki so preko reke Connecticut povezovali Vermont in New Hampshire. Območje je bilo res gorato, podobno kot njena rodna Slovenija. Ljudje, ki jih je srečevala, so bili do nje prijazni, mnogi so jo želeli obdarovati, denimo z javorovim sirupom ali ročno izdelanimi rokavicami. Vse je sprejela s prijaznim »hvala«.

Čez nekaj dni pa je Grace, ki je bila poštna uslužbenka v mestecu Fairlee v Vermontu, sporočila še nekaj drugega. Zdelo si ji je, da se je Bernard dobro dogovoril, ko se je poročil z Rositho in želel, da se jima pridruži v Vermontu, saj oba delata, Rositha pa bi lahko bila njuna gospodinja, ki bi ju ob večerih čakala z večerjo na mizi.

Čeprav je bila Rositha počaščena, da je lahko delala za lorda in lady Wedgwood v podobni vlogi, si začetka svojega zakona v lastnem domu in ob lastni družini ni predstavljala tako. Ni trajalo dolgo, da je sveži ženin dojel njeno sporočilo. V enem mesecu sta že imela stanovanje v tretjem nadstropju, nedaleč od železniških tirov. Bilo je majhno, a njuno.

Bernardova prva zaposlitev po vrnitvi iz vojne je bila v podjetju First National Stores, ki je bilo konkurenca trgovinam A and P. Delo ni bilo dobro plačano, vendar je zaradi svojih mehaničnih sposobnosti in načina vodenja kmalu postal vodja ene njihovih podružnic, zaradi česar sta lažje plačevala račune. Ko so se vojaki vrnili iz vojne, se je v ZDA zgodil gospodarski razcvet, a prisoten je bil tudi pritisk, ker je bilo treba te ljudi, ki so služili domovini, nagraditi in jim zagotoviti ustrezno zaposlitev, česar ni bilo vedno lahko doseči.

Rositha ni nikoli pričakovala, da bodo vse poti posute z rožicami. Vermont je bil zelo miren, a je imela raje tišino kot Blitz. Bernard je imel brata, čigar žena in hčerka sta postali njeni dobri prijateljici in dobra družba. Na robu parkirnega prostora njune stanovanjske hiše je lahko posadila nekaj rož, in še preden se je leto 1946 končalo, je bila prvič noseča.

33

POGLAVJE: VILMA MORA ŽIVETI NAPREJ

Vilma se je na dan, ko je Rositha začela potovanje v Southampton, nato pa prestopila na ladjo Queen Mary za ZDA, iz službe vrnila v prazno stanovanje. Če bi si lahko privoščila oddih, bi z veseljem pospremila sestro, a zdaj, ko je morala z eno plačo pokriti najemnino, je bil vsak dopust veliko razkošje. Vseeno bi to morda pomagalo ublažiti šok, ki ga je doživela, ko se je ozrla okrog sebe in zagledala napol izpraznjeno omaro in dodaten prostor v komodi. Manjkalo je tudi nekaj fotografij, v sobah pa je bila zdaj praznina, ki je prej nikoli ni opazila, tudi ko je bila nekaj ur sama doma. Na hrbtu je začutila kurjo kožo in se zdrznila. »Kako ljudje to zdržijo,« se je spraševala. Takšno samotno življenje se ji je zdelo skrajno nenavadno.

Da bi se razvedrila, je pomislila na Samuela. Šele začela sta se videvati, a čutila je, da je drugače. Bil je pravi angleški gentleman s hišo na podeželju, katere opis je zvenel čudovito in zgodovinsko. Do nje je bil pozoren in izrekal ji je veliko pohval. Všeč mu je bil njen naglas, rekel je, da zveni seksi. In res je bila drobna blondinka z obrazom lutke iz stripa. Ob Samuelu je bila vedno nasmejana, saj je osamljenost izginila, on pa ji je dajal upanje za prihodnost. Začela se je bati, da ne bo nikoli našla moža, saj je vojna odnesla toliko moških, a tu je bil on, primeren in privlačen.

Zdaj, ko je bila njena sestra poročena in je ni bilo več, se je Vilmi zazdelo, da je res prišel čas za ljubezensko zvezo. Upala je le, da bo premogla Rosithino zrelo presojo, ki ji bo pomagala pri odločanju, kako ravnati v okoliščinah, ki se bodo zagotovo pojavile. Zdelo se je, da v starem dimniku to noč preveč šumi in da se juha ni enako dobro segrela kot takrat, ko ji jo je pripravila sestra. »Ojej,« je zavzdihnila, »živeti moram naprej.«

Samuel je naslednji večer dejal, da se bo oglasil, da vidi, kako ji gre zdaj, ko je sama. Prinesel je šopek rož, ki se jih je končno spet dalo dobiti pri prodajalcih na uličnih vogalih, in steklenico vina. Zasmejala se je in rekla: »Odličen letnik za h golažu,« saj je imela doma sestavine za njegovo pripravo. Upala je sicer, da jo bo peljal v pub na ribe s krompirčkom, vendar so rože in vino nakazovali, da kuha ona. Samuel je imel zato več časa za romanco z Vilmo.

Medtem ko je pražila čebulo in meso, se ji je približal od zadaj in jo začel poljubljati po vratu, ki je bil precej izpostavljen zaradi položaja, v katerem je sklonjena stala nad štedilnikom. Občutek je bil prijeten in zašibila so se ji kolena. Kljub temu je bila odločena, da bo do poroke ostala devica, čeprav nekatere druge spolne dogodivščine niso bile izključene. Vsekakor je hrepenela po pozornosti. Samuelu pa se je to zdela dilema, ki jo je z veseljem spodbujal. Ko sta spila steklenico vina, je spoznala, da sta oba na robu tega, da se ne bosta ustavila. Nato se je s hodnika nenadoma zaslišal hrup dveh drugih stanovalcev, ki sta se prepirala o tem, kdo je na vrsti za obisk stranišča. Vilma se je dvignila na tresoče se noge in rekla: »Res je že pozno, morda kdaj drugič?« Nasmehnila se je.

Samuel je bil videti jezen, a dosegla je nekaj, kar še ni prišlo od njega – povabilo, naj se mu naslednji konec tedna pridruži na družinskem posestvu. Odgovorila je, da si verjetno lahko uredi proste dni. Ko je odšel, se je počutila, kot bi pravkar prejela nagrado. Še vedno je v glavi slišala Rosithino opozorilo: »Kdo bo kupil kravo, če je mleko zastonj?« Spraševala se je, kako bo morala ravnati, če bo prespala v njegovi družinski hiši. »Bomo videli,« je pomislila.

Zdelo se je, da je minila cela večnost, preden je napočil tisti petek. Kot bi čakala, da se konča vojna in zatulijo sirene, da je zdaj varno.

Tako navdušena je bila Vilma, da bo spoznala njegovo družino in videla njegov dom. Verjela je, da bo ta konec tedna odločilen za njuno prihodnost. Točno ob 16.30 je prispel do hiše, v kateri je stanovala. Pripeljal se je s starim bentleyjem. Po stopnicah je prišel ponjo in ji nesel torbo. Zdel se je pozoren in zelo uglajen. Te preproste geste so naredile pozitiven vtis na zaskrbljeno žensko, ki jih je imela za znamenje, da se mora sprostiti in biti srečna.

Pogovor med petinštiridesetminutno vožnjo je bil sprva neroden, nato pa precej zabaven. Enkrat se je pošalil in vprašal, kaj mu je prinesla za večerjo, a jo je hitro pomiril, da je šlo le za šalo. »Moji starši imajo nekaj osebja, ki skrbi za takšne stvari,« je končno rekel. »Ob petkih pogosto vztrajajo pri ribah ali piščancu, razen če moj oče kaj ustreli.« Ko je opazil njen pretresen in zmeden izraz, je v naglici dodal: »Recimo prepelico ali fazana.«

»Zveni zelo okusno,« je rekla.

A ko sta prišla, je bil Samuel videti nekoliko razočaran, ker sta bila njegova starša res doma za konec tedna. V resnici je mislil, da imata opravke na morju. Komaj je prikril razočaranje. Pa tudi njegova starša sta bila presenečena, da je pripeljal gostjo, kar je poskušal prikazati kot njuno pozabljivost. To je bil nadvse neprijeten uvod, ki so ga elegantno skrili z dobrosrčno dobrodošlico Vilmi in vztrajanjem, da bo njen prihod poskrbel za lep konec tedna.

In res je bil krasen. Posestvo je imelo velik zidani dvorec s skupnim osrednjim prostorom in ločenimi krili za lastnike in goste ter služinčad. Kuhinja je zavzemala skoraj celotno kletno površino ter vsebovala bakrene posode in kotle, ki so viseli na stenah in kavljih nad ognjem, ter več velikih pečic. Hiša je bila stara več stoletij, vendar je bila kuhinja očitno pred kratkim preurejena, da so v njej lahko uporabljali plinske in električne naprave. Pod polovico kuhinje je bila tudi vinska klet.

V jedilnici je bila pred prižganim kaminom dolga miza, stene pa so krasile številne trofeje, ki jih je Samuelov oče ulovil v preteklih letih. Vse sobe so bile velike, a ne tako ogromne kot grajske. Poleg tega so bile dobro osvetljene in v nasprotju s tistimi v kamnitih gradovih precej tople. Vilmi se je vse zdelo domače in veselo. Del dekoracije so bile tudi ročno izdelane odeje in jopice iz prave volne. Na nek način jo je kraj spominjal na Slovenijo, če bi Slovenija sploh lahko uspevala in rasla, ne da bi se vsako desetletje v njeno gospodarstvo vmešala vojna.

Samuelova starša sta bila ustvarjalna in zanimiva. Vilmo sta poskušala pritegniti k pogovoru in jo vprašala, kako dolgo traja njeno razmerje s Samuelom. Vilma se je obrnila k njemu, da bi lahko sam odgovoril na vprašanje, a je le nekaj zamrmral in se še enkrat opravičil za njeno navzočnost. Ni se odzvala, saj bi lahko sicer omenjeno kazalo na katastrofo. A zdel se je manj iskren, kot je sprva mislila. Takoj ko sta ostala sama, se je opravičil, rekoč da mu je vedno mučno odgovarjati na vprašanja staršev. Se ji lahko odkupi s poljubom? Nato sta se prijetno otipavala, preden sta se oblekla za večerjo.

Po večerji sta se njegova starša zgodaj odpravila spat in jima zaželela lep večer. Samuel je Vilmo popeljal na kratek sprehod do hlevov in ji pokazal konje, ki jih je občudovala, kot se spodobi. Ko sta bila končno v zelo zasebnem okolju, se je je lotil z veliko vnemo in ji govoril, kako lepa je in kako zelo si je želi. Vse je šlo zelo hitro in v nekem trenutku sta se še naslanjala na steno, nato pa že padla na kopico sena brez občutka za čas, kraj ali zavore. Z vso težo je pritisnil nanjo in Vilmi je bilo to hkrati všeč in se ji zdelo grozno, da bo šla predaleč, ko je vstopil hlevar, ki ni vedel, zakaj so prižgane luči.

Ko je zagledal Samuela, mu je rekel »gospod« in se začel pomikati nazaj ter se opravičevati. Da mu ne bi bilo tako nerodno, ker je njuno početje bolj kot v ta prostor sodilo v spalnico, je Samuel skočil pokonci in z veliko mero lahkotnosti pomagal vstati tudi Vilmi. Oba sta se smejala. Nazadnje sta se poslovila od hlevarja in odšla v hišo.

Na posestvu je bilo še nekaj drugih stavb. Nekatere so imele slamnate strehe, a tistega večera si jih nista ogledovala in sta se vrnila v hišo. Samuel se je zdel nerazpoložen, zato sta se le na rahlo poljubila in odšla vsak v svojo sobo. Takrat je Vilmo v tej čudoviti hiši prvič zmrazilo. Seveda sta naslednji dan s starši odšla na sejem in iz velike romantične pustolovščine, ki si jo je želel Samuel, zaenkrat ni bilo nič.

34

POGLAVJE: VOŽNJA NAZAJ V LONDON

V nedeljo popoldne je Samuel, ki se je pred starši še vedno obnašal ljubeznivo, Vilmi nakazal, da je čas, da spakira svoje stvari, da jo bo lahko odpeljal nazaj v London. Srčno se je zahvalila njegovim staršem in še enkrat poudarila, kako lep dom imajo in kako vesela je, da ju je spoznala. Odšla je z upanjem, da se bodo takšni trenutki še ponovili in da je pustila dober vtis.

Ko sta sedla v avto, je Samuel dejal: »S starši ni bilo treba tako pretiravati. Saj vesta, da si uživala tukaj in v njuni družbi.«

»Velja,« je rekla Vilma. »Tako sem bila vzgojena. Da se je treba zahvaliti ljudem, ki so prijazni do tebe, in da se je vedno bolje zahvaliti preveč kot premanj.«

»Če se sploh tako reče,« ji je zabrusil. »No, potem si to storila prav.«

Čeprav so njegove besede zvenele dovolj prijazno, ni mogla preslišati sarkazma, ki se je skrival v tej pripombi. Znova je pomislila, da je bolje pustiti stvar pri miru, kot se prepirati.

Namesto tega je rekla: »Najbolj sem hvaležna tebi, Samuel. Čudovit konec tedna je bil.«

Po tem pogovoru je še komaj kar rekel, ona pa se je odločila, da se bo na poti domov preprosto sprostila. V nekem trenutku jo je opozoril na stroške bencina in vse kupone, ki jih je porabil, da jo je peljal domov. »Če bi vedela,« je rekla Vilma, »bi prišla z vlakom in morda bi me lahko počakal na postaji.«

»Ne, seveda ne,« je dodal. »Vredna si dvakrat toliko truda in stroškov. Tega ne bi smel reči.« Nato je v naglici dodal: »Če želiš, pa lahko prespim, da se mi oddolžiš.«

Vilmi ni bilo všeč, kako je to povedal. Odgovorila je: »Če si preutrujen za vožnjo, lahko brez težav spiš na mojem kavču, a jaz moram zjutraj v službo.« Ni odgovoril.

Ko sta prispela do njenega stanovanja, je iz prtljažnika vzel torbo in ji jo izročil kar na pločniku. Rekel je: »Mislim, da jo boš zmogla nesti sama. Pohitel bom nazaj domov. Zjutraj moram očetu še pomagati na posestvu.« To je bilo vse.

Čeprav jo je prizadelo, je rekla le: »Prav. Še enkrat hvala in srečno pot.«

Nato se je nekoliko oklevajoče odpravila v preddverje stanovanja. Njeni občutki so bili zmedeni. Je Samuela užalila, ker je preveč skrbno varovala svojo krepostnost? Je bil njegov značaj tako krhek, da ni prenesel nekaj razočaranja, čeprav mu ni ničesar obljubila? Ali pa je bilo narobe kaj drugega? Zmedena in zaskrbljena se je odpravila po stopnicah in po kratkem joku obležala v postelji, ko je spoznala, da se nista dogovorila za naslednje srečanje. Je morda delovala tako hladno, da ga je dejansko prizadela? Potem je zaspala z Rosithinimi besedami v mislih. Rositha ji je rekla, da moški osvajajo in naj jo bolj skrbi, ali je dala preveč. Vilma je zavzdihnila in zaspala; spanec bo pomiril njene zmedene misli.

Zjutraj se je Vilma zaposlila s pranjem, zalivanjem rastlin, pripravo kosila in hitenjem v službo skupaj z večino Londona. Šele ko je prišla v službo in so jo prijatelji vprašali, kako je minil konec tedna, se je začela spraševati, kako odgovoriti na to vprašanje. »Ja, krasen konec tedna je bil.« Ali »Ne, bil je hladen in odmaknjen, ker mu nisem hotela »ustreči«.« Bi bil to iskren odgovor na njihova vprašanja? Počakati bo morala.

Prvi večer po službi se ji Samuel ni oglasil, vendar si je rekla, da ima najbrž veliko dela s svojo družino. Ko je minil že drugi večer, ne da bi jo iz preddverja poklicali, da ima telefonski klic, je celo vprašala, ali jo je kdo klical, ko je morda ni bilo. Odgovor jo je razočaral: »Ne, žal mi je, ljubica.«

Naslednji večer se ni želela še bolj ponižati z vprašanjem o klicu, zato je pazila, da je ostala dovolj blizu, da je slišala zvoke iz preddverja. Končno je napočil petek in nekaj deklet jo je vprašalo, ali bi šla zvečer z njimi na ples. Začela je odgovarjati: »Ne, hvala,« da bi lahko čakala pri telefonu, nato pa si je premislila. Kaj, če bo čakala vso noč, on pa ne bo poklical? Slišala je Rosithin glas: »Pojdi ven in se zabavaj. Če te bo iskal in te ne bo našel, mu je prav tako.«

Vilma je ves večer plesala, pila in se smejala. Njeni prijatelji so pripomnili, kako vesela da je, ona pa je svoje razpoloženje podkrepila le z besedami, da je večer zabaven. A ves večer jo je pri srcu glodala misel; molila je, da bi jo doma čakalo Samuelovo sporočilo. Toda sporočila ni bilo. Ne tisti večer ne noben drug večer naslednji teden. Vsak večer, ko se je spravljala spat in ugašala luč, si je rekla, naj ne obupa. Če je tako zlahka odšel, potem zanjo ni bil nič bolj primeren, kot je veverica primerna za račko. Verjetno si je narobe razlagala znake. A ko si je to rekla, je na koncu molila in prosila Boga za še eno priložnost z njim. Proti koncu drugega tedna se je pojavil na njenih vratih, tik preden bi se morala z dekleti dobiti na še enem lokalnem plesu.

»Odhajaš kam?« je vprašal mimogrede.

»Ja, odhajam,« je odgovorila Vilma. »Dekle se pač mora zabavati.«

»No,« je rekel Samuel, »mislil sem, da si moja resna punca glede na to, da si spoznala moje starše.«

»Res? Morda ne razumem pomena angleške besede ,resna',« je odvrnila.

»Predolgo me ni bilo, kajne?« je odgovoril Samuel.

»Le, če si mislil, da sva resen par. A ti si lep, prijazen ljepotec,« je odgovorila. Seveda je besedo ljepotec izgovorila z »j« namesto brez. Takoj jo je podražil, a se je zdelo, da dobrovoljno. Potem sta se oba zasmejala in vprašal jo je, ali jo lahko pelje na večerjo.

V resnici je bila zelo vesela, da ga vidi, in na misel ji je prišlo, da je Bog uslišal njene molitve, zato je sprejela povabilo. Privoščila sta si krasen ribji krožnik in krompirček, vsak pa je spil še pivo. Nato sta se vrnila v njeno stanovanje in povabila ga je naprej, »če boš gentleman«. Približno trideset minut je bil gentleman, potem pa ji je spet začel govoriti, kako lepa je in kako zelo si je želi. »Za vedno?« je vprašala, saj je poznal njen strah pred tem, da bi jo moški izkoristil.

»Res si te želim za vedno,« je rekel. »Drug z drugim sva počela že veliko stvari, čudovitih, prijetnih stvari. Je bilo kaj narobe?«

»Ni bilo,« je odgovorila, »a moja Cerkev zahteva, da prejmem zakrament zakona, preden naredim še kaj več, kot sva že počela.«

»Hočeš reči, da je Bogu mar, če te božam dva centimetra nižje ali globlje, kot sem te že?«

Rekla je: »Ne bodi predrzen. Od tvojih poljubov ne morem zanositi, ne glede na to, kje pristanejo, če pa uporabiš svoj penis, bom v težavah.«

Tisto noč je Samuel kljub temu pogovoru in Vilminim jasnim pripombam vztrajno sledil svojemu cilju. Celo tako daleč je šel, da je rekel, da jo ljubi. Ker je uporabil te besede in zaradi groze, ki jo je občutila, ko je mislila, da ga je izgubila, se je končno zgodilo tisto, kar ga je zadovoljilo.

35

POGLAVJE: SREČNA LETA IN LETA RAZOČARANJA

P rvi tedni po tem, ko je začel Samuel spati z Vilmo, so bili zanjo čas zapletenih čustev. Uživala je v izkušnji seksa, vendar je bil zaradi katoliške vzgoje zanjo to čas nenehne žalosti. Bogu se je ves čas opravičevala zaradi svoje šibkosti ter neprestano hodila k spovedi, da bi ji oprostil njene grehe. Največja težava je bila v tem, da ni nikoli nameravala zares prenehati s tovrstnim vedenjem. V najboljšem primeru je upala, da ga bo manj ali ga bo zamenjalo nekaj, kar bi ji lahko duhovnik odpustil, po drugi strani pa bi bilo dovolj, da bi zadovoljilo Samuela. Ko sta bila enkrat v objemu drug drugega, ni bilo videti, da sta se zmožna vrniti v dneve, preden sta šla do konca. Vilma je bila rada ljubljena in ni znala preprečiti njunega ustaljenega vzorca.

Po nekaj mesecih je Samuel, ko je Vilma znova nestrpno čakala na začetek naslednjega mesečnega perila, predlagal, da začneta iskati boljši dom. Želel si je več zasebnosti, ki bi jima jo lahko zagotovila meščanska hiša. Običajno so imele tri nadstropja, v katerih so bile sobe ena nad drugo. Tako bi lahko imela zasebno kopalnico in celo oddajala sobo ali dve, da bi lažje zmogla stroške. Ni se zavezal, da bo z Vilmo živel ves čas, saj je dejal, da ima še vedno obveznosti do svojih staršev, a ji bo pomagal kriti stroške. Zaradi te dodatne zaveze, da bo prispeval denar za najemnino, je bolj verjela vanj. Vanju. Dosegel je želeni učinek; bila je manj nestrpna, a tudi nekoliko manj skrbna pri varovanju svojega telesa.

Še vedno je vztrajala, naj kupuje kondome, katerih uporaba je bila za katoličanko smrtni greh, a v Londonu, protestantskem mestu, in na območjih, ki so jih pogosto obiskovali vojaki, je bilo vedno mogoče dobiti kondome, četudi na črnem trgu. Rekla je, da se raje počuti kot zločinka, kot da bi bile njene posteljne dejavnosti javno vidne. Zasmejal se je, vendar je izkoristil vsako priložnost, da je s »svojo žensko« užival v popolni svobodi. Seveda ni minilo dolgo, ko ji je menstruacija najprej zamujala, nato pa je sploh ni bilo.

Vilma je bila dva tedna, preden sta se prepričala, da je noseča, čisto iz sebe. Izkoristila je vsako priložnost, da je skočila na stranišče in preverila, ali je kje kakšen znak menstrualne krvi. Njeni sodelavci so opazili, da pogosto hodi po hodniku, in jo vprašali, ali se dobro počuti. Seveda je zanikala kakršne koli težave. Veliko prezgodaj je bilo, da bi komu kaj povedala, in morda bo »to« še izginilo. S tem, kaj bo rekla, se bo ukvarjala, ko bo vedela, da se mora.

Tudi Samuel je bil zaskrbljen, a ne tako kot Vilma, ki je nenehno izražala svoje skrbi. Rekel je: »Če zdaj nimava skrbi glede spočetja, lahko seksava, kolikor želiva.«

Ko jo je to razjezilo, je dodal: »Poskušam poiskati kaj dobrega v tem. Saj veš, da te ljubim.«

Tolažila se je torej z mislijo, da jo ima gotovo rad, saj ni odšel v trenutku, ko se je zgodila ta sprememba. A ko je nekaj tednov pozneje ob obisku zdravnika ugotovila, da je res noseča, vseeno ni bil videti pretirano navdušen. Predlagal je celo, da najde človeka, ki bo poskrbel za to reč, stroške pa bo seveda poravnal on. A Vilma je bila dobra katoličanka in všeč ji je bila zamisel, da bi imela dojenčka, morda celo njegovega, zato je bila ta ideja slepa ulica. Povedala mu je, da o tem ne želi slišati ničesar več. Tudi tokrat jo je uspel pomiriti in ostati dobro zapisan pri njej, a še vedno ni bilo niti sledu o poroki.

Vilma je ubogljivo nadaljevala svoje življenje, kot da se ne bo zgodilo nič pomembnega. Kot da njen pas ne bo kmalu eksplodiral in njeno zelo osebno življenje postalo javno. »Oh, noseča si, kdaj boš rodila? Nisem vedela, da sta s Samuelom poročena. Si želiš deklico ali dečka?« Vse to so ji govorili brez vsakega oklevanja. Ali tisti, ki so jo spraševali, niso vedeli, da umira od ponižanja? Vse skupaj je bil tipičen odziv na netipične okoliščine. Vsaj tako se ji je zdelo.

Nazadnje je Vilma pisala Rosithi, ki se je hitro odzvala, previdno pozitivno glede Vilminega otroka. Obe ženski sta imeli rok poroda konec avgusta 1947. Rositha je dojela, da Samuel Vilme še ni zaprosil za roko, čeprav je mislila, da bo to storil takoj, ko se bo navadil na misel ali ko bosta njegova starša pokazala interes za vlogo starih staršev. Ali ko bosta spoznala otroka. Vsakih nekaj tednov je Vilma molila, da je dosegel to stopnjo, da bo napredoval in postal odgovoren starš. Ni se zdelo, da bi v njem to kaj prebudilo, vendar je Vilmo peljal v porodnišnico in ji pomagati nesti potrebne hrano in plenice.

Naslednji dve leti sta minili dokaj srečno. Vilma je rodila čudovito deklico en teden po tem, ko je Rositha rodila krepkega dečka. Sestri sta na daljavo z veseljem primerjali dogajanje pri otročkih. Rositha ni nikoli spraševala o Samuelovih namenih, Vilma pa ni tega nikoli omenjala. V tistem času je veliko igralk rojevalo zunajzakonske otroke in Vilma si je govorila, da je avantgardna. A v sebi je hrepenela po tem, da bi Samuel naredil, kar je prav. Ni bila prepričana, ali njegovi starši sploh vedo, da so stari starši. Samuel je omenjal njune »dobre želje«, a nenavadno je bilo, da deklice nikoli nista želela obiskati.

Ko je bila mala Caroline stara dve leti, se je začelo dogajati, da Samuela kakšno noč ni bilo domov. Sprva se je zdelo, da si sicer želi biti doma s tem čudovitim otrokom, a so druge stvari zahtevale njegovo pozornost. Njegovo vedenje je Vilmo začelo jeziti. Zdelo se ji je, da je za to zvezo že žrtvovala dovolj. Samuela je prosila, naj pri varuški prevzame otroka in začne pripravljati večerjo, saj se je domov vedno vrnila pozneje, kot bi bilo idealno za to. Dva ali tri dni je ubogal, nato pa ji sporočil, da mu to ne ustreza.

»Ali praviš,« je vprašala, »da je biti starš naporno in bi se rad več zabaval?«

»No,« je rekel Samuel, »ne bi rekel ravno tako, ampak zdi se mi, da se to med nama ne bo izšlo.«

Vilma je bila na koncu z močmi. Vsi njeni strahovi so se uresničili. Zapustil jo je in ji pustil odgovornost, da sama vzgaja otroka v od vojne opustošenem mestu daleč od doma. Še vedno je hodila v cerkev, a občutek ni bil isti. Zdaj so jo pomilovali. Če jima ne bi zmanjšal tudi finančne podpore, bi morda še ohranila kaj spoštovanja do njega, vendar je denar želel prihraniti tudi na račun svoje hčerke! Mislila je, da ne bi mogla biti bolj jezna, dokler ni mesec dni pozneje v časopisu prevrala napovedi njegove poroke.

Vilma je besnela in jokala, nato pa se je sesula. Komaj je jedla ali živela. Zaradi otroka se je nekako spravila k sebi. Nazadnje je vse zaupala duhovniku, ki je bil prijazen moški iz Slovenije. V svoji župniji je imel precej slovenskih izseljencev. Pogosto so se dobivali na družabnih dogodkih. Praznike so praznovali skupaj, po starih običajih. V sebi se je počutila bolje, saj so mnogi v vojnih letih doživeli še veliko več kot ona. Nekateri so se bali že približati Jugoslaviji iz strahu, da jih bodo umorili zaradi njihove vloge ali vloge njihovih družinskih članov med vojno ali morda zaradi tega, čemur so bili priča.

Po nekaj letih je še vedno lepi Vilmi, ki je imela zelo ljubko hčerko, začel dvoriti zelo sramežljiv Slovenec. A Vilma je bila previdna, da s tem fantom ne bi šla predaleč, saj je bil dober katoličan, ki pa je vseeno ni obsojal glede njene preteklosti.

Dva tedna pred poroko je Vilma na fotografijah uničila vse podobe Samuela. Nobenega spomina na njegovo izdajstvo ni želela. Prav tako pa ni želela užaliti moškega, ki se je tako veselil poroke z njo in bo pomagal vzgajati njenega otroka.

36

POGLAVJE: HOJA PO POTI SVOBODE

Pred Andrejem sta bila na vsakem koraku blato in beda. Na tisoče ljudi je obtičalo na prehodih, da bi prišli v Italijo. Ko je skušal iti v eno smer, so prečkali njegovo pot v drugo. Številni ljudje, ki so hodili proti Jugoslaviji, so množice opozarjali, da jih ne bodo spustili v Italijo, da jih britanska vojska obrača, da morajo »dati ruski upravi priložnost«. Tako so jim govorili britanski vojaki.

»Mislite tiste morilske rdeče svinje, ki tekajo po gozdovih in napadajo vse in vsakogar?« je bilo bistvo odgovorov, ki so jih poslušali romarji. Niso se vrnili, da bi jih oropali, zlorabili in umorili. Njihov načrt je bil poskušati priti skozi britanske barikade. Žal so se morali vdati in se vrniti po isti poti, a niso mogli sprejeti nasveta o koridorju. To ne bi bilo dobro za njihovo preživetje.

Andrej je z veseljem pomagal usmerjati ljudi domov, saj si je najbolj želel biti točno tam. Niti na misel mu ni prišlo, da bi si želel živeti v Italiji. A po številnih možeh, ki so šli v smer, nasprotno od njegove, in mu skušali svetovati, je začel dvomiti o svojem razmišljanju. Po tem, kar so govorili, je bila Slovenija kot lovišče za človeška bitja. Nemci so tekali po gozdovih in poskušali najti ter likvidirati partizane. Preživela kraljeva vojska in nekaj mož, ki so si rekli domobranci, se je še vedno borilo proti njim, a brez naklonjenosti do komunističnih partizanov. Katoliški duhovniki so še naprej grdo govorili o teh partizanih, ki so se imeli za narodne zmagovalce. Partizani so ostali zvesti komunistični doktrini, ki je ljudem odrekala vero. Mnogi so za to krivili tovariša Tita, ki so ga imeli za avstrijskega kaplarja, ki partizanom govori, kako naj rešijo svojo državo. Če se sliši kaotično, je res bilo. A Tito je poskrbel, da so bili partizani nekoliko manj kaotični, saj jih je razporedil po regijah in določil stavbe, ki so jih lahko razglasili za svoje sedeže. Te sile so nato resnično trdile, da delajo za zaveznike, partizani pa so sovražili naciste, s čimer so si prislužili nagrado, da so Jugoslavijo ob koncu vojne od zaveznikov kot svoj delež dobili Rusi.

Sovražnost ni popustila samo zato, ker so imeli kraljeva vojska in nekateri pripadniki garde ter partizani skupnega sovražnika v nacistih. Borile so se tudi druge sile. Če ne drugega, sta se jeza in sovraštvo do vseh struj razširila, dokler nista v žaru bitke eksplodirala kot gnijoče truplo. Partizani so želeli uničiti vse, ki so bili povezani s cerkveno organizacijo, in tiste, ki so želeli imeti svojo zemljo in živino ločeno od skupnosti. Še vedno so živeli v gozdovih in si vzeli, kar so hoteli. Bili so svoje sodišče, sodnik in porota. Vsem, ki se niso borili ob boku z njimi, so želeli poslati kroglo v zatilje. In mislili so smrtno resno. Za njih je bila vojna le delno končana. Tito v svoji novi državi ni želel težav. Če so tisti, ki so mu nasprotovali, nameravali biti glasni, jih je bilo treba odstraniti. Partizani so vedeli, kaj želi, in so mu ustregli.

Po vsej Jugoslaviji so se na seznamih, objavljenih na javnih mestih, pojavljala imena. To so bila imena tistih, ki niso bili več težava, in tistih, ki kmalu ne bodo več napoti. Tudi če ime ni bilo objavljeno, bi moral posameznik malce pomisliti, preden je pogledal v nebo, saj je bilo ime mogoče dodati kadar koli, pred likvidacijo ali po njej. Andrej tega ni vedel, vendar je bilo njegovo ime visoko na seznamu. Očitno so si ga partizani, s katerimi se je spopadal pred državnim udarom proti Petru II. in napadom Nemcev na Kraljevino Jugoslavijo, v elegantni uniformi zapomnili kot arogantnega. Odločeni so bili, da bo on lekcija, ki ji bodo priča vsi.

A neka težava se je pojavila, še preden je Andrej sploh prečkal slovensko mejo. Z očetom sta imela enaki imeni. Na seznamu nista bila dve različni osebi; na steni železniške postaje je bilo na listu papirja preprosto napisano Andrej Lovrenc.

Andrej starejši je bil star 77 let. Njegova žena je umrla in z večino otrok ni bil v stikih. Ni vedel niti, kje so. V njegovi glavi so bili povsod po svetu. S sinom Ivanom sta na kmetiji preživela nekaj težkih let, medtem ko so se drugi borili in jima po želji jemali dobrine. Veliko noči je bil lačen, druge pa je zaradi pomanjkanja drv trepetal v mrazu. Kakor hitro je nacepil dovolj drv, da bi ogrel vsaj del hiše, so jih partizani pobrali za svoje potrebe. A slišal je, da je vojne konec, in čeprav so nekateri fantje še vedno taborili v gozdu, se je želel vrniti v normalno življenje.

Na voz je pripel kravo in nameraval oditi dovolj blizu Ljubljane, da bi jelenjo kožo zamenjal za nekaj zalog. Upal je celo, da bo na poti že prej postavljen kakšen znak, ki bo ponujal sir ali klobaso, za katera bi lahko zamenjal kožo. Želel je le nekaj preproste hrane, ki bi jima pomagala preživeti. Nič slabega se mu ni zdelo, če se na kratko zapelje.

Ni še prišel daleč, ko ga je že ustavila skupina »silakov«, kot jih je imenoval, in zahtevala informacije o njegovem poslu. Ni želel težav, zato jim je rekel, da je lačen in si bo poskušal priskrbeti nekaj hrane. Možje iz gozda so se mu začeli posmehovati. »Zakaj bi ti kdo dal hrano, starček?« so ga vprašali.

Odgovoril je, da bo kožo pošteno zamenjal za vse, kar bi lahko dobil. Takrat so se odločili, da si bodo natančneje ogledali njegov voz. Želeli so izvedeti, kako je preživel ves ta čas in kako to, da ni pojedel krave. Razložil je, da krava ne bi bila preveč mehka, ker je stara, a še vedno daje mleko, njene iztrebke pa uporablja za gnojilo. Seveda so imeli glede tega za pripomniti nekaj smešnega in zlobnega.

Ko se je že zdelo, da bodo starca izpustili, ga je eden od njih vprašal po imenu. Ponosno ga je povedal, saj se mu je vedno zdelo, da je pomemben del skupnosti zaradi vožnje pletne in kmetije, v preteklosti pa tudi krovskega podjetja. Videl je dvignjeno obrv in nato še eno. Kot stari sv. Miklavž, le da so bili ti možje hudiči in so preverjali svoj seznam. Tik pod vrhom, na mestu za najhujše prestopnike, je bilo njegovo ime.

Ko so ga prosili, naj črkuje svoje ime, da ne bo pomote, je to storil. Ko je spoznal, da ga imajo za sovražnika ljudstva, ni vzkliknil: »Oh, ampak tako je ime tudi mojemu sinu!«, saj mu ni želel škodovati. Imel ga je za vojnega junaka.

Le malo se je upiral in jim sledil v sosednje mesto, kjer so opravili telefonski klic. Stopiti je moral z voza in oditi v prazno sobo, do katere so imeli dostop. Ko so videli, da težko hodi, so se spogledali. Njihove oči so govorile: »Je to res ta, ki ga iščemo?« Pustili so ga v sobi in videti je bilo, da so odšli na kosilo.

Po približno petih minutah se je Andrej st. odločil, da bo najbolje oditi domov. Vrnil se je na prosto in za vogalom stavbe našel svojo kravo in voz, kot ju je pustil. Odvezal je bitje, ki je bilo privezano na drog, ga obrnil in napotila sta se proti domu. Po približno tridesetih minutah je Andrej pomislil, da bi bilo dobro, če bi se umaknil s ceste, če ga bo kdo iskal, zato je zapeljal na kmečko dvorišče, od koder njegovega voza ni bilo mogoče videti s ceste.

Ko je kmet prišel ven, sta ugotovila, da se poznata. Čeprav v njihovi deželi ni bil čas, ko bi lahko človek zaupal ljudem, je stari Andrej kmetu povedal dovolj o svoji zgodbi, da je ta njegovo jelenjo kožo zamenjal za klobaso in sir ter ga povabil na juho. Kmetija je bila videti precej uspešna, lastniki pa so bili delavni katoličani.

Do konca življenja je Andrej z veseljem pripovedoval to zgodbo kot zgodbo o »dnevu, ko je pobegnil pred partizanskim strelskim vodom«. Nikoli ni rad razmišljal o tem, zakaj je bilo sinovo ime na tem seznamu in kaj bi to lahko pomenilo za njegovo prihodnost, a to je bil dober pobeg za starega falota. Zaradi njegovega truda sta z Ivanom tisti večer jedla bolje.

Možje iz gozda so bili do starca prijazni. Morda jih niti ni motilo, da je pobegnil, toda to je bilo tudi zadnjič, ko se je družina Lovrenc dobro razšla z njimi.

37

POGLAVJE: VESELJE OB VRNITVI DOMOV

V vasi, kjer sta si Marica in Andrej ustvarila dom, še ni bilo veliko telefonov. En telefon na vsakih nekaj kilometrov je bil dovolj. Družinam so povedali, kje imajo telefone, in vsi so bili pozorni, da niso klicali pogosto ter so bili vedno vljudni. A če je družina »A« prejela klic za družino »B«, je morala bodisi teči kakšen kilometer, da je koga priklicala, bodisi sprejeti zapleteno sporočilo. V času vojne je bilo zelo malo možnosti za dogovor o terminu klica, da bi klicani na domu prijateljev čakal pri aparatu.

Večina kmetij ni bila preveč oddaljena druga od druge, saj so se njihova zemljišča raztezala za njimi, stavbe pa so bile bližje skupaj v obliki kolesa. Tako je bila izmenjava hrane, informacij ali telefona bolj praktična. Na takšen način je Marica prvič po štirih letih slišala možev glas. Na njeno stransko verando je pritekla soseda in kričala: »Rdeči križ z Andrejem te kliče! Rad bi govoril s svojo ženo! Marica, pridi hitro! Andrej kliče!« Marica je razumela kričanje in se pognala proti sosedovi hiši.

V nekaj minutah, ki so mu bile namenjene za pogovor, saj je bilo za njim v vrsti na stotine drugih, je izrekel besede, o katerih je sanjala, da jih bo slišala. »Marica, to sem jaz, Andrej, živ in zdrav sem! Sta z Valerijo dobro? Ljubim te, pogrešam te in sem na poti domov.«

Na njegove besede se je odzvala zadihano in razburjeno, med drugim je rekla, da ga ljubi. Vprašala je: »Kako boš prišel domov?«

Odgovoril je: »Če bi lahko, bi letel, a hodim. Kmalu, Marica, kmalu, zdaj moram iti.« In potem ga ni bilo več. Stala je tam in strmela v telefon, preden je ugotovila, da jo soseda čaka. Ko se je prebudila iz omame, ji je vrnila slušalko na preveč raztegnjeni vrvici in se ženski obilno zahvalila. Soseda je bila vesela zanjo in radost tega trenutka je Marico dvignila v nebo. Poskakovala je celo pot nazaj do svoje kuhinje.

Čeprav je bila Marica poročena že skoraj šest let in je imela čudovito deklico, se je še vedno počutila kot nevesta. Njen dragi mož je bil ob njiju, dokler je bil lahko, vendar so ga Nemci ujeli, še preden je otrok dopolnil leto in pol, ter ga odpeljali nekam v Avstrijo na delo v nacistično taborišče za vojne ujetnike. Vedela je, da je bil prisiljen služiti Rajhu s čiščenjem po zavezniških bombardiranjih, ki so se dogajala okoli njega. Zato so ga zadrževali v bližini Dunaja, ki je bil glavna tarča Američanov. Poslal ji je lahko približno tri pisma, vendar ni smel razkriti svoje lokacije ali natančnih nalog. Iz branja med vrsticami je razbrala, da je na območju, kjer je nekoč obiskal svojo najstarejšo sestro in kjer se ni počutil preveč oddaljenega od domačije svojih staršev. Pošalil se je, da bi moral prehoditi le še nekaj sto kilometrov in že bi bil nazaj pri Ivanu, da bi v hlevu skupaj obesila jelena.

Marica si je lahko predstavljala, da je bilo to spominjanje Andreju v tolažbo v njegovi osamljenosti, saj jih je vse pogrešal. Iz njegovih zgodb in tega, kar je slišala o razmerah v taboriščih za vojne ujetnike, je razbrala, da je lačen, saj je ves čas ponavljal, koliko obrokov je njegova mama pred leti pripravila iz enega samega jelena. Zgodba se je začela z enolončnicami in končala z juho, čevlji in milom. Tisto, kar bo imela Marica zagotovo pripravljeno za tega ubogega človeka, je bilo veliko hrane, tudi če bo morala ukrasti piščanca izpod nog »rdečega hudiča«, kot je govorila komunistom med njimi.

Njene dolžnosti so bile zdaj prijetne, saj se je osredotočala na veselje, ki prihaja, ne pa na to, da jo obkrožajo negotovost, smrt in uničenje. Najti je morala kos blaga; morda svojo ali mamino obleko, ki je še bila v dobrem stanju, iz katere bi lahko odrezala dva metra materiala in sešila čudovito obleko za njuno hčerko Valerijo, da bi jo ta oblekla za očetovo vrnitev domov. Ni je videl, odkar je bila stara osemnajst mesecev. Zdaj je bila očarljiva punčka. Medtem ko ji je šivala oblekico, sta vadili, kako bo pozdravila očeta, ko se vrne. Nato je Marica še sebi sešila nekaj lepega. A ne za to, da bi ga v tem pozdravila. Ne, to je bila spalna srajca in ni je nameravala nositi dolgo. Nato je zardela in se zahihitala ter se trudila, da ne bi preveč mislila na ljubljenje, čeprav je bila v svojih mislih še vedno tista mlada nevesta.

Prav tako je bila odločena, da Andrej doma ne bo našel strašno velikega številka opravkov, ki bi jih bilo treba postoriti okrog hiše. Eden od bratov ji je pomagal, da streha ni puščala, in videti je bila ravna in trdna. Po vsakem neurju je s palico s kljuko obšla žlebove strehe in preverila, ali odtoki niso zamašeni, zaradi česar bi se lahko voda prelivala čeznje ali bi se zamašili. Pred kratkim je pobarvala vhodna vrata, čeprav ni mogla dobiti dovolj barve še za vrtna in stranska. Tako ali tako bo najprej pogledal vhodna vrata in videl bo, da je vse v redu.

Ob dneh, ko vreme ni bilo dovolj prijetno za delo na dvorišču, se je lotila čiščenja hiše. Snela je zavese in jih oprala, nato pa jih posušila takoj, ko je posijalo sonce. Novo posteljnino je sešila iz blaga, ki sta ga dobila za poroko, ker takrat za to ni imela časa, pa še vojna se je začenjala. Notranjost hiše je tako dobro očistila, da so bile barve resnično lepo poudarjene. Ko so bile oprane vse zavese, je pometla tla, jih pomila in stepla preproge, preden jih je spet položila na tla. Nekaterim prijateljem se je to delo zdelo naporno, za Marico pa je bilo čisto veselje. Načrtovala je Andrejevo vrnitev in bila je tako navdušena, da je to delo potrebovala, da se ni vrtela kot vrtavka in eksplodirala v dimnik – tako velika sta bila njeno navdušenje in veselje!

Njen brat, ki je zaradi težav z dihanjem med vojno ostal doma, jo je pogosto obiskoval, da ji je pomagal pri kmetovanju. Oral je zemljo, ki jo je zasadila, obdelovala in plela. A to je zmogla. Ker je imela toliko skrbi in je imela tudi deklico, za katero so skrb pogosto prevzeli njeni starši, je potrebovala intenzivno delo z okopavanjem, da je svojo energijo usmerjala v pozitivno smer.

Nekega popoldneva, ko je bila sama na kmetiji, so prišli partizani in zahtevali hrano in denar. Povedala jim je, da jim bo dala veliko hrane in nekaj piva, ki ga je pripravil njen brat, nima pa denarja. Začeli so se šaliti, da bosta zadostovala hrana in malce valjanja po senu. Bila je prestrašena, a se je odločila, da ne bo omenjala svojega moža, ki je bil v nemškem ujetništvu. Čeprav je ta druščina grobijanov sovražila naciste, bi lahko sklepali tudi, da je Andrej v kraljevi gardi, in bi želeli njenemu možu in njej povzročiti še več bolečine, zato se ji je zdelo bolje, da o svojem možu ne pove ničesar. Če so bili radovedni, pač niso postavljali vprašanj, ker morda niso želeli povzročati še več težav. Na koncu jim je poleg hrane dala še lepo odejo in odšli so brez težav, saj so verjetno vedeli, da bo odeja veliko bolj prijetna kot zapletanje z žensko, ki je očitno sama skrbela za tolikšno posestvo. Marica je imela v svoji spalnici skrito tudi pištolo za primer, če bi morala braniti svojo čast ali zaščititi Valerijo, medtem ko Andreja ne bo doma.

Toda večina njenih dni je bila prijetnih in razburljivih; vse, kar je počela, je počela z mislijo na Andreja, kako bi mu bilo všeč to ali ono; ali bo opazil, da je stkala novo preprogo; ali bo videl novo ograjo ali opazil, da ji je uspelo povečati število piščancev? Zadnja štiri leta vznemirjenja in skrbi bosta kmalu mimo. Čutila je, kako bo njihov dom spet poln smeha in veselja, in slišala, kako njuna hčerka cvili od veselja in pleše po hiši v očetovem objemu. Zdaj ne bi smeli več dolgo čakati. Uspelo mu je priti tako daleč, samo še malo in znova bodo skupaj. Pozneje tega dne je nameravala v cerkev. Upala je, da njena pravoslavna cerkev tukaj v Beogradu še deluje, enako pa je upala tudi za cerkev, v katero je vedno hodila Andrejeva družina. Videti je bilo, da imata rimskokatoliška in pravoslavna cerkev iste strašne sovražnike.

Ti nori partizani, o katerih so imeli zavezniki tako dobro mnenje, so se morali zadovoljiti z zmago zaveznikov nad osjo, a se jih je bala skoraj tako kot nacistov. Nacisti so bili grozni, blazni, rasno motivirani, genetski manipulatorji, ki so želeli nadzorovati narode sveta. A komunisti niso bili veliko drugačni. Zaradi ideologije so pobijali lastne ljudi, prav tako jim ni bilo mar za življenja drugih, ko je šlo za zaščito njihove stranke pred vmešavanjem drugih sil. Ali si bil z njimi ali pa te ni bilo: manjše število prebivalcev jih ni motilo, če so tisti, ki so ostali, delili njihovo ideologijo. Tako kot nacisti so verjeli, da bodo dosegli velike stvari, ko bodo vsi mislili enako in se bodo kot kolektivna sila usmerili k dosežkom za vse.

Marica je molila, da bi zdaj nastopil čas, ko bo jugoslovanski narod, naj bo šlo za Srbe, Hrvate ali Slovence, sodeloval pri obnovi države, ki sta jo tako prizadeli vojna in izguba. Andrej bo kmalu doma in se bo skupaj z njo trudil za njuno družino in miren narod.

38

POGLAVJE: NAPORNI POTI NI KONCA

Andrej se je spraševal, kdaj se bo osvobodil vseh teh množic. Sprva je bil navdušen, da je po dolgih letih na tujih tleh srečeval toliko svojih rojakov, vendar se je po dolgih kilometrih, ko je bil priča zmedi in poslušal grozljive zgodbe iz svoje domovine, o vsem želel prepričati na lastne oči. Ni si mogel predstavljati, da bi čudovita pobočja, jezera in potoki izgubili svoj sijaj, da bi lovci zaradi lakote iztrebili vse jelene in da ne bi bilo več krav, ki bi dajale mleko, smetano in sir, ki jih je imel tako rad. So bile cerkve uničene? Večje so zagotovo nudile zatočišče revnim ... Vsaj tako je mislil Andrej, ki si ni mogel predstavljati, kako se je spremenila njegova država, medtem ko je živel v od vojne razdejani Avstriji. Toda množice, ki so bežale iz Kraljevine Srbov, Hrvatov in Slovencev, doma niso bile več varne. Veliko stvarem so se odrekli, vendar so verjeli, da je za hribi v Italiji boljši kraj, kjer jim ne bodo vladale komunistične sile.

Ni vedel dovolj, da bi bil vnaprej opozorjen. A tudi če bi posumil, da vse ni čisto prav, bi ga spomin na glas njegove ljube žene vodil na njuno majhno kmetijo na robu Beograda, tudi če bi mu rekli, da tam mrgoli dinozavrov. Marica in Valerija sta ga čakali in to je bil njegov edini cilj, njegova obsesija. Upal je na prijeten pohod, kot se jih je spominjal: čudovitih pohodov po slovenskih hribih, kjer je bilo veliko skalnih formacij, za mnogimi vogali pa slapovi, jezera in razgledi kot z vrha soteske. Počutil se je kot gospodar vesolja, ki stoji na visokem skalnatem obronku in gleda, kako se pod njim odpira narava. Če bo že pohod trajal več dni, je vsaj upal, da bo v njem užival in začutil mir. Toda na tisoče beguncev, ki so bežali proti Italiji, mu tega ni dovolilo. Njihovi vozovi, živina in včasih tudi hišni ljubljenčki so mu preprečevali vsak trenutek samote.

Malce je napredoval, ker je šel okrog močvirja, v katerem so obtičali drugi – tako v prenesenem pomenu besede kot dobesedno. Nič več ni poskušal pomagati vsem obtičalim in ni jim več svetoval, naj se vrnejo, kot so vztrajali britanski vojaki. Zdaj se je želel izogniti vsem ali vsakomur, ki bi mu lahko preprečil napredovanje. Vojne je bilo konec in on je bil na poti domov, v Beograd!

Končno je opazil odprtino med skalami. Videti je bilo, da gre za pešpot, v ozadju v daljavi pa so bili borovci. Andrej je hitro zdrsnil med skalami. Nedvomno so prehod le redko uporabljali, saj so drugi nosili težke pakete, bili z družino in/ali potovali z vozom. Po tej poti ni mogel nihče, ki je s seboj nosil kaj večjega. Kakšno srečo je imel Andrej, da je imel s seboj samo nahrbtnik in bil po letih vojnega ujetništva droban. Nato se je nasmejal, da bo izgubljeno zdaj njegova prednost.

Obšel je drevesa in ugotovil, da je zemlja trdna, brez blata, živalskih iztrebkov in smeti, ki bi jih odvrgli popotniki, da bi bil tovor lažji. Sledil je prehodu, a po pešpoti, ki se je zdela mirna. Poskušal je ohraniti enakomeren korak, saj ga je odprto ozračje vabilo, da bi kar galopiral kot na konju. Bil je vesel, kot bi bil spet otrok. Nato ga je prešinila strašna misel. Spomnil se je patrulje v bližini Beograda, tik pred bitko, v kateri je bil aretiran. Tudi takrat je bilo vse videti krasno, potem pa so njega in njegove ljudi brez opozorila napadli. To je bila napačna presoja, ki ga je skoraj stala življenja, zaradi nje pa je umrlo veliko njegovih mož. Obljubil si je tudi, da tega ne bo pozabil, še posebej, če bo obstajal razlog, da bi se lahko v bližini pojavile težave.

Te misli so Andreja spodbudile k temu, da ni bil nič več vesel in si je poiskal zatočišče. Samo nekaj trenutkov po tej odločitvi je našel starejše drevo, malce odmaknjeno od poti, in se namestil v votlo duplino njegovega razpokanega lubja. Tam je ostal približno trideset minut ali več, poskušal zajeti sapo, se sprehoditi skozi pomembna dejstva in se odločiti, kako varno nadaljevati. V trenutku, ko je hotel previdno nadaljevati pot, je zaslišal glasove.

Govorili so slovensko, kar je bilo kot balzam za njegova ušesa, a to, kar so govorili, je bilo nadvse neprijetno. Bili so partizani, ki so se hvalili s svojim novim položajem v življenju. »Čas je, da nas začnejo ti bedaki spoštovati. Kdo pa mislijo, da se je ob boku zaveznikov boril za to državo? Zdaj pa želijo zasluge za zmago? Naj me poljubijo na mojo rdečo rit! Ne zahvaljujte se njihovemu Jezusu za zmago, zahvalite se tistim, ki smo bili dovolj močni, da smo se borili za to, kar je bilo prav! Ignorirajte tiste brezhrbtenične župnike, ki so le varovali zlato za Cerkev. Tito nas razume; odstranili bomo vsakogar, ki se bo vrnil in mislil, da ni dolžnik komunističnega gibanja!«

Drugi v skupini so mrmrali podobne besede in govornika spodbujali z udarci po hrbtu. »Tako je,« je slišal. »Ali si se boril z nami ali pa si mrtev!«

Temu vzkliku je sledilo: »Tako je! Če nisi stradal v gozdu in se tresel v jamah in zemljankah, si ne zaslužiš poplačila za to zmago!«

Bili so zmagovalci, zdaj pa so morali izpolniti še svoje poslanstvo. V skupini osemnajstih so imeli dve puški, pa tudi kladiva, verige in močne kovinske palice. S tem orodjem so lahko povzročili veliko škode, če je tako naneslo. Andrej si je nerad predstavljal, kako bi se počutil, če bi bil kot piščanec pritrjen na konec te palice. Zelo previden bo moral biti.

V drevesu je ostal, dokler ni ugotovil, v katero smer se je napotila skupina partizanov. Na srečo so šli v nasprotno smer od Andrejeve, zato se je prikradel nazaj na pot in naredil nekaj korakov, nato pa se je ustavil in prisluhnil. Tako kot v davnih časih, ko je z bratom lovil jelene, so ga včasih prestrašili zvoki iz gozda, za katere se je izkazalo, da so veverice. Nadaljeval je pot in ponovil celotno rutino. Ko se je v gozd prikradla noč in je bil lačen in žejen, je bil čas, da si poišče skrivališče, v katerem bo preživel noč. Najprej se je precej oddaljil od poti, da morebitni nočni zvoki ali vonjave njegovih zalog hrane ne bi nanj opozorili skupine, ki bi šla mimo. Upal je tudi, da je zdaj že dovolj pozno, da so se moški splazili v »lasten brlog«.

Andrej je kmalu našel staro barako. Bila je v precej slabem stanju in videti je bila poplavljena ali opustošena ali pa oboje. Po tleh so bile smeti, zaradi netopirjevih in mišjih iztrebkov so bili njegovi koraki lepljivi. Edino upanje za spanje je bila viseča mreža. Seveda je bila to edina posteljnina, ki jo je imel s seboj. Kmalu je našel dva žeblja, s katerima je pritrdil konce provizorične postelje. Za osebne potrebe je poskrbel nekaj metrov od koče, pojedel nekaj kruha in salame ter spil vodo iz čutarice. Seveda si je ob naslednji priložnosti nameraval naliti svežo.

Nocoj ne bo zakuril ognja, le udobno se bo namestil s pomočjo nahrbtnika in strani viseče mreže. V želodcu je imel hrano in našel si je nekakšno zatočišče. Zagotovo je v zadnjih štirih letih živel v slabših razmerah. Bil je na poti domov in nihče mu ni kričal ukazov. Zaspal je z mislijo na to, kako lepo je biti svoboden človek.

39

POGLAVJE: TIKTAKAJOČA URA

Marica je nenadoma začela gledati na uro, označevati koledar in na splošno postala zaskrbljena kmečka gospodinja. Prej je bila preveč zaposlena z otrokom in kmetijo, da bi sploh opazila, kateri dan je, razen ko je šla v cerkev. A od moževega telefonskega klica se je lahko ukvarjala le še z vprašanji, koliko ur ali dni je minilo od njunega pogovora in ali je njuno ponovno srečanje dovolj blizu, da bi lahko kadar koli stopil na njuno pot. Na začetku je te misli odganjala kot nemogoče, saj niti Andrej te poti ne bi zmogel v enem tednu ali celo dveh. Nato se je poskušala prepričati, da je še mesec dni prekratek čas za takšno razdaljo. Čeprav si je pogosto predstavljala, da se Andreju približa nekdo z dostavnim vozilom in mu ponudi prevoz vse do Beograda. Če bi bilo to res, bi jo lahko vsak trenutek poklical iz mesta in jo prosil za prevoz domov. Ko bi prišel ta klic, bi morala preprosto pripeti konja na voz za seno in oditi! Morda ni fin način prevoza, a prepričana je bila, da nobenemu od njiju ne bi bilo mar.

Nekega popoldneva se je Marica odločila, da bo šla v knjižnico in si prerisala zemljevid, na katerem bo označila pot, po kateri bo Andrej najverjetneje potoval. Tako bo lahko na njegovo domnevno pot pripenjala žebljičke in jih vsak dan pomikala naprej. Upala je, da bo tako bolje razumela vzpone in spuste njegovega potovanja. Sprva se je zdelo, da je razdalja krajša, kot si je mislila, zato si je morala zapomniti, kje so gore in reke, zaradi katerih je bilo to potovanje izziv.

Ko je njen žebljiček naletel na takšne ovire, se je težave lotila na dva načina: najprej je razmišljala o verjetnem načinu za premagovanje situacije. Si je lahko na primer iz hlodov izdelal majhen splav in plul po reki ali je moral prehoditi veliko razdaljo, da je našel točko, kjer je lahko prečkal reko? Morda most? To je bila druga strategija: k oceni trajanja njegovega potovanja je dodala še nekaj dni. Tako se je Marici zdelo, da se bolje spopada s časom, ki ga je Andrej potreboval, da je prišel bližje domu in jo bo lahko znova poklical. Ali da bo prišel po poti.

A tedni so se spremenili v več kot mesec, nato pa se jih je začelo nabirati toliko, da je bilo treba s koledarja črtati dva meseca. Marica je postajala vse bolj zaskrbljena in je težko odgovarjala, ko so jo sosedje spraševali, kdaj se bo njen mož vrnil. Soseda jo je dvakrat poklicala k telefonu. A njeno veliko srčno veselje se je prevesilo v globoko razočaranje, ko se je izkazalo, da jo kličeta enkrat Vilma, drugič Rositha. Bili sta njegovi ljubeči sestri in tudi njiju je vodila ljubezen, saj sta želeli slišati samo, da je na varnem. A tudi sami nista vedeli nič o tem, kje bi bil. Marica se jima je zahvalila za skrb in obljubila, da jima bo Andrej poslal telegram takoj, ko se bo varno vrnil domov. Nato se je iz sosedine hiše izmuznila tako hitro, kot je le šlo, da soseda ne bi videla, kako so jo oblile solze. Po drugem takem telefonskem klicu je Marica komaj zmogla pot nazaj na svojo kmetijo, saj jo je trgal jok. Ko je prispela domov, je potrebovala veliko časa, da je pregnala mrak in grozo, ki sta začela izpodrivati njene srečne fantazije. Ni si želela, da bi bila kot obupana punčka iz cunj, ki bi jo njena mama, ki je popoldne čuvala Valerijo, našla na tleh, ko bi jo pripeljala domov. Želela je biti močna in srečna mama, ki bo našla način, da se bo spopadla z vsem, kar se bo zgodilo, in poskrbela, da se bo majhen otrok ob njej počutil varno in zaščiteno.

V Beograd se je vrnila navidezno po zaloge, v resnici pa je želela izvedeti, ali so drugi možje prišli domov in ali se kaj govori, kaj se dogaja na poteh, ki vodijo domov. Ko je začela spraševati, kako potekajo združitve z družinami, je vedela, da novice ne morejo biti dobre, ker so se ljudje ob tem vprašanju obračali stran. Si ni na tisoče ljudi želelo, da bi se lahko njihovi ljubljeni po tako hudi vojni vrnili v Kraljevino? Ni polovica Srbije, Hrvaške in Slovenije hrepenela po svojih sinovih, hčerkah in možeh? »Prosim,« je končno prosila moškega, ki je prodajal revije in časopise. »Prosim, povejte mi, kaj ljudje, ki so bližje, vidijo in mislijo o moških, ki se vračajo domov.«

Prodajalec časopisov je dejal: »V časopisih je omenjenih več tisoč ljudi, ki poskušajo priti v Italijo, a jih vračajo nazaj. Pravijo, da je povsod zmeda; nihče ne ve, kaj vse se dogaja. To je vse, kar pravijo, a sam menim, da so partizani zamerili moškim, ki se niso žrtvovali za zaveznike in se niso z njimi borili proti Rajhu.«

Marica je bila videti pretresena. »Kaj mislite s tem? Moj mož se je boril s partizani, ko so Nemci vdrli sem in napadali kraljeve može in partizane, prav tukaj, na teh ulicah. Mojega moža so ujeli in odpeljali v nemško delovno taborišče ter ga izpustili pred samo nekaj meseci, ko se je vojna končala. V taborišču je stradal in bil prisiljen delati, nič udobno ni živel. Jaz mislim, da je junak!« Njen glas je postajal vse glasnejši, skoraj histeričen, ko se je borila, da bi Andreja obvarovala pred takšnim strašnim razmišljanjem.

»Poglejte, gospa,« je rekel, »hoteli ste vedeti, kaj sem slišal, in povedal sem vam. Verjetno ne bi smel nič reči, morda se bo kdo razjezil name, ampak tako mislim. Previdni bodite, ko postavljate vprašanja, in nikoli ne omenjajte tega, kar sem vam povedal tukaj. Morda bi mi kdo razbil obraz, ker govorim o takšnih stvareh. Ne izpostavljajte se. Morda se bo pojavil, upam, da se bo. Edini nasvet, ki vam ga lahko dam, je, da se obrnite na Rdeči križ. Veliko preživelih iz delovnih taborišč so postavili na noge in jih napotili domov.«

To se je Marici zazdela prva dobra ideja, ki jo je slišala po dolgem času. »Ja,« je rekla, »medtem sem tukaj v mestu, jim bom poslala telegram. Morda bo kdo tam vedel, kaj se je zgodilo z mojim dragim Andrejem. Morda je bolan ali poškodovan in potrebuje pomoč. Hvala za odličen predlog!« Uporabila je to morda pretirano besedo, saj je bilo to prvo upanje, ki ga je začutila po tednih hrepenenja.

Kraljeva palača je bila v Beogradu. Marica je to vedela. Čeprav so zavezniki sodelovali s Petrom II. in izvedli državni udar, so palačo zdaj predali komunistom zaradi njihove vloge pri vstopu med zaveznike. Peter II. je ostal kralj v izgnanstvu in volja države, da namesto pogodbe z Nemčijo sledi zaveznikom, za tega kralja ob koncu vojne ni bila pomembna. Nekaj časa je živel v Združenih državah Amerike, nato v več drugih državah, na koncu pa se je naselil v Angliji. Bila so obdobja, ko so zbirali sredstva v upanju, da bi Petra II. ponovno združili z njegovim kraljestvom, vendar se nič od tega ni zdelo zares možno. Jugoslavijo, kot se je tedaj imenovala, je vodil Tito, ki je trdno in brutalno verjel v komunizem. Prisegel je, da bodo vsi ljudje obravnavani enako in da nihče, razen njega samega, ne bo imel več nobenega naslova. Zemljišča, ki so lahko bila v lasti neke družine šeststo let, so jim bila odvzeta skupaj z naslovi in vsemi znaki, ki so kazali na to, da so bili kdaj lastniki. »Plemstvo« je ostalo brez premoženja, če pa so pokazali vsaj bežno naklonjenost Nemcem, so ostali tudi brez življenja. Upoštevaje dejanja nacistov je težko ne čutiti sorodnosti z odzivom komunistov na nacistične simpatizerje, a v mnogih primerih je bilo jemanje življenj plemstvu dobro načrtovana igra za njihova zemljišča.

V tem ozračju pravičnega sovraštva do kraljevine se je Andrej vrnil domov, še vedno prepričan, da je dobro služil svoji državi in kralju ter da je tudi sam časten človek.

40

POGLAVJE: HOJA DOMOV SE NADALJUJE

A ndrej bi naslednje jutro v koči najraje spal nekoliko dlje, a so ga obkrožale ptice in bil je maj. Njihovo žvrgolenje v spomladanski toploti je bilo živahno in ni trajalo dolgo, da je bil Andrej že pokonci in nasmejan, saj se je moral tudi on potruditi za svojo ljubezen. Obljubil si je, da bo danes prišel dlje in se izogibal partizanom tako, da se mu ne bo treba več ur skupaj skrivati. Poskrbel je za svoje osnovne potrebe, se celo umil v potočku, nato pa pozorno prisluhnil, da se mu ne bi kdo neželeno pridružil, ter se odkradel nazaj na pot.

Bil je lep dan in nad njim so še naprej žvrgolele ptice. Po približno tridesetih minutah naporne hoje je Andrej nenadoma opazil, da so ptice utihnile. Takoj je počepnil v najbližje grmovje in zadržal dih. Če se je vedenje ptic spremenilo, je to lahko pomenilo, da je v njihovo okolje vstopil jastreb ali kakšen drug naravni plenilec, lahko pa je pomenilo tudi, da so se v bližini nahajali pticam neznani ljudje. Ko je tako sedel in poslušal, je slišal lomljenje vejic pod nogami in pogovor, ki se je bližal iz smeri, v katero je bil namenjen. Niso bili daleč. »Ti čivki,« je pomislil, »so mi rešili življenje!«

Ko je skupina približno šestih moških šla mimo, se je Andrej počasi vrnil na pot in nadaljeval hojo proti domu. A ni vedel, da je eden od moških ostal zadaj, ker je opravljal malo potrebo. Spogledala sta se, nato pa je Andrej v upanju, da moški ne bo poklical svoje ekipe, skočil nanj in ga z glavo udaril v glavo, da sta oba odletela na kup kamenja in grmovja. Fant je bil omotičen in Andrej ga je zvezal kar s srajco, v usta pa mu je zatlačil klobuk. Nato mu je na hitro zvezal še roke in noge z vrvmi, ki jih je imel partizan obešene za pasom. Moškemu je vzel kladivo, ki mu je prav tako viselo s pasu, in se odpravil po poti, da bi se čim bolj oddaljil, preden se bodo vrnili drugi, ki bodo iskali svojega manjkajočega prijatelja.

Srce mu je razbijalo, a bil je zadovoljen, da je preživel to srečanje, ne da bi ubijal ali da bi kdo ubil njega. Več kilometrov, ko mu je po žilah tekel adrenalin, ni mogel upočasniti tempa in je lepo napredoval. Končno so ga možgani opozorili, naj upočasni korak in naj bo pozoren na druge morebitne nasprotnike na poti. Še dobro, da je bilo tako, saj je moral že po kratki prehojeni razdalji znova počepniti v podrastje in se skriti pred temi vojaki iz gozda.

»Tukaj mrgoli partizanov!« si je zašepetal. »Nadaljevati bom moral hudo previdno, sicer me bodo zagotovo napadli.« Nekaj kilometrov je hodil sključeno, saj se mu je zdelo, da bo tako manj opazen, kot če bo hodil pokončno. Ko ni mogel več prenašati bolečin v hrbtu, se je ponovno vzravnal in tako hodil približno pol kilometra. Nato ga je po levi rami nekaj močno udarilo, na obraz je padel na pot ter se zavalil v grmovje.

Očitno so ga neki partizani slišali prihajati in ga čakali skriti v grmovju. Ko je šel mimo njihovega skrivališča, so mu na ramo vrgli ogromen kamen. Nedvomno mu je zlomil nekaj kosti ali vretenc, pljuča so ostala brez sape in nemočno je obležal na tleh. Ko so štirje napadalci prišli pogledat svoj ulov, saj so ga imeli za manj kot človeka, ker ni bil eden od njih, so ga dvignili s tal, da jim je gledal v obraz. Zazdelo se mu je, da je prepoznal enega od fantov iz svojega otroštva. Bil je fant, ki je z družino vsako poletje prihajal na Blejsko jezero in ki sta ga Andrej in Mojca vozila s pletno.

»Ali nisi ti tisti fant, ki je vedno rad lovil ribe s pletne na Blejskem jezeru?« je vprašal Andrej. »S sestro sva te videvala vsako poletje.«

Ugrabitelj se je počutil nelagodno, zardel je in njegove roke so bil med tem zaslišanjem sovražnika nemirne. »V otroštvu smo počeli veliko stvari, kaj pa sta ti in tvoja sestra storila, da bi nas rešila pred nacisti?« je vprašal.

»Moja sestra je zapustila to deželo že pred začetkom vojne,« je odgovoril, a ni omenil, kam je odšla, saj se je bal, da bi beseda »Avstrija« moške spodbudila k razmišljanju, da je nacistka. »Sam sem bil vojak v vojski njegovega veličanstva, ki se je borila za Kraljevino.«

Po tej pripombi so začeli ostali štirje moški Andreja brcati in pretepati, da se mu je iz nosu takoj ulila kri. Kričali so: »Smrt kraljevemu ljubimcu!«

»Ampak,« je z vso svojo močjo zakričal Andrej, »ko sem bil v Beogradu, se je kralj boril za vse nas; vsi smo sovražili naciste in se z njimi borili z zadnjimi močmi, dokler nas niso veliko ujeli in zaprli! Pravkar se vračam domov po štirih letih taborišča za vojne ujetnike na Dunaju!«

»Oh, kako plemenita zgodba, tovariš,« je rekel partizan. »Nedvomno se vračaš z Dunaja, a tam si se boril za Adolfa Hitlerja in ni ti bilo mar za ljudi, ki so res pomembni. Vaša družina je morala imeti veliko denarja. Niste bili lastniki tistih pleten? Vam jih ni podarila avstrijska kraljica? Niste za ljudstvo, rojalisti ste!«

Nato so se kriki spremenili v »Ubij to barabo! Tito pravi, da se moramo v novi državi znebiti te vrste ljudi. Smrt izdajalcem!«

»Ne, prosim vas!« je zakričal Andrej. »Nisem izdajalec, ljubim to državo! Mlado ženo in hčerko imam, ki ju nisem videl že štiri leta, prosim, nisem sovražnik!«

A zdaj so štirje moški že z veseljem s pestmi udarjali v Andreja, dokler ni izgubil zavesti. Ta dan ne bo več nadaljeval poti domov.

Veliko kilometrov stran, na kmetiji, o kateri je sanjal Andrej, se je deklica Valerija kot vsak dan vrnila z obiska pri babici. Odšla je v dnevno sobo, saj mame ni bilo ob štedilniku v kuhinji, kjer jo je običajno našla v popoldanskem času. Njena mama je sedela na tleh ob kaminu. Videti je bilo, da joče, zato je Valerija kot ljubeč otrok stekla k njej in jo objela ter vprašala: »Kaj je narobe, mamica, kaj je narobe?« »Oh,« ji je odgovorila mama Marica, »slišala sem, kako težka je pot, ki jo morajo opraviti moški, ki se vračajo iz vojne, zato me je začelo malce preveč skrbeti za tvojega očeta.«

»Misliš, da bo z njim vse v redu, mama?«

»Upam, ljubica, tvoj oče je močan in pogumen človek. A pripravljeni morava biti na vse, ker so tam zunaj še vedno zelo slabi ljudje, ki skušajo prizadeti dobre ljudi, ki se med vojno niso strinjali z njimi glede vsega. Ne vem, kaj naj ti rečem. A počakali bova.«

In Valerija je rekla nekaj, kar je bilo veliko preveč modro za otroka njenih let in tako nežno, da si njena mama ni mogla predstavljati, od kod je prišel dar v obliki tega otroka. Rekla je: »Če se očka iz kakšnega strašnega razloga ne bo vrnil k nama, bova vedno vedeli, da si je zelo želel biti tukaj. Zanj bova posadili drevo. In ker sem napol očka, me samo objemi in poslušaj utripanje mojega srca, ko ga boš preveč pogrešala, ker je to isto srce, kot ga pogrešaš.«

41

POGLAVJE: KAM STE ME ODPELJALI?

Ko se je Andrej zbudil, se mu je zdelo, kot bi ga povozil vojaški tovornjak. Vedel je, da ima po obrazu posušeno kri, ker je poskusil premakniti obrazne mišice. Tudi na rokah je imel podobne sledi zasušene krvi, čeprav jih je imel zvezane za hrbtom. Če bi kaj videl, bi videl še več krvi, a je bil na tleh smetarskega tovornjaka, poleg drugih ljudi, vseh pokritih s ponjavo. Svetlobe je bilo malo, le toliko, da je bilo mogoče videti nejasne brezbarvne oblike.

Ko se je poskušal obrniti, je nehote zastokal. Človek poleg njega je zašepetal: »Si živ?«

Govoril je slovensko, zato je Andrej odgovoril: »Ja, mislim, da sem.« Že tako kratko govorjenje je povzročilo bolečine v ustih, čeljusti in grlu. Andrej je mislil le na neudobno in bolečo vožnjo, ki jo je doživel pred štirimi leti, ko so ga peljali v nemško taborišče za vojne ujetnike. Upal je, da bodo v taborišču, kamor so ga peljali zdaj, stražarji manj pozorni in bo lahko pobegnil. Morda bi lahko s tega območja prišel do očetove kmetije. Vedel je, da bi mu tam pomagala oče in brat. Ali pa bi ga vsaj skrila, ko bi bilo dovolj varno, pa bi lahko poslal sporočilo Marici. Ob misli na to, kako zelo jo mora njegova zamuda skrbeti, se je počutil skrušenega.

Nato je zašepetal telesu, ki je ležalo ob njem: »Morda veš, kam nas peljejo?«

Tujec je odgovoril: »Nič dobrega ne bo. Ti bedaki se samo trudijo nabrati čim več trupel, da bi se prikupili Titu. Nepomembno je, kdo si. Bolj pomemben kot si, pravzaprav, bolj si te želijo ustreliti. Samo smeti, ostale po vojni, smo. Naša trupla bodo uporabili za to, da bodo napolnili jame!« Nato se je začel smejati in kašljati in nekaj minut ni mogel nehati. Andreja so te besede zmrazile do kosti, čeprav je takšne zgodbe slišal že na prelazu, preko katerega so se Slovenci odpravljali proti Trstu. Torej so bile te zgodbe resnične ali vsaj dovolj razširjene, da so veljale za resnične.

No, si je mislil, pripraviti se moram na vse možnosti. Če obstaja izhod, ga bom brez oklevanja uporabil. Če ga ni, moram biti pripravljen umreti z dostojanstvom, ki ustreza častniku kraljeve vojske. Spet je zaspal z mislijo, da je varčevanje z energijo edina stvar, ki jo lahko v tem trenutku doseže.

Prebudil se je nekoliko pozneje, ko se je tovornjak ustavil in je zaslišal glas: »Tako, lene izdajalske barabe, izstopite iz tovornjakov!«

Nato so odgrnili cerado in nekaj časa ni nič videl, ker je bil tako dolgo brez svetlobe. Z mežikanjem in priprtimi očmi mu je uspelo razbrati prizor okrog sebe. V istem tovornjaku kot on je bilo kakih petdeset ljudi, vsi pa so bili podobno pretepeni, potolčeni in okrvavljeni. Kazalo je, da so nekakšen zelo brutalno pobran pridelek. Zdaj naj bi jih partizani zasadili v zemljo, da jih komunisti ne bi videli. Ko so jih povlekli iz tovornjaka, so jim roke zvezali pred seboj, da so lahko hodili.

Tabor je bil vlažen in blaten, ker je bil maj. Vse ob vznožju gora se je spomladi ob taljenju alpskega snega prekomerno napajalo z vodo, ki je tekla po pobočjih. Taborjenje tukaj je pomenilo, da bodo mokri in bo mrzlo, a so vsaj imeli dostop do vode. Žal to ni bilo nekaj, kar bi Andreja dolgo skrbelo. V taborišče so nenehno prihajali tovornjaki, ki so raztovarjali ljudi, ki niso bili partizani, vključno z nekaj kozaki z ruske meje. Vsi ti ljudje so veljali za sovražnike komunistov, zato so jih, če so jih ujeli v bližini jugoslovanskih tal, prav tako poslali v ta usmrtitvena taborišča. Po vsej državi so bili vojaki, ki so se skušali vrniti domov v Nemčijo. Če so jih našli v gozdu, so se pridružili množicam v taboriščih.

A zalog je bilo malo. V taboriščih ni primanjkovalo le hrane, primanjkovalo je tudi šotorov, stranišč in vseh higienskih pripomočkov, predvsem pa je močno primanjkovalo nabojev. Omeniti pa je treba še eno demografsko skupino, ki je dodatno zapletla težave z oskrbo: med zajetimi in ujetimi je bilo veliko žensk in otrok. Za nikogar ni bilo ustrezne namestitve, kaj šele zasebnosti ali ločevanja spolov, še manj spoštovanja vere.

Komunisti so imeli za to težavo rešitev: zapornike je bilo treba odstraniti v enem dnevu po zajetju. Včasih je moral en naboj služiti za več kot eno smrt; izmisliti so si morali ustvarjalne načine, če so se želeli znebiti tako velikega števila ljudi. Mrtvih ni bilo treba hraniti ali jih nekam namestiti ali se ukvarjati s težavami okrog stranišč ali spodobnosti. Edino preostalo vprašanje je bilo, kako denimo s šestimi naboji ubiti sto ljudi. Zato so za rešitev velikega dela teh težav predlagali jame.

Naslednje jutro so Andreja in moške, s katerimi si je delil zadnjo klop tovornjaka, po slabem spancu in brez zajtrka odpeljali skozi sosednjo vas v vrsto praznih rudnikov. Vasi so bile mračne, turobne in zanemarjene; morda so bile nekoč dejavna rudarska mesta, zdaj pa zanje ni bilo nikomur mar in so bile umazane. Prevladujoča barva je bila siva. Sive so bile stavbe, gramoz na ulicah in zavese na oknih. Skozi umazana okna so kukali majhni, sivolasi ljudje s sivo kožo, ki so v strahu opazovali, kako so zaporniki korakali mimo njihovih domov.

Ob prihodu so zapornike z nabitimi puškami, s katerimi so merili vanje, prisilili, da so se postavili ob robove teh rudnikov in se stisnili skupaj. Ko so bili postavljeni v krog, ni bilo videti niti kančka zelenja ali nežnih vejic. Vedno več zapornikov so silili ob robove rudniških jaškov, ki so bili podobni rovom v zemljo z odprtino na vrhu. Počutili so se kot živina na poti na zakol. To so tudi bili, le da jih je imela večina dovolj kognitivnih sposobnosti, da so vedeli, kaj jih čaka. Živina tega morda ni vedela.

Nekaj glasov se je upiralo, a večina zapornikov je bila že prej tako zelo pretepena, tako jih je zeblo in tako so bili lačni, da ni v njih ostalo nobenega uporništva več. Niso se mogli več odzvati tako, da bi se rešili. To je bila naučena nemoč. Za nekatere od njih so bila odprta grobišča že skoraj tolažilna. Utrujeni so bili od boja, skrbi in trpljenja.

Andrej ni bil pripravljen umreti. Bal se je, da si bo prislužil prvo kroglo, če bo zavpil iz protesta. Podobno bi se mu zgodilo, če bi se upiral ali skušal pobegniti. Zato je nestrpno čakal na dejanje in molil k Bogu, da mu bo nekako prizanešeno.

Nato se je zaslišala vrsta strelov v linijo, v kateri so stali ujetniki in obkrožali jamo. Če krogla ni zadela ujetnika neposredno, je zadela vsaj tistega zraven, sila pa je ustvarila dovolj zagona, da so vsi popadali v jame, ranjeni ali ne. Andrej se je znašel na tleh jame. Bil je živ, a pod dvema, ki nista preživela. Hitro se je izvil izpod trupel in si osvobodil roke za vsak primer, če bi se ponudila priložnost. Vse okrog sebe je slišal stokanje, molitev in jok. Skušal se je domisliti, kaj naj naredi.

Nato je zaslišal najhujši zvok. Slišal je že, da so partizani med prejšnjimi poboji razstrelili jame, da so res pomrli vsi, ker so imeli tako malo nabojev. Moške, ženske in otroke so žive pokopali. Slišal je klik, ko je kladivo udarilo po eksplozivni napravi, nato ropot in potem je bilo vsega konec. Kamenje, prah in deli teles so leteli po zraku in padali nazaj v jašek, da bodo za vedno zakopani. Ko je Andrej spoznal, da se njegov čas na tej zemlji izteka, je izpod srajce potegnil rdečo kapo, ki jo je hranil, odkar jo je našel na dunajskih ulicah, nedaleč od Julijaninega stanovanja.

Vrgel jo je visoko v zrak in si rekel, da jo bo njegova uboga družina, če ga bo kdaj iskala, morda našla in vedela, da je bila spletena na kmetiji njegovih staršev na robu Blejskega jezera. In da on počiva v miru.

42

POGLAVJE: KAM SO ŠLE VSE ROŽICE?

Tedni čakanja na Andrejevo vrnitev so se spremenili v mesece. Marica in Valerija sta iz stanja velikega pričakovanja prešli v stanje stalne napetosti. Nič več nista vsak trenutek pričakovali njegove vrnitve ali da bo soseda vsak čas prišla in rekla, da ju kliče. Marica se je začela bati, da bo telefonski klic ali nepričakovana pošta napovedovala tragične novice. Morda ju bo kdo iz nove vlade ali kakšen stari vojaški znanec obvestil, da je Andrej Lovrenc mrtev, za vedno izgubljen.

A tudi ona se je oklepala upanja. Če je bil poškodovan in nekaj časa ni mogel govoriti, je morda še vedno obstajala možnost, da si opomore. Ko se bo zbudil ali se mu bo vrnil spomin, bodo prijazni ljudje zagotovo poslali ponjo. Ali pa bo prišel ta telefonski klic, ki se ga je bala, vendar ji bodo z njim sporočili, da se mu je povrnilo zdravje, da se je pravkar spomnil, kdo je, ter bo kmalu pripravljen na pot. Te misli so ji pomagale iz globin obupa. Živela je v turobnem svetu in pot med tema dvema možnostma ji je omogočala navidezno ravnovesje. Kot Alica v Čudežni deželi, ki poskuša dovolj zrasti za vrata, skozi katera mora oditi, je ob prevelikem sprejemanju njegove smrti postala popolnoma obupana ali premajhna, da bi dosegla ključ; prevelika gotovost, da se bo še vrnil, pa je prinesla preveč vznemirjenja, da bi lahko opravljala običajne naloge – postala je kot Alica, ki je bila previsoka, da bi se spravila skozi vrata, ko je končno prišla do ključa.

Ko je bila tako depresivna, je Marica vedela, da ni hujše bolečine od tiste, ko nekoga globoko ljubiš, z vsem svojim bitjem, ko je okoli njega ovita vsa tvoja prihodnost in sanje o vajini družini, pa ne moreš do njega. Vse sanje, ki so Marico zadnja štiri leta držale pokonci, vse, kar je izboljšala v njunem domu, vsak zaznan napredek pri razvoju otroka in vsaka misel na prihodnost je bila z Andrejem in za Andreja. Bil je njeno življenje in veselje, zdaj pa je težko dihala, pa je bil še vedno samo pogrešan.

Rdeči križ je ni mogel nikakor potolažiti. Zdaj so le še ponavljali, da se na tisoče ljudi še ni vrnilo domov. Morda je skupaj z mnogimi drugimi na poti zašel. Morda so ga prepričali, naj jim dom ustvari v Italiji, kamor je želelo oditi toliko beguncev. Morda se ji bo kmalu oglasil in povedal, da prihaja po njiju: »Tam bo novi dom,« je namignil eden od delavcev.

Toda Marica je vedela, kako zanesljiv človek je Andrej. Če se do zdaj še ni vrnil domov ali poslal sporočila, kaj je povzročilo njegovo zamudo, potem tega ni mogel storiti. Nato je njeno srce prepričalo njen um, da je spet slepo iskal upanje. Še naprej je obsedeno molila za njegovo varno vrnitev, čeprav je v srcu čutila, da ga ni več. Ko so jo drugi spraševali po možu, je lahko rekla le: »Pogrešan je.« Nikoli ni dodala »in domnevno mrtev.«

Zrak je bil redkejši, trava ni bila več tako zelena, vetrič se je zdel neprijazen, ne osvežujoč, prijeten ali nežen. Zdaj je nosila sončna očala; ne zato, da bi skrivala svoje zabuhle oči, ker so bile res otečene, ampak zato, da je druge ohranila na razdalji, da si niso preveč od blizu ogledovali njene bolečine. Zdelo se je, da je bila bolečina zaradi žalosti vse, kar ji je ostalo od njega. Temu se ni bila pripravljena odreči. S pomočjo brata se je odločila, da bo opustila kmetijo in se preselila v Beograd, kjer bo vse blizu in se ji ne bo treba ukvarjati z ročnim delom, kot so popravila na kmetiji in reja živali. Tako bo bolje za oba. Kmalu ji je pomagala tako njegova kot tudi njena družina. A njena glava in srce nista delovala skladno s svetom. Minevala so leta in nekoliko se je sprostila, ker je vedela, da nikoli ne bo prejela telefonskega klica, ki bi ji sporočil strašno novico. Nobene nenadne bolečine ne bo, ostala bo izguba, ki bo prišla brez upanja, da se bo vrnil. Vedno je bila v črnem, ker bo zavedno vdova.

Noben moški, ne glede na to, kako prijazen ali ustrežljiv je bil, je ni mogel prepričati, da bi šla z njim na večerjo ali se preprosto zabavat. Noben moški je ni mogel prepričati, da ni nič narobe, če se zabava. Počela je, kar je bilo treba za Valerijo. V srcu je bil to poklon njemu. Bila sta poročena in menila je, da sta še vedno. Njen mož je bil zgolj pogrešan.

Pogosto se je pogovarjala z Vilmo iz Londona, saj je menila, da bodo britanski zavezniki sčasoma imeli informacije o Andrejevi lokaciji. Vilma je bila žalostna zaradi pogrešanega brata, vendar ni imela nobenih zvez, s katerimi bi ga lahko pomagala poiskati. Preveč zmedena je bila zaradi svoje težavne ljubezenske zveze, kmalu pa tudi zaradi strahu, da je noseča, da bi imela dovolj energije za preganjanje birokratov v iskanju informacij o Andreju.

Njegova sestra Rositha v Ameriki je bila zelo zaskrbljena zaradi izgubljenega brata. S pomočjo moža je pisala kongresniku. Iz njegovega urada so sporočili, da je pogrešanih ali razseljenih preveč ljudi, da bi imel kdo iz različnih služb ali Rdečega križa kakšne odgovore. Iz njihovega sporočila je bilo težko razbrati, ali je kongresnik menil, da je njen primer brezupen ali pa morajo biti preprosto potrpežljivi. A Rositha je misli na pogrešanega brata nosila v svojem srcu. Ko je čez kratek čas rodila prvega sina, katerega drugo ime je bilo Andrew, po očetu, je dečka klicala »mali Andrej«, a po svojem bratu, ne očetu. Bil je srečen deček in posnela je veliko fotografij tega fantka, ki je nosil bratovo ime.

Najpomembnejša oseba, ki je razumela, kaj ta izguba zares pomeni za svet, je bila nedvomno Valerija. Valerija je z mamo čakala na očetovo vrnitev. Videla je, kako se je njena mama trudila ohraniti upanje in se vedno znova obračala k Bogu, da jo je nato vedno znova globoko razočaral. Ko se je očeta zares spominjala le še po fotografijah, ki jih je imela mama na njunih mizah, se je v sebi počutila nekako nelojalno. Ni se spomnila njegovega glasu ali kakršnih koli zabavnih stvari, ki sta jih počela skupaj. Kmalu se ni spomnila ničesar več razen fotografij.

Ko se je začela šola, so jo učitelji in sošolci pogosto spraševali o očetu. Naredila je, kar je naredila njena mama. Povedala jim je, da je po koncu vojne izginil. Večini se je smilila in do nje so bili prijazni, ker ni imela očeta, nekaj deklet pa jo je zmerjalo in govorilo: »Sta bila tvoja starša sploh poročena?« Razjezila se je in se počutila nekoliko zapuščeno, čeprav je vedela, da njen oče ni odsoten, ker bi sam tako hotel.

Ko je minilo še več časa, so Valeriji pomagali strici, možje njenih tet in mamini prijatelji. To ji je bilo všeč, a sanjarila je o tem, kako lepo bi bilo, če bi šla enkrat z očetom kaj pojest v restavracijo ali če bi jo gugal na gugalnici ali bi se skupaj sprehajala. Minevala so leta in poročila se je ter rodila dve čudoviti hčerki. Takrat je začutila, da se košcki njenega srca celijo. Vedno je ostala tesno povezana z mamo.

Ko je minilo dovolj časa, Andreja pa ni bilo nazaj, se je Marica naučila voziti. Dopisovala si je s skupinami, ki so iskale »izgubljene vojake«, in jim prostovoljno pomagala. Zelo malo vojakov je bilo najdenih živih, prav tako niso našli veliko trupel. Ko komunistične sile niso želele, da jih kdo najde, so ljudje preprosto izginili. V Sloveniji, na Hrvaškem in v Srbiji je bilo pogrešanih več kot sto tisoč ljudi. Večinoma so izginili maja 1945. Tako so o Andreju govorili Marica in celo njeni vnuki. Pogrešan je od konca vojne.

43

POGLAVJE: SESTRI POTUJETA PO EVROPI

Ko je Rositha rodila svojega prvega dečka, si je zelo želela še povečati svojo družino. Deloma zato, ker so bili ti fantje njeni edini krvni sorodniki v Združenih državah Amerike, pa tudi zato, ker je njena biološka ura tiktakala malce hitreje, kot so mislili drugi. Morda ne bo več plodna, če se bo odločila imeti otroke z nekajletnim razmikom, kot so to počele številne Američanke. V petih letih je Rositha tako rodila tri zdrave dečke in z Bernardom sta se preselila v veliko viktorijansko hišo v Claremontu v New Hampshiru.

Pričakalo ju je mnogo opravil, saj je bila nekoč veličastna hiša zaradi starosti nekoliko dotrajana. Imela je staromoden kotel za toplo vodo in več kaminov. Vsako jesen so na hišo namestili zaščite pred nevihtami, kar je bila težka naloga, vendar je bila to cena, ki sta jo morala plačati, če sta želela dovolj prostora, v katerem bosta lahko vzgajala svoje tri otroke. Sedem spalnic je bilo tudi dragoceno premoženje, saj je lahko družina postavila tablo z napisom »Proste sobe« in zagotovila prostor za spanje drugim. Ker so mlini v mestu delali na izmene 24 ur na dan, je bilo dokaj enostavno dve sobi oddajati v najem ljudem, ki so potrebovali samo prenočišče.

Občasno so imeli tudi kakšnega najemnika, ki je preveč pil ali prestopil svoje ali njene meje ter so ga morali prositi, naj odide. Kmalu ga je zamenjal nov. Bernard je vodil lokalno polnilnico Coca-Cole, Rositha pa je honorarno delala v bližnjih maloprodajnih trgovinah.

Na koncu je začela delati nočno izmeno v tovarni in se z avtobusom vozila iz mesta, da je bila odsotna le takrat, ko so njeni otroci spali. Pri izdatkih je bila zelo previdna in prihranila je vse, kar je lahko, ter se izogibala zapravljanju denarja zase.

V veselje ji je bilo, da je imela na voljo veliko hrane za družino in da si je pogosto dopisovala s preživelimi sorodniki v Evropi, zlasti z Vilmo. Leta 1969 jo je obiskala celo njena čudovita nečakinja Caroline, ki je šla v Kalifornijo za prijateljem. Tam sta si nameravala ustvariti dom. Leta 1971, petindvajset let po tem, ko je zapustila London in nazadnje videla svojo sestro, se je Rositha odpravila na dolgo pričakovani obisk. Dva njena sinova sta bila že poročena, tretji pa je bil v obalni straži, zato se ji je zdelo, da si lahko vzame čas zase.

Na letališče Heathrow blizu Londona je priletela sama. Ker ni še nikoli letela, se ji je vse zdelo nenavadno. Poleg tega sta bila tukaj še sprememba časovnega pasu in občutek izjemnosti, ko je povojni London videla tako urejen toliko let po vojni. A najboljše je šele prihajalo. Ko je vstopila v letališko stavbo in se pomikala proti carini, je zaslišala glas, ki ga ne bi mogla zgrešiti. Bil je poln veselja: »Rositha!« Vilma je res prišla. Spremljal jo je mož Miha, da bi vzel njene torbe in ju odpeljal v njuno londonsko hišo.

Vznemirjenje in solze ob tem srečanju je treba razumeti, saj sta si ženski v otroštvu delili sobo, zapuščino, nato pa sta skupaj zapustili Jugoslavijo tik pred vojno. Skupaj sta preživeli napade, si delili hrano, ki sta jo imeli, da sta preživeli, in si svetovali večino vojne, razen ko se je Vilma odpravila na pustolovščino z diplomatom in njegovo družino na odprtem morju. Nato sta si ostali blizu, ker sta si pogosto dopisovali prek letalske pošte. Izgubili sta isti dom, iste starše in istega brata, da ne omenjamo uničenja kulture, ki sta jo imeli radi. A obe sta bili tukaj, živi, zdravi, še vedno privlačni in v pričakovanju pustolovščine.

Rositha je skupaj z Vilmo ponovno obiskala glavne dele Londona, nato pa je bil čas, da se odpravita na pot. Ni bilo prijetno zapustiti udobne spalnice v Vilmini meščanski hiši, vendar je bilo treba videti še druge kraje. Tako kot Rositha je tudi Vilma oddajala sobe v pritličju, da je nekaj zaslužila. Miha je tako pazil na denar, da se je Vilma šalila, da bo verjetno oddal tudi njuno spalnico in spal v kuhinji, dokler se ne vrne domov.

Ko sta se sestri vračali na letališče, da bi odleteli na Dunaj, sta se odločili, da enkrat v življenju ne bosta varčni. Po pristanku je Vilma najela mercedesa, s sestro sta si razdelili račun in že sta bili na poti. Obe sta bili oblečeni v moderne hlače z razporkom, s seboj pa sta imeli več bluz in puloverjev ter barvnih šalov. Tako jima je bilo udobno, hkrati pa sta bili moderni. Ulice so bile preveč natrpane za oglede, zato sta uporabili zemljevid in poiskali zanimive točke ter se zapeljali v del, kjer je nekoč živela Julijana. Ker je bila soseska uničena v bombardiranju in so jo še vedno obnavljali, sta nadaljevali pot nazaj proti slovenskemu delu Jugoslavije. Menili sta, da je šel Andrej peš domov po tej poti, preko prelaza Ljubelj.

Seveda je bil ta prehod zdaj že sodobna cesta s prometno signal-izacijo in tablami za obcestna postajališča. O Andreju sta govorili več, kot sta pričakovali, vendar se je bilo dobro razgovoriti o svojih mislih in občutkih. Še vedno je bilo težko verjeti, da je kar »izginil«, in strašno si je bilo predstavljati, s kakšno brutalnostjo se je moral soočati.

Rositha je rekla: »Na lastne oči si moram ogledati to območje, da bom vedela, kje je hodil. Spomnim se, kako sva se kot majhna kotalila po hribu in nato plavala v jezeru, da nama ni bilo treba nazaj v hišo nesti toliko vode za umivanje. Drag brat mi je bil.«

Vilma je dejala: »O istem sem razmišljala. Vedno sem si želela, da bi ga lahko poiskali sami, a takrat je bilo to nemogoče. Preveč razseljenih ljudi je tavalo in se izgubilo.«

Skoraj istočasno sta zavzdihnili in še naprej opazovali pokrajino. Gorski predeli še niso bili preveč pozidani, drevesa pa so rasla povsem naravnost. Bila so bujna. Vožnja je bila lepa, vendar skoraj dolgočasna v svoji simetriji. Takoj ko sta prestopili mejo z Jugoslavijo, sta morali pokazati svoje dokumente in spiti kavo. Še naprej sta se pogovarjali in govorili o tem, da sta skoraj kot dvojčici, saj sta v istem letu v razmaku enega tedna rodili svoja prva otroka. Obžalovali sta, da Roger in Caroline nista mogla odraščati skupaj in biti tako tesna prijatelja, kot sta bili onidve. A vojna je bila kriva za veliko njunih odločitev, izbira je bila omejena.

Kmalu sta si najeli sobo za čez noč v neki hiši, nato pa se odpeljali na Bled. Želeli sta videti brata Ivana in položiti cvetje na grob svojih staršev. Pred pletno sta se fotografirali in kosili v središču mesta. Dogovorili sta se za srečanje s sestrično, ki je bila približno njunih let in sta jo imeli vedno radi. Bila je kozmetičarka, vendar je takoj povedala, da ju ne more pomladiti. Ob tej pripombi so se vse zasmejale in zajokale.

Po nekaj dneh se je zdelo, da je čas za nadaljevanje potovanja. Vilma in Rositha sta preučili zemljevid in se odločili, da se bosta po manj prometnih starejših cestah odpravili proti Trstu. Številni, ki so bežali iz Jugoslavije, so se odpravili v ta del Italije, ki je bil najbližje njihovemu domu. Tako so bili pod upravo Američanov, ne komunistov. Njuno evropsko popotovanje se bo končalo s kratkim postankom na italijanski obali.

Odprli sta okna in nadaljevali pot, šala pa sta jima plapolala v vetru. Čez nekaj ur sta si spet zaželeli kave. Ustavili sta se in v starem rudarskem mestu poiskali kavarno. Odločili sta se, da bosta lokal s kavo poiskali peš, da si pretegneta noge. Ko sta se ozirali naokrog, sta se počutili nekoliko potrto, saj je bilo vse okrog njiju precej grozljivo. Hiše so bile slabo vzdrževane, mnoge so imele trajno sivo barvo, redki ljudje, ki sta jih videli, pa so imeli kožo pepelnate barve.

»Nedvomno gre za delavsko skupnost, brez olepševanja,« je dejala Rositha.

»Ja,« je odgovorila Vilma. »V Združenem kraljestvu imamo veliko območij, ki jih je zastrla tema premogovnikov.«

Nato sta zagledali leseno strukturo, ki je bila videti napol kavarna, napol hiša. Na verandi je bilo nekaj majhnih miz in stolov ter reklamni napisi, ki so oglaševali gazirane pijače in sladoled na palčki. Ni bila videti čista, a tudi ne preveč umazana. Odpravili sta se proti njej, saj druge izbire res ni bilo.

Nihče ju ni prišel pozdravit, zato sta pokukali skozi odprta vrata. Notranjost je bila videti kot domača kuhinja, le da je bil na levi strani dolg lesen šank s štirimi stoli. Pozdravili sta v slovenščini.

Takrat se je v kotu sobe nekdo premaknil in se oglasil, nato pa so zvoku sledili koraki iz druge smeri.

Iz notranjosti hiše je po hodniku prišla ženska, približno njunih let. Vprašala je: »Kako vama lahko pomagam?«

Vilma je rekla: »Dve kavi s smetano bi naročili, če lahko.«

»Seveda,« je odgovorila ženska, odšla do avtomata in začela pripravljati kavo. Nato se je obrnila k človeku v kotu in vprašala: »Jožef, bi tudi ti kavo z mlekom?«

Prikimal je v odgovor in zaslišal se je grlen zvok. Očitno je to vzela za pritrdilni odgovor, saj mu je začela pripravljati težko plastično skodelico.

Vilma ni bila nikoli nesramna, a ne da bi pomislila, je zajela sapo in rekla: »Ubogi človek.«

»Ja,« je odgovorila ženska. »Zanj skrbimo že od konca vojne. Pravimo mu Jožef, ker se nam zdi kot svetnik. Ne vemo točno, kdo je in kaj natančno se mu je zgodilo. Hudo ranjen je bil, ko se je priplazil v mesto. Nismo pričakovali, da bo preživel. A je, le govoriti ne more. Prijetna družba je.«

Rositha je vprašala: »Smem stopiti bližje k njemu?«

»Seveda,« je odvrnila lastnica. »Prepričana sem, da mu bo pozornost všeč. Kar izvolite.«

Rositha je sedla na tla poleg moškega. Nasmehnila se mu je in izgovorila nekaj slovenskih besed. Vrnil ji je nasmeh in potrepljala ga je po rami. Prepričana je bila, da ni njen brat, ker je bil tako poškodovan, povsod je imel brazgotine, kot da ne bi imel obraznih kosti, in imel je samo en pramen belih las. Njegove oči so bile modre, in ne rjave, a za trenutek ni bila povsem prepričana. Srce se ji je skoraj prelomilo na dvoje.

Preden sta odšli, je ženski dala toliko denarja, kolikor ga je imela, in preprosto rekla: »Kot bi skrbeli za mojega brata. Bog vas blagoslovi.«

Nato sta odšli.

Jožef je s tresočo roko segel pod srajco, dokler ni izvlekel nekaj koščkov rdeče preje, s katero si je obrisal solze z oči, prekritih z zeleno mreno.

44

POGLAVJE: LOČEVANJE DEJSTEV OD DOMIŠLJIJE

Veliko bralcev meni, da je pomembno vedeti, kateri deli te knjige so se dejansko zgodili in kateri so plod pisateljičine domišljije. To bom pojasnila, kolikor bom le lahko.

Rositha Por Adams (1912–1998) iz Claremonta v New Hampshiru je bila od leta 1970 avtoričina tašča. Kot je opisano tukaj, je bila mama treh fantov: Rogerja, Steva in Bradleyja. Med vojno je v Londonu spoznala svojega moža, vojaka, Bernarda C. Adamsa, s katerim se je poročila. Do poroke je živela z najmlajšo sestro Marjano (v zgodbi imenovano Vilma) v Londonu, kamor sta pobegnili okoli leta 1937 v upanju, da se bosta izognili večjemu delu vojne. Večina podrobnosti o Rosithinem življenju temelji na njenih pripovedih. Res je, da je delala za Wedgewoodove, in na zmenku na slepo je Bernarda skoraj pustila na cedilu, vendar je tako dolgo čakal nanjo, da je popustila in se mu pridružila. V Evropo se je vrnila 25 let po vojni in se odpravila na popotovanje z Marjano, Angelo in Janezom ter Miho (1971). Njena sestra Fanika je umrla, brat Lovro (v zgodbi Andrej) pa je bil od konca vojne pogrešan. Rositha je zaključila vse šole, ki so ji bile na voljo, in bi lahko bila učiteljica, če se ne bi začela vojna. V odraslem življenju je prebolela tuberkulozo in trpela za hudo slabokrvnostjo. Tudi to je premagala. Z Marjano, ki je bila prav tako slabokrvna, sta v Londonu preživeli dve leti bombardiranj, imenovanih Blitz. Vsi so odraščali na čudovitem Bledu, v Sloveniji, z razgledom na Blejsko jezero. Dogodek v kavarni v rudarskem mestu z Vilmo je izmišljen; za Lovrom do danes ni nobene sledi.

Zgodbo **Marjane Por Hajnzic [Vilma]** (1914–2011) je avtorici pripovedovala njena edina hči Caroline, čeprav je avtorica Marjano spoznala leta 1983, ko sta z možem Rogerjem Adamsom in njunim majhnim sinom Andrewom Adamsom skupaj z Rositho bivali pri njej v Londonu. Veliko o Marjani je avtorica izvedela tudi iz pogovorov z Rositho. Takrat so bile na obisku tudi Lovrova [Andrejeva] vdova Marica, njuna hči Valerija in njeni hčeri, zdaj Marija Andjelković Novaković in Aleksandra Por Marčetić (zadnji dve sta Lovrovi vnukinji). Marjana je z družino, za katero je delala, zbežala iz Beograda na ladji SS Strathaird, na katero so streljali s torpedi. Na začetku se je na Bled pogosto vračala tudi brez Rosithe, saj je imela tam resnega fanta, s katerim se je nameravala poročiti. A na enem od obiskov doma ji je sestra Angela povedala, da ima on zdaj otroka z drugo žensko, zato je Marjana prekinila njuno zaroko. Zdi se, da si je moški nato vzel življenje. Očitno je bila med okrevanjem po tej travmi Marjana bolj pripravljena sprejeti tveganje, ki ga prinašalo potovanje z diplomatovo družino. Podrobnosti o Marjaninih nadaljnjih ljubeznih so kombinacija Carolininih pripovedi in avtoričine domišljije. Iz razmerja s »Samuelom« se je rodila Caroline. Zgodba o tem, kako je Marjana spoznala Miho, drži. Caroline je bil ljubeč očim. Caroline z biološkim očetom ni imela stikov po drugem letu starosti, ko se je poročil z žensko, ki ni bila njena mama. Njegovo vedenje je bilo zelo podobno Samuelovemu. Caroline ga je obiskala šele pri petinšestdesetih letih, saj je želela mami prihraniti bolečino, vendar se takrat že ni več zavedal samega sebe. Nekega dne, ko je bila Caroline še majhna, jo je mama oblekla v najboljša oblačila, ji v lase pripela novo rdečo pentljo, jo naučila vljudnih kretenj in jo nato odpeljala na srečanje z vdovo Aleksandra I., mamo Petra II., »kraljico Marijo«, ki je živela v Londonu. Tudi Caroline je odraščala v lokalni slovenski skupnosti, ki jo je njena mama odkrila v Londonu in je bila povezana z njihovo cerkvijo. Caroline je večino svojega odraslega življenja preživela v ZDA, zdaj pa živi v Londonu v družinski meščanski hiši.

Janez Por [Ivan] (1904–1980) je bil najstarejši od Porovih otrok. Res je delal za železnico in v zgodnjih dvajsetih letih je doživel hudo nesrečo. Počila mu je lobanja in vanjo so mu morali vstaviti jekleno ploščico, zato se ni mogel boriti v vojni in vse življenje je trpel posledice. Vseeno se je poročil, imel sina Iva (1942–2017) in, mislim da, hčerko, ki je umrla v nesreči. Imeli smo srečo, da smo spoznali Ivovega sina Marka Pora, ki je teniški trener pri Tenisu Slovenija, rojen leta 1971. Zdi se, da z družino v Sloveniji dobro živi.

Pomembno je bilo pisati o **Lovru Poru [Andrej ml.]** (1906–1945?). Vzgojen je bil v dobrega katoličana, kot vsi, in je bil zvest svojemu kralju in državi. Preselil se je v Beograd, kjer je služil v kraljevi vojski in spoznal Marico ter se poročil z njo in z njo dobil otroka Valerijo. Kot je omenjeno v zgornjem odstavku o Marjani, je imela Valerija dve hčeri. Njena najstarejša, Marija, mi je bila v veliko pomoč pri raziskovanju za to knjigo. Veliko čezoceanskih klicev, elektronskih sporočil in fotografij je bilo potrebnih za celotno zgodbo. Nihče od živih ne ve, kaj je Lovro doživel v nacističnem taborišču za vojne ujetnike. Natančne okoliščine njegove smrti ostajajo skrivnost. Avtorica je na podlagi zgodb, ki so jih napisali drugi, in pričevanj nekaj preživelih opisala verjeten scenarij zadnjih dni tega ubogega moža. Je še ena zvezda v vesolju nesmiselnih izgub, ki jih je povzročila vojna.

Fanika Por Bunčič **[Mojca]** (1908–1947). Z Bleda se je preselila v Beograd in se poročila z moškim po imenu Stevo. Med vojno sta bila njen dom in dom Marice (Lovrove žene) bombardirana, čeprav je njeno življenje na koncu skrajšal rak. Fizično je bila tako zelo podobna Rosithi, da ju je bilo na fotografijah težko ločiti. Ni bila povezana s pletno, prav tako ni bila junakinja v vojni, bila pa je ljubljena starejša sestra Rosithe, Marjane in Angele. Ni se preselila v Avstralijo, čeprav je res, da so to storili številni Jugoslovani, saj je selitev v ZDA postajala zahtevna. Zgodba o reševanju ljudi iz koncentracijskega taborišča pri Linzu je izmišljena, grozljivo taborišče Mauthausen pa je bilo resnično.

Angela Por [Julijana] (1910–1984). Angela je imela sina, vendar nihče v družini ne ve, kdo je njegov oče. Angela je že od zgodnjega otroštva veliko časa preživela v Avstriji. Otrok je bil rojen leta 1932, ko je imela komaj dvaindvajset let. Vse njene sestre so na podlagi njegovega videza, imena (Hansi) in zaradi svoje ljubezni do spletk domnevale, da je oče otroka Nemec. Po vojni se je Angela poročila z moškim po imenu Franz in živela sta v predmestju Dunaja, kjer je imela kozmetični salon. Tudi v tem primeru se domneva, da bi bil lahko Franz povezan z nacisti. Tokrat so za te misli zaslužni njegovo ime, lokacija in poklic umetnika, ki je znal zelo dobro poustvariti skoraj vse. Žal arhitekt Hansi ni več živ in ni imel otrok, s katerimi bi lahko govorila.

Po teh opisih šestih otrok je treba povedati, da je bil **Andrej Por [Andrej st.]** (1868–1950) oče teh otrok. Njegovo življenje je bilo podobno tistemu iz knjige, čeprav ni bilo povezano s pletno. Bil je krovec in kmet. Večino svoje kmetije je katoliški cerkvi podaril za pokopališče, na katerem so pokopani on, njegova žena, sin Janez in vnuk Ivo. Obstajata zgodba o druženju Napoleona z njegovo družino ter zgodba o tem, kako so Andreja ujeli partizani, vendar mu je uspelo pobegniti in se vrniti domov. **Ivana Pogačar Por [Justa]** (1881–1939) je bila v knjigi dobro predstavljena. Umrla je tik pred začetkom druge svetovne vojne. Njena najmlajša sestra (iz velike družine) je bila prijateljica njenih nečakinj. Bila naj bi zelo premožna in pogosto je pripotovala na obisk. Klicali so jo teta Helena.

PLETNA

Zgodbe o pletnah in njihovem pomenu za Blejsko jezero so resnične. V času Marije Terezije je bilo kmetom podeljeno njihovo dosmrtno lastništvo, toda družina Por ni bila lastnica takšne pravice. Avtorica in njen mož, Rosithin najstarejši sin Roger Adams, sta imela srečo, da sta med raziskovanjem za to knjigo spoznala lastnike pletne in pri njih najela apartma. Navdušeno so pomagali pri iskanju sorodnikov, iskanju pokopališča, kjer je pokopana družina, in naju naučili veliko o folklori območja ter nama povedali zgodbo o »zvonu na dnu jezera«.

Njihova prijaznost in pomoč sta se nadaljevali tudi pozneje in vplivali na zgodbo: imena »Mojca«, »Vid«, »Manca« in »Zala«, uporabljena v zgodbi, so v poklon njim. Postali so najina draga nova »družina«.

Antonija Mušič (rojena Mandelc): matriarhinja Mojca Mušič in Robert Krašovec
Vid, Manca in Zala Krašovec

Oglejte si fotografije na mojem spletnem mestu: https://www.get-booksbycindy.com

Imena v oglatih oklepajih [ ] ob dejanskih imenih so imena, s katerimi so omenjeni v knjigi.

DODATEK

PETER,
ZADNJI JUGOSLOVANSKI KRALJ

V času, ko je vojna končno presekala oblake vzhodne Evrope, je princ regent služil kot kralj Srbov, Hrvatov in Slovencev. Otroci so z občudovanjem in strahom opazovali, kako je nemški Luftwaffe krožil nad njihovimi igrišči med vajo in ustvarjal tako glasen zvok, da so jim trepetala srca. Vedno bolj se je zdelo, da med ljudmi živijo tuji vojaki, ki mlade nagovarjajo, naj se jim pridružijo pri njihovih vojnih igrah. Ti vojaki so vedno imeli nove uniforme, v vojašnici so imeli veliko hrane in pripravljeni so jo bili deliti. Spreminjali so se tudi etnični odnosi: kakšen dan ni bilo več tako priljubljeno biti Nemec, že naslednji dan pa je bil status Nemca nekaj posebnega, čeprav so le redki pozabili na težave, ki jim jih je prinesla svetovna vojna, ki se je končala pred okrog dvajsetimi leti.

Princ regent Pavel je bodisi napačno ocenil želje svojega ljudstva bodisi je bil prepričan, da bo njegovi državi in njemu bolje pod Nemci, zato je 25. marca 1941 podpisal deklaracijo, s katero se je Jugoslavija zavezala, da bo nemška zaveznica in članica tristranskega pakta. Podpis te listine pa ni ohranil statusa quo, ampak je spodbudil Beograjčane in vse podpornike zaveznikov v Kraljevini, da so se odpravili na ulice in protestirali.

V tem času so Britanci, ki so predvideli možnost takšnega odziva in so krepili odnose s Kraljevino, da bi omejili širjenje vojne, strateško in hitro uprizorili državni udar, s katerim so sedemnajstletnega kralja Petra razglasili za polnoletnega in tako zamenjali regenta Pavla. Po enem od poročil je moral Peter zlesti po žlebu, da je ušel iz gradu, a ko so ga ljudje zagledali, so njemu in njegovi straži izrekli zvestobo.

General Simović je ob podpori Britancev vojake vodil do mladega Petra in razglasil: »Vaše veličanstvo, pozdravljam vas kot kralja Jugoslavije. Od tega trenutka naprej boste v celoti izvajali svojo suvereno oblast.« Množica in Beograd sta se veselila. Veliko ljudi, ki so prišli pozdravit kralja, je očitno podpiralo zaveznike, saj so mahali s francoskimi in britanskimi zastavami. Kralj je z veseljem sprejel svojo dolžnost in se s svojim avtomobilom vozil po beograjskih ulicah ob bučnih vzklikih podanikov. Istega dne je zaprisegel novo vlado, ki jo je vodil general Simović, v njej pa so bili predstavniki vsaj osmih različnih političnih strank tistega časa, vključno s katoličani in muslimani. Edine organizacije, ki niso sedele za mizo, so bile Jugoslovanska radikalna zveza, Komunistična partija Jugoslavije in ustaši.

Ko so odhajali iz Beograda, so o tovarištvu in veselju, izraženem na dan, ko je bil Peter II. okronan, hitro poročali Hitlerju, ki je menil, da bi morala biti pogodba z Jugoslavijo naklonjena njemu. To ga je razjezilo. Pravzaprav tako zelo, da je spremenil svoj načrt, ki se je imenoval operacija Barbarossa, njegova vojska pa je hkrati napadla Jugoslavijo in Grčijo. Tokrat otroci niso uživali v lovljenju senc prihajajočih letal. Tokrat so v strahu bežali pred njimi, ko je Luftwaffe večkrat bombardiral Beograd in pri tem ubil na tisoče ljudi. Njihova igrišča so bila polna kraterjev in razbitin. Tresenju zaradi letal so se pridružili zvoki prodornega žvižganja in nato eksplozij. Strah je narekoval, kdaj bodo odprli oči ali pokukali ven pogledat, kaj so razbile bombe; kaj je ostalo od njihovih svetov in prijateljev.

Nato so se napadu na Jugoslavijo pridružile še Bolgarija, Madžarska in Italija. Njihovi napadi so pomenili, da so na območja, ki so že bila pod nacistično oblastjo, oziroma na območja, ki so bila pod oblastjo Trojnega pakta, vdrli z opremo, namenjeno uničevanju in osvajanju. Bile so premočne sile za manjše vojske in kmete, ki so se hiteli upret z vilami in kladivi.

Nič čudnega ni, da se je bila Jugoslavija prisiljena predati. Kralj Peter II. je bil na prestolu od 27. marca do 6. aprila 1941. Zavezniki so ga skupaj z generalom Simovićem in nekaterimi njegovimi ministri rešili in najprej odpeljali na grško podeželje. Dva ministra sta bila ubita med spopadi z Nemci, nekaj pa se jih je odločilo ostati doma. Britanci so ga nato odpeljali v Jeruzalem pod britansko oblastjo, kjer je upal, da bo »kralj v izgnanstvu«, dokler vojne ne bo konec ali dokler zavezniške sile Jugoslavije ne bodo vrnile. Ko so ga pripeljali na varno, so se možje, ki so prisegli, da bodo varovali njega in kraljestvo, zapletli v krvavi boj. Takrat so Andreja ujeli in štiri leta je preživel kot nemški vojni ujetnik. Jugoslavija je bila nato po delih priključena napadalcem in nemškim marionetnim vladam.

Kralj v izgnanstvu ni trpel kot njegovi rojaki. Veliko ljudi si je štelo v čast, da so lahko v svojih domovih gostili kraljevo družino, medtem ko so tisti v izgnanstvu trudili vzpostaviti nekakšen okvir za svojo morebitno vrnitev, ki se ni nikoli zgodila. A tega takrat še niso vedeli.

Ko so Petra pripeljali v London, je bil star sedemnajst let in imeli so ga za vojnega junaka. Postal je simbol boja svoje države za svobodo in zavezništva z zavezniki. A po kratkem času, ko so poskušali zbrati vojake, ki bi se vrnili v Jugoslavijo in se borili za zaveznike, so ugotovili, da jih je na voljo zelo malo. Zdelo se je, da ima Jugoslavija na voljo najmanj virov od vseh odstavljenih voditeljev.

Nato so se pojavile gverilske sile, imenovane četniki, ki jih je vodil polkovnik Draža Mihailović. Borili so se proti Nemcem in možje kralja Petra so našli način, da so komunicirali z njimi tako, da so jih povezali z zavezniki. Toda stvari so se zapletle, ko je Peter izvedel, da skupina, imenovana ustaši, izvaja grozodejstva nad Srbi, številne izganja iz države, druge pa sili, da sprejmejo katoliško vero. Majhen kabinet, ki ga je Peter obdržal v izgnanstvu in ki je tako ponosno predstavljal različne stranke, ni zmogel več biti v istem prostoru. Srbi niso mogli verjeti, kaj počnejo Hrvati, Hrvati pa niso mogli prenašati Srbov.

Zaradi hudih povračilnih ukrepov, ki so jih Nemci obljubljali za vsakega ubitega vojaka osi, so jih bili četniki manj pripravljeni napadati, medtem ko so bili partizani, ki so bili bolje organizirani, pripravljeni tvegati. Sčasoma so se partizani izkazali za veliko bolj sposobne ustaviti nemške in italijanske enote in obveljali so za zveste zaveznikom. To je bilo za kralja težko, saj je veliko upanja polagal v gverilsko taktiko »svojih« četnikov. Vedel je, da so Britance razočarali.

Peter je končal študij na univerzi v Cambridgeu. Še vedno se je trudil biti koristen v izgnanstvu, zato je sodeloval tako z grškim kraljem kot s čehoslovaško-poljskimi voditelji. Ta skupina je razpravljala o oblikovanju »Balkanske zveze«. Peter je upal, da bo s povezavami s Sovjetsko zvezo in Združenimi državami Amerike okrepil prihodnost svoje države. Na svojih diplomatskih potovanjih je spoznal številne pomembne ljudi, na primer predsednika Franklina D. Roosevelta in rojaka Teslo. Z njim so ravnali spoštljivo, vendar mu nikoli ni uspelo premagati političnih težav, za katere je krivil predvsem četnike.

Četniški pokoli nad Hrvati in bosanskimi muslimani so mnoge Jugoslovane obrnili proti kralju. Močan srbski nacionalizem četnikov je vznemirjal tudi zavezniške politike. Odločili so se, da bo hrvaški komunist Josip Broz Tito Jugoslaviji zagotovil stabilnejšo vlado, njegovi partizani pa so najbolj pripomogli h končanju vojne. Nihče ni vedel za poboje in grozodejstva, ki jih bodo ti komunisti po koncu vojne zagrešili nad svojimi nekomunističnimi brati. Kralj Peter II. je ostal brez svojega kraljestva.

www.ingramcontent.com/pod-product-compliance
Lightning Source LLC
Chambersburg PA
CBHW020235130626
46549CB00005B/1904